# DENK DICH FREI!

ANNE WILSON SCHAEF

# *Denk dich frei!*

## Tägliche Meditationen gegen die Sorgen des Alltags

Ins Deutsche übertragen von
Gabriel Stein

WILHELM HEYNE VERLAG
MÜNCHEN

Titel der amerikanischen Originalausgabe:
MEDITATIONS FOR PEOPLE
WHO (MAY) WORRY TOO MUCH

*Umwelthinweis:*
Dieses Buch wurde auf chlor- und säurefreiem Papier gedruckt.

3. Auflage

Die Originalausgabe erschien 1996 bei Ballantine Books, New York

Umschlaggestaltung und Umschlagillustration:
Martina Eisele, München
Satz: Leingärtner, Nabburg
Druck und Bindung: RMO-Druck, München
Printed in Germany

ISBN 3-453-12931-8

# Einleitung

Nie, nicht einmal im Traum, hätten wir den nationalen und internationalen Erfolg von *Meditations for Women Who Do Too Much** vorhersehen können. Gewiß, dieser Titel (um den ich kämpfen mußte) war sehr einprägsam und traf den »Nerv« der Frauen in Amerika und auf der ganzen Welt. Trotzdem glaube ich nicht, daß er allein das Buch zu jenem internationalen Bestseller gemacht hätte, dessen Gesamtauflage heute mehr als eine Million Exemplare beträgt. Ich erhielt zahlreiche Briefe von Frauen aus verschiedenen Ländern, die mir bestätigten, daß der Band ihnen eine große Hilfe ist und als »täglicher Leitfaden« dient. Über diese Reaktionen freue ich mich ganz besonders, denn mit Hilfe der meditativen Texte formulierte ich zum ersten Mal meine eigene Philosophie des Lebens und der Lebensformen, die ich auch in meinen Kursen mit dem Titel »Living in Process« im Rahmen der gleichnamigen Organisation weiterzugeben versuche. Meine früheren Bücher basierten dagegen mehr auf Beobachtungen der Welt um mich herum und enthielten nur einige Hinweise auf die persönliche Einstellung. In *Meditations for Women Who Do Too Much* brachte ich meine Überzeugungen offen zum Ausdruck – und sie fanden Widerhall.

Zunächst hatte ich die Absicht, eine Art Fortsetzung zu schreiben mit dem Titel: *Meditations for Women Who Are Recovering from Doing Too Much* (Meditationen für Frauen, die sich von ihrer übermäßigen Arbeit erholen). Doch ich wollte lieber mit etwas Neuem weitermachen (schließlich bin ich ein typischer Widder).

---

* Die deutsche Ausgabe erschien unter dem Titel *Nimm dir Zeit für dich selbst. Tägliche Meditationen für Frauen, die zuviel arbeiten* im Wilhelm Heyne Verlag, München 1992.

Dann setzte ich mich hin und dachte nach. Was sonst, außer der Arbeitssucht, raubt den Menschen in unserer Kultur die Kraft, wirklich lebendig zu sein? Prompt fiel es mir ein: *die Sorge*. Sie füllt einen Großteil unserer Zeit aus. Doch ein sorgenvoller Mensch grübelt nicht darüber nach, ob er sich *zu viele* Sorgen macht. Sich zu sorgen ist für ihn keine Tätigkeit im üblichen Sinne, und deshalb merkt er kaum, wenn das gesunde Maß überschritten wird. Mir jedenfalls erscheint dauerndes Besorgtsein als eine Art Sucht.

Ich persönlich kannte nicht viele Aussprüche zum Thema »Sorge«, und auch die einschlägigen Zitatensammlungen gaben nicht viel her. Daraufhin wandte ich mich an die Freunde von »Living in Process« mit der Bitte, mir entsprechendes Material zu übermitteln. Ich hörte genau zu, was die Leute in Gesprächen sagten, und ließ überall verlauten, daß ich nach Zitaten und Sprüchen zu meinem neuen Thema suchte. Das Ergebnis war überwältigend. Offenbar verbringt man seine Stunden (Tage, Wochen, Jahre – sein ganzes Leben) vor allem damit, sich Sorgen zu machen. Innerhalb weniger Monate hatte ich so viele Zitate, daß ich sie gar nicht alle verwerten konnte. Diese interessanten wie aufschlußreichen Informationen fielen unter zwei Hauptkategorien: den *Prozeß* des Sichsorgens und den *Gegenstand* der Sorge. Im einen Fall ging es darum, wie, wann und wo die Menschen sich sorgen und welche Auswirkungen dies auf ihr Leben hat. Im anderen Fall ging es darum, was ihnen Sorgen bereitet (ein weites Feld!): Kinder, Geld, Selbstachtung, Gesundheit, die Meinung, die andere von ihnen haben, Wetter, Beförderung, Zukunft, Vergangenheit, Gegenwart und natürlich zuviel Arbeit. Während Sie diese Zeilen lesen, macht sich garantiert irgend jemand über einen dieser Punkte seine Sorgen.

Ich wollte nicht in wissenschaftlich-abstrakter Manier an das Problem herangehen – diese Vorgehensweise ist mir auch sonst eher fremd –, sondern Prozesse, Fakten und

Trends direkt vor Augen führen. Wir sind ein Volk – ja sogar eine ganze »Weltgemeinschaft« – von besorgten Menschen.

Ich muß allerdings gestehen, daß ich mir über dieses Buch keine allzu großen Sorgen gemacht habe. Es sollte sich selbst seinen Weg bahnen, durch alle Sorgen hindurch. Außerdem möchte ich betonen, daß ich dieses Thema spielerisch und freizügig behandelt habe. Natürlich nehmen die Betroffenen es mehr als ernst – aber ich finde, über sich selbst und andere Leute gelegentlich zu lachen, die eigene Person auch einmal ganz unbeschwert zu betrachten ist immer sehr heilsam. Wie ich bereits in meinen früheren Büchern ausführte, neigen wir im Zeichen der westlichen Psychologie und Psychotherapie dazu, unseren »Seelenmüll« auf einen Altar zu kippen, ihn heilig zu halten und ehrfürchtig anzubeten (nur die bezahlten, berufsmäßigen Priester und Priesterinnen dürfen es wagen, diesen Müll zu begutachten und zu durchstöbern, doch sogar sie unterliegen der Schweigepflicht!) Genug davon! Wir nehmen jetzt einfach bewußt unser Verhalten wahr, lächeln über die eigenen Schwächen, sprechen darüber, lernen die notwendigen Lektionen und gehen dann dazu über, unser Leben wirklich zu leben.

Ich hoffe, daß auch diese Meditationen den Nerv der Zeit treffen und Ihnen die Möglichkeit bieten, wahre Erfüllung zu finden. Denn deshalb sind wir schließlich hier.

## 1. Januar

### Sorge

*Man schätzt, daß mehr als 13 Millionen erwachsene Amerikaner sich chronisch Sorgen machen. Laut National Institute of Mental Health sind in den Vereinigten Staaten Angstzustände die am weitesten verbreitete und am häufigsten genannte Ursache seelischer Probleme.*

Amy H. Berger

Ach du meine Güte! Heißt das etwa, daß 13 Millionen Menschen dieses Buch brauchen? Na hoffentlich!

Aber einmal ganz im Ernst: Offenbar leiden wir unter einer epidemischen Krankheit, ohne uns dessen überhaupt bewußt zu sein. Fast jeder scheint sich wegen irgend etwas zu sorgen, doch nur selten wird die Sorge selbst als Problem angesprochen. Vielleicht deshalb, weil sie schon so tief in unserer Lebensweise, in unserer Einstellung verwurzelt ist, daß wir sie gar nicht mehr zur Kenntnis nehmen.

Die Sorge hat viele Facetten. Sie ist durchaus problematisch und nicht ohne weiteres zu thematisieren. Wir können besorgt sein wegen unserer Sorgen und uns dann auch noch darüber Sorgen machen. Aber es gibt keinen Grund, sich derart im Kreise zu drehen.

Zweifellos müssen wir die Sorge näher untersuchen, sie besser verstehen und unsere diesbezüglichen Erfahrungen und Einsichten miteinander teilen. Vor allem aber müssen wir uns von der eigenen Sorgenlast soweit wie möglich befreien. Ein neues Jahr ist angebrochen, und uns stehen 365 tägliche Meditationen zur Verfügung – als geistige Nahrung und als Heilmittel.

**Es ist tröstlich zu wissen, daß ich nicht allein bin: Überall in der Welt gibt es Menschen, die ähnliche Sorgen haben wie ich.**

## So sein, wie man ist

*In Webster's* Ninth New Collegiate Dictionary *wird »Sorge« (worry) zuerst als »Würgen« oder »Einschnüren« definiert und aus deutschen, französischen und englischen Stammwörtern abgeleitet. Das heißt, die Sorge kann den Menschen, der sich Sorgen macht, und/oder jenen Menschen, um den man sich Sorgen macht, stark einengen, ja lähmen.* Betsy Martin

Sich selbst einengen, andere einengen. Wie oft haben wir schon versucht, uns selbst kleiner zu machen, als wir sind, und zwar auf so subtile Weise, daß wir es nicht einmal merkten.

Häufig glauben wir nämlich, im Umgang mit Menschen »zu schwierig« zu sein – und weniger »bedrohlich« auf sie zu wirken, wenn wir uns »zurücknehmen«, wenn wir harmlos und unbedeutend erscheinen. Sie wiederum tun das gleiche, ohne daß ihnen oder uns dies bewußt wäre.

Aber wenn wir uns selbst einengen, so engen wir wahrscheinlich auch unsere Familie, unsere Freunde, unsere Arbeitskollegen und alle anderen Personen in unserer Umgebung ein. Und wenn wir die Menschen um uns herum einengen, so sind wir fast immer gezwungen, auch uns selbst einzuengen.

**Ich kann so »groß« sein, wie ich bin, ohne zu befürchten, daß ich jemandem auf die Füße trete. Wenn die anderen sich damit schwertun, dann ist das letztlich *ihr* Problem. Ich muß respektieren, daß sie es allein lösen können.**

## 3. Januar

### Eindimensionales Denken

*Gedanken sind Energie. Durch Denken hast du dein Schicksal in der Hand.* Susan Taylor

Unser Geist ist ein großes Geschenk, eine wunderbare, schöpferische Kraft. Aber oft genug wurde er darauf »abgerichtet«, dem Leben feindlich gesinnt zu sein. In dieser Gesellschaft haben wir gelernt, vor allem unseren rational und logisch arbeitenden Verstand einzusetzen, ohne ihn mit unserer Intuition, unseren Gefühlen und darüber hinaus mit unserer Spiritualität zu versöhnen.

Wenn der Verstand regiert, analysieren und interpretieren wir, was dann oft zu Zwangsvorstellungen und Sorgen führt. Unsere Lösungen sind dann zwar wohldurchdacht, vielleicht aber völlig sinnlos.

**Die Tyrannei eines rücksichtslosen Verstandes steht in völligem Widerspruch zu einer gelassenen Einstellung.**

## Was normal ist, ist nicht unbedingt natürlich

*Die Sorge ist unter allen menschlichen Regungen die normalste und spontanste. Es ist Zeit, dies zu erkennen, vielleicht sogar zu lernen, sie noch zu intensivieren.*

Lewis Thomas

Eine Schule für besorgte Menschen, welch großartige Idee! Eine solche Institution hätte regen Zulauf, obwohl viele von uns durch Elternhaus und Kirchengemeinde, besonders durch Schule und Universität jahrelang in die Sorge »eingeweiht« wurden. Wieweit also ist es mit uns gekommen, wenn wir die Sorge als »normale und spontane Regung« empfinden, wo sie doch eigentlich tagaus, tagein von unserer Zivilisation erst hervorgerufen beziehungsweise verstärkt wird?

In einer Gesellschaft, die auf illusionären Kontrollmechanismen gründet, liegt in der Behauptung, die Sorge sei »unter allen menschlichen Regungen die normalste und spontanste«, sicherlich ein Gran Wahrheit. Aber wenn uns die Sorge inzwischen völlig normal erscheint, heißt das noch nicht, daß sie *natürlich* ist.

**Wir müssen zwischen dem »Normalen« und dem »Natürlichen« unterscheiden und uns dabei klarmachen, daß das Normale in einem dissonanten Umfeld durchaus ungesund sein kann.**

## 5. Januar

### Überraschungen/Kontrollverhalten

*Was wir erwarten, geschieht nur selten, und womit wir am wenigsten rechnen, trifft meistens ein.*

Benjamin Disraeli

Überraschungen! Welch wundersame Begebenheiten! Ich habe lange genug gelebt, um auf mein Leben zurückblicken und jene Phasen erkennen zu können, in denen ich glaubte, daß bei mir alles perfekt sei, daß ich keinen Finger mehr rühren und den Status quo einfach aufrechterhalten müsse: keine weiteren Überraschungen, nur dauerhafte, gleichbleibende, zuverlässige Vollkommenheit.

Zum Glück hatte ich all das nicht in der Hand! Sonst wäre mir nämlich vieles entgangen.

Unsere Abneigung gegen Überraschungen steht in direktem Verhältnis zu unserer Illusion, Kontrolle ausüben zu können.

**Unsere Charakterstärke wird gerade in Situationen, mit denen wir am wenigsten gerechnet haben, eingehend geprüft.**

## Nicht Opfer sein, sondern Schöpfer

*Für den Menschen des zwanzigsten Jahrhunderts ist das Besorgtsein der Normalzustand.* Norman Mailer

Wenn die Sorge heute tatsächlich etwas völlig Normales ist, dann sollten wir hierin eine Aufforderung sehen, diesen Zustand auf dem Weg ins einundzwanzigste Jahrhundert sofort zu ändern.

Ich persönlich glaube nicht, daß Gott für uns Menschen eine ständig sorgenvolle Existenz vorgesehen hat. *Wir* haben unser Leben und unsere Gesellschaft so gestaltet, daß Unruhe und Angst zur beklemmenden Realität wurden.

Welch gute Nachricht! Denn wenn wir selbst diese ganze Szenerie entworfen und das Drama inszeniert haben, dann steht es auch in unserer Macht, die entsprechenden Veränderungen herbeizuführen.

**Wir sind nicht nur die Opfer unserer Umstände, sondern vor allem die Schöpfer neuer Lebenswelten.**

## 7. Januar

### FRIEDE

*Heilige Mutter Erde, die Bäume und alle Lebewesen in der Natur bezeugen deine Ideen und Taten.*

Winnebago

Friede. Ich empfinde einen tiefen Frieden, wenn ich diese Worte lese.

Ich bin mit einem Indianer befreundet, einem Stammesältesten, der mir immer wieder sagt: »Wenn du krank und innerlich gebrochen bist, dann kehr zu deiner Mutter zurück, zur Erde. Leg deinen Kopf an ihre Brust, und sie wird dich heilen.«

Um diesen Rat zu befolgen, muß ich innerlich zur Ruhe kommen – meine momentane Tätigkeit unterbrechen, in die Natur gehen und auf der Erde sitzen. Wenn ich mich dort ausstrecke und mich völlig entspanne, geht es mir gleich besser.

Manchmal suche ich sogar einen meiner Lieblingsbäume auf, lehne mich an und nehme mir soviel Zeit für diese Begegnung, bis ich mich wohler fühle.

**Wie wunderbar wäre es, wenn auch unsere Gedanken und Taten einen solchen Wert hätten, daß die Bäume und alle anderen Lebewesen in der Natur sie bezeugen.**

## Sorge, Arbeit und Kreativität

*Die Sorge bringt mehr Menschen um als die Arbeit, weil die Zahl derer, die sich Sorgen machen, größer ist als die Zahl derer, die arbeiten.* Robert Frost

Das beste »Rezept« für ein frühes Ableben besteht in einer erfindungsreichen Mischung aus Arbeit und Sorge. Weil Arbeit eine der Lieblingsbeschäftigungen des besorgten Menschen ist und die Sorge um die Arbeit leicht zur Überarbeitung führt, gehen beide sozusagen eine unkontrollierbare, explosive Verbindung ein.

Wie erfinderisch wir doch sind, wenn es darum geht, ungesunde, ja tödliche Beziehungen aufzubauen!

Robert Frost, der große amerikanische Lyriker, setzte seine kreativen Fähigkeiten anders ein. Er schrieb nicht nur Gedichte, die so einfach wie tiefgründig sind, sondern er hatte auch eine scharfe Beobachtungsgabe, um uns, mit oft ironischem Unterton, auf vielschichtige Fragen und Probleme aufmerksam zu machen. Das ist wahre Kreativität.

**Wenn ich ständig darüber nachdenke, welche Möglichkeiten es gibt, um mir noch mehr Arbeit und Sorgen aufzuladen, habe ich etwas ganz Wesentliches nicht begriffen.**

# 9. Januar

## Gerede

*Liebe und Skandal sind die besten Süßstoffe für den Tee.*
Henry Fielding

Ah, der Nachmittagstee! Wie herrlich es doch ist, eine Pause zu machen, geruhsam mit Freunden zusammenzusitzen – und zu tratschen.

Es kommt mir so vor, als sei diese zwanglose Unterhaltung in unserer Kultur zur bösen Nachrede verkommen. Im Grunde aber ist der kleine Schwatz eine günstige Gelegenheit, um unter Freunden auf dem laufenden zu bleiben und innerhalb einer größeren Gruppe Informationen auszutauschen, die ihr sonst nicht unbedingt zugänglich wären. Natürlich möchte ich über die mir nahestehenden Menschen Bescheid wissen, und auch sie sollen erfahren, was in meinem Leben so alles passiert.

Allerdings sollte im Klatsch zweierlei beachtet werden, um die liebevolle Atmosphäre zu wahren und niemanden zu verletzen: Erstens müssen wir bereit sein, alles, was wir da von uns geben, im Beisein der angesprochenen Person zu wiederholen, und diese Bereitschaft gegebenenfalls *auch in die Tat umsetzen.* Zweitens dürfen wir keinerlei herablassende Urteile fällen. Falls wir uns in einem dieser beiden Punkte nicht ganz sicher sind, sollten wir lieber den Mund halten.

**Man sieht, wie wichtig Klarheit ist. Wenn wir unklar sind, werden uns wahrscheinlich viele »süße« Informationen über Liebe und Skandal vorenthalten bleiben.**

## Beziehungen/Flucht vor der Intimität

*Als ich aufhörte, mir über meine Kinder Sorgen zu machen, stellte ich eine ganz neue Beziehung zu ihnen her.*
Patti

Wie oft wir doch die Sorge vorschieben, um in unseren wichtigsten zwischenmenschlichen Beziehungen einen vertrauteren Umgang zu vermeiden! Und das funktioniert auch sehr gut.

Wenn ich mir um einen anderen Menschen – etwa um eines meiner Kinder – Sorgen mache, so errichte ich eine Barriere zwischen uns beiden. Unter dem Vorwand, fürsorglich und beunruhigt zu sein, weiche ich auf geschickte Weise der wahren Intimität aus.

Diese Barriere hat vielerlei Begleiterscheinungen, die zur allgemeinen Verwirrung beitragen. Zunächst einmal hält mich die Sorge von der Gegenwart fern. Ich bin für den anderen nicht wirklich da, denn sobald ich mir Sorgen mache, schweifen meine Gedanken in die Vergangenheit oder öfter noch in die Zukunft. Ich bin einfach nicht präsent. Und wie soll jemand mit mir dann in Beziehung treten? Außerdem läßt meine ständige Sorge darauf schließen, daß ich die geliebten Menschen nicht vorbehaltlos respektiere und ihre Fähigkeit, das Leben allein zu bewältigen, in Frage stelle. Schließlich benutze ich derartige Situationen nur allzuoft, um meine Ichbezogenheit »auszutoben«, ohne den anderen irgendwelche Beachtung zu schenken.

**Wenn wir unseren Kindern wirklich Liebe entgegenbringen wollen, besteht unsere wichtigste Aufgabe wohl darin, für sie dazusein.**

# 11. Januar

## Planen/Loslassen

*Ich halte die Sorge für ein nützliches Mittel, um kreativ zu planen.*
Bev

Gut, sehr gut! Du sprichst von kreativer Planung. Es gibt allerdings ein kleines Problem – das Loslassen.

Ich habe schon viele Einzelpersonen und Organisationen bei der kreativen Planung beraten. Diese hängt im wesentlichen von zwei Faktoren ab: Man muß seine ganze Erfindungsgabe mit einbringen, ohne dabei zu vergessen, daß die Pläne vielleicht nie Wirklichkeit werden; und man muß das erwünschte Ergebnis gleichsam loslassen in der Gewißheit, daß man es ohnehin nicht manipulieren kann.

Wir dürfen folgendes nicht übersehen: Der eigentliche Wert der Planung besteht vielleicht gerade darin, daß dabei neue Informationen auftauchen, die den einzelnen beziehungsweise die Organisation ermuntern – oder gar zwingen! –, eine neue Richtung einzuschlagen.

Sorge und kreative Planung unterscheiden sich vor allem durch die Bereitschaft, innerlich Abstand zu nehmen.

**Wenn ich mich an irgendwelche Resultate klammere, geht es mir nicht um Kreativität, sondern um Kontrolle.**

## Güte

*Die Güte ist unspektakulär. Sie gleicht nicht dem Blitz, sondern dem Glühen.* David Grayson

Heutzutage hört man nicht viel über Güte. Sie bekundet sich oft im verborgenen – und ergreift uns fast unmerklich, wie das korallenrote Sonnenlicht am Ende eines langen Tages. Sie ist ganz einfach: Zum Beispiel schickte mir eine Nachbarin, die ich noch gar nicht kannte, einen Laib frisch gebackenes Brot, nachdem ich einen Unfall gehabt hatte.

Die Güte erregt kaum Aufsehen. Sie ruft weder Adrenalinstöße noch Begeisterungsstürme noch Konflikte hervor – und weckt eben keines der sonstigen Bedürfnisse, von denen wir inzwischen ja fast abhängig sind, um uns lebendig zu fühlen.

Die Güte hat ihren Platz mitten im Alltag und ist dann ein Synonym für Aufmerksamkeit: Wir nehmen am anderen Menschen ein neues Kleidungsstück wahr, spüren seinen Schmerz, merken, wenn er nicht die Wahrheit sagt.

Die Güte ist jene Sanftheit, die die Liebe in einen fortlaufenden Prozeß verwandelt – anstatt in ein einmaliges Ereignis.

**Güte ist nie altmodisch. Oft müssen wir innehalten, um sie in uns selbst und bei den anderen zu empfinden und dann zum Ausdruck zu bringen.**

## 13. Januar

TATKRAFT

*Ich kann mir stundenlang Sorgen darüber machen, was in einigen Jahren sein wird, wenn ich älter bin. Dadurch fühle ich mich manchmal wirklich deprimiert. Wenn ich all jene Stunden nutzen und einfach das tun würde, was gerade ansteht, hätte ich meine unzähligen Aufgaben längst erledigt und keinerlei Vorwand mehr, meine Arbeitssucht zu rechtfertigen. Die Sorge hält mich davon ab, meinen Lieblingsbeschäftigungen nachzugehen, und sie verstärkt meine Abhängigkeiten.* Ursula

Wenn wir die Sorge nicht als Aktivität, sondern als »Lückenfüller« begreifen, kommen wir der Sache schon näher. Denn oft benutzen wir sie nur, um die Zeit totzuschlagen und dem eigentlichen Leben auszuweichen. Wie praktisch!

Es ist aufschlußreich, sich einmal darüber Gedanken zu machen, wie sehr uns die Sorge von den notwendigen Tätigkeiten fernhält und unsere Abhängigkeiten verstärkt. Ich habe schon häufig gehört, daß das Zwölf-Schritte-Programm der Anonymen Alkoholiker vor allem deshalb so gut funktioniert, weil es dem Süchtigen konkrete Maßnahmen vorschreibt. Es ist eben viel leichter und auch ungefährlicher, über bestimmte Ziele bloß nachzudenken, anstatt sie zu realisieren.

Vielleicht müssen wir uns als erstes die eigene Inaktivität verzeihen, dann uns aufraffen und etwas tun – für jemand anders.

**Wenn wir immer nur das Mögliche ins Auge fassen, berauben wir uns des Wirklichen!**

## Sorge

*Wer auch nur ein klein wenig der Sorge nachgibt, entfernt sich von der wahren Natur des Menschen.*
Japanisches Sprichwort

Wir alle tragen die »wahre Natur des Menschen« tief in unserem Herzen. Der Herzschlag gibt uns zu verstehen, daß wir lebendig sind – und daß wir die Möglichkeit haben, das Geschenk des Lebens jeden Tag von neuem auszukosten. Es steht uns frei, das menschliche Dasein in seiner ganzen Vielschichtigkeit zu erfahren und herauszufinden, worin es eigentlich besteht.

Durch Sorge und Angst, Kontrollbedürfnis und Unaufrichtigkeit wird diese Verbindung zum Innersten, von der unser individuelles Schicksal abhängt, unterbrochen. Wir können derartige Regungen nicht verhindern. Sie sind ebenfalls Teil unserer menschlichen Natur und haben jeweils eine bestimmte Ursache. Deshalb ist es so wichtig, sie bewußt wahrzunehmen und daraus die entsprechenden Lehren zu ziehen. Doch wenn wir ihnen nachgeben oder uns gar in ihnen »suhlen«, so schaden wir damit nicht nur uns selbst, sondern auch den Menschen in unserer Umgebung.

**Wer Sorgen und Ängsten Tür und Tor öffnet, kommt nicht weiter. Wer dagegen seine Lektionen erkennt und stets bereit ist, sie zu lernen, nährt seine »wahre Natur«.**

## 15. Januar

### Denken

*Ich bin lange genug vernünftig gewesen, um zu wissen, daß ich nicht jedem meiner Gedanken trauen kann.*

Anonym

Diese Bemerkung finde ich äußerst treffend. Mein Verstand ist nicht immer zuverlässig – und auch nicht immer hilfreich. Das ist besonders dann der Fall, wenn ich versäume, ihn mit Herz, Gespür und Intuition in Einklang zu bringen, wenn ich ihn über alles bestimmen lasse. Er ist mir viel nützlicher, wenn ich meinen Gefühlen und Eingebungen den Vorrang gebe und deren Informationen dann zur »Endverarbeitung« an ihn weiterleite.

Gedanken haben durchaus ihre Berechtigung. Unser Denkvermögen ist ein Geschenk, und wenn wir es richtig benutzen, können wir in vielfacher Weise davon profitieren. Problematisch wird die Sache erst dann, wenn wir meinen, daß unsere Reflexionen, Interpretationen und Konzeptionen das einzig Wirkliche seien, und uns dementsprechend verhalten.

**Sobald ich anfange, mein Denken in Frage zu stellen, bewege ich mich von der bloßen Information zur tieferen Einsicht.**

GLAUBE

*Sehet die Vögel unter dem Himmel an: Sie säen nicht, sie ernten nicht, sie sammeln nicht in die Scheunen; und euer himmlischer Vater nährt sie doch. Seid ihr denn nicht viel mehr als sie? Wer ist unter euch, der seines Lebens Länge* eine *Spanne zusetzen kann, ob er gleich darum sorget? Und warum sorget ihr für die Kleidung? Schauet die Lilien auf dem Felde, wie sie wachsen: Sie arbeiten nicht, auch spinnen sie nicht. Ich sage euch, daß auch Salomo in aller seiner Herrlichkeit nicht bekleidet gewesen ist wie derselben* eine. *So denn Gott das Gras auf dem Felde also kleidet, das doch heute steht und morgen in den Ofen geworfen wird: Sollte er das nicht viel mehr euch tun, o ihr Kleingläubigen? Darum sollt ihr nicht sorgen und sagen: Was werden wir essen? Was werden wir trinken? Womit werden wir uns kleiden?* Matthäus 6, 26-31

In der Kindheit übte diese Bibelstelle eine ganz besondere Wirkung, ja Faszination auf mich aus. Sie erschien mir zugleich unmöglich und wahr, und nie konnte ich beide Lesarten miteinander in Einklang bringen.

Inzwischen ist mir klar, daß ich damals in einem kindischen Dualismus gefangen war: nichts tun und umsorgt werden – oder ein gläubiges Leben führen und verhungern. Doch Gott hat nie gewollt, daß wir untätig herumsitzen! Im Gegenteil: Wir müssen konsequent unsere tägliche Arbeit verrichten – und dann Vertrauen haben. Letztlich gibt es keine andere Wahl, als darauf zu bauen, daß Gott das Richtige für uns im Sinn hat.

**Ein gläubiges Leben hat nichts mit Passivität oder Faulheit zu tun. Es verlangt von uns, das Beste zu tun und dann loszulassen.**

## 17. Januar

### WISSEN

*Ala i ka 'opua ke ola: he ola nui, he ola laula, he ola hohonu, he ola ki 'eki 'e.*
*Das Leben ist in den Wolken: großes, allumfassendes, tiefes, höheres Leben. (Der Zeichenleser prophezeit Regen und Reichtum oder warnt vor Unheil.)*

Hawaiisches Sprichwort

Im Laufe der letzten Jahre habe ich viel Zeit mit den Eingeborenen und Stammesältesten in der ganzen Welt verbracht. Es versetzt mich immer wieder in Erstaunen, aus welch reichhaltigen und tiefgründigen Quellen sie ihr Wissen beziehen. Dieses kommt von überallher – aus dem Herzen, aus den Eingeweiden, von den Ahnen. Und auch die Wolken, die Bäume, die Vögel, die wilden Tiere, die Fische, die Insekten tragen ihren Teil dazu bei.

Wie viele Möglichkeiten sich doch auftun, wenn wir all unsere Sinne gebrauchen, um die Welt zu begreifen, Erfahrungen zu sammeln und Kenntnisse zu gewinnen!

**Kein Wunder, daß wir in Sorge sind. Wir operieren nicht mit allen uns zur Verfügung stehenden Informationen.**

## Bedürfnisse

*Es fällt mir sehr schwer, meine Bedürfnisse zum Ausdruck zu bringen, wenn sie mit denen der anderen vielleicht nicht übereinstimmen.* Rae

Vielen von uns macht es Mühe, die eigenen Bedürfnisse zu artikulieren. Schwieriger wird es noch, wenn diese mit den Bedürfnissen der anderen nicht übereinstimmen. Und am allerschwierigsten ist es, wenn zwischen unseren Bedürfnissen und denen der anderen ein krasser Widerspruch besteht. Trotzdem zeigen wir gerade dadurch, daß wir sagen, was uns fehlt, wie sehr wir uns selbst und die anderen achten.

Unsere Selbstachtung wird gestärkt, sobald wir anerkennen, daß wir Bedürfnisse haben – und daß das durchaus legitim ist. Zwar wird es uns nicht immer gelingen, diese Bedürfnisse zu befriedigen, und das ist gut so. Allerdings können sie niemals befriedigt werden, wenn wir sie uns nicht eingestehen und wenn wir sie nicht zur Sprache bringen.

Anderen Menschen bringen wir Achtung entgegen, indem wir ihnen sagen, was wir brauchen – denn auf diese Weise lassen wir sie wissen, wer wir sind, und bieten ihnen die wunderbare Möglichkeit zu einem vertraulichen Umgang. Wie respektlos ist es doch gerade gegenüber den Menschen, die uns etwas bedeuten, wenn wir ihnen eine solche Chance verwehren.

**Anderen deutlich zu machen, was uns fehlt, kann eine der respektvollsten Gesten überhaupt sein.**

## 19. Januar

### DER EIGENE KÖRPER

*Die Sorge belastet den Kreislauf, die Drüsen, das gesamte Nervensystem – und schadet vor allem dem Herzen. Ich habe nie jemanden getroffen, der an Überarbeitung gestorben ist, aber viele, die an ihren Zweifeln zugrunde gingen.* Charles H. Mayo

Dieses Zitat stammt aus früherer Zeit – und ist doch sehr aktuell. Obwohl uns die tödlichen Gefahren allmählich bewußt werden, die aus Arbeitssucht und Streß resultieren, scheinen wir immer noch zu verdrängen, welch große Rolle Sorge und Zweifel in unserem Leben spielen.

Beide sind nicht einfach nur harmlose innere Regungen. Vielmehr beeinträchtigen sie unseren Körper und seine Funktionsfähigkeit.

Das Herz eines sorgenvollen Menschen kennt keine Ruhe, denn immer schlägt es sehr schnell, davon überzeugt, alles mögliche kontrollieren und übermenschliche Verantwortung tragen zu können. Diese Art von Kontrolle ist eine große Aufgabe; allerdings ist sie nie zu lösen, weshalb der Körper, sobald er es merkt, oft regelrecht explodiert.

**Ich habe einen herrlichen Körper. Seine Leistungsfähigkeit bleibt gewahrt, wenn ich ihm nur solche Aufgaben zumute, die er auch bewältigen kann.**

## Humor

*Ich habe immer Angst, eines Morgens aufzuwachen und dann festzustellen, daß ich ganz ernst geworden bin.*
Eileen

Nun, das könnte wirklich ein Problem sein. Egal, wer wir sind, wo wir leben oder welcher Arbeit wir nachgehen – da besteht wohl jederzeit die Gefahr, eines Morgens aufzuwachen und festzustellen, daß wir »ganz ernst geworden« sind.

Diese Ernsthaftigkeit kann schreckliche Auswirkungen haben. Wenn wir unseren Sinn für Humor verlieren, sehen wir das Leben aus einem völlig falschen Blickwinkel. Dann verzerren wir nur allzuleicht die Tatsachen, halten uns für den Mittelpunkt der Welt und glauben, daß alles, was uns widerfährt, den Verlauf der Menschheitsgeschichte verändern wird.

Wenn wir bitterernst sind, vergessen wir, daß das Leben weitergeht und daß vielleicht gerade die scheinbare Katastrophe vom letzten Jahr den entscheidenden Anstoß gab, eine andere Richtung einzuschlagen und die künftigen Ziele genauso zu überdenken wie die bisherigen Verhaltensmuster.

**Ich könnte mir wahrscheinlich Sorgen darüber machen, allzuernst zu werden – aber dann wäre ich es bereits.**

## 21. Januar

### Schlechte Stimmung

*Schlimme Nachricht für Leute, die immer sagen: »Mach dir keine Sorgen, sei glücklich«:*

*Durchschnittliche Anzahl von Tagen pro Jahr, an denen die Amerikaner in schlechter Stimmung sind: 110.*

*Prozentsatz der Amerikaner, die jeden Tag gute Laune haben: 2.*

Zitiert nach *Harper's Index* im *Sunday Parade Magazine*

Das sind wirklich mal interessante Statistiken (denn – seien wir ehrlich – viele Statistiken langweilen uns sonst eher).

Ist das denn die Möglichkeit! Die Amerikaner haben durchschnittlich fast jeden dritten Tag schlechte Laune. Um solch einen statistischen Wert zu erreichen, müssen viele Menschen die meiste Zeit wirklich übel gelaunt sein. Das heißt, die Wahrscheinlichkeit, im Supermarkt zurechtgewiesen oder in der Familie angeschnauzt zu werden, ist ziemlich hoch. Das heißt aber auch, daß die Leute, die mich zu hassen oder einfach abzulehnen scheinen, vielleicht »nicht gut drauf sind«. Außerdem kann es sein, daß ihre schlechte Laune gar nichts mit mir zu tun hat.

**Angesichts der eben genannten Möglichkeiten kann ich mich genausogut den zwei Prozent der Amerikaner anschließen, die fröhlich und zufrieden sind. Zumindest bilden wir eine kleine, fast elitäre Gruppe.**

## Vertrauen

*Wer sich aufs Resultat versteift, beleidigt Gott.*
Anne Wilson Schaef

Manchmal vergessen wir allzuschnell, daß wir in bestimmten Situationen einfach nicht wissen *sollen*, was uns gut täte oder welches Ergebnis am positivsten wäre.

Wir haben ja nicht vor, Gott zu beleidigen. Wahrscheinlich liegt uns nichts ferner als das. Und dennoch verfallen die meisten von uns so oft in die arrogante Haltung, selbst genau zu bestimmen, wie alles vonstatten gehen muß.

Wir glauben zu wissen, wodurch das Wohlergehen unserer Kinder am meisten gefördert wird, welche charakterlichen Eigenschaften sie aufweisen sollten und wo ihre berufliche Zukunft liegt. Manchmal drehen wir völlig durch und schreiben ihnen sogar vor, welcher Partner, welche Partnerin am besten zu ihnen passen würde.

Und wie steht es um die eigene Arbeit? Wie leicht erliegen wir der Täuschung, daß unsere Karriere in ganz bestimmten Bahnen verlaufen muß und daß wir die gesteckten Ziele auch sicher erreichen werden. Es ist doch sehr anstrengend, Gott zu beleidigen!

**Wenn ich mein Bestes tue und dann nicht mehr an das Ergebnis denke, bekunde ich mein Vertrauen zu Gott.**

## 23. Januar

### Ständige Krise

*Meine Familie war sehr besorgt wegen des kalten Krieges. Ganz deutlich erinnere ich mich noch an ihre Angst während der Kuba-Krise. Da ich diese Einstellung von ihnen übernahm und die nächsten 25 Jahre verinnerlichte, konnte ich keinen Kondensstreifen über mir sehen, ohne daran zu denken, daß die Bombe jeden Moment explodieren müsse. Oft stellte ich mir ziemlich lebhaft den großen Blitz vor, der meine Stadt, meine Familie und meine Freunde endgültig in Flammen aufgehen lassen würde. So malte ich mir auch meinen eigenen Tod aus, und diese Einbildung war viele Jahre lang eine genauso unversiegbare wie zuverlässige »Sorgenquelle«. Sie werden verstehen, wie überrascht ich war, als ich den inneren Heilungsprozeß begann und der kalte Krieg auf einmal zu Ende war.* Paul

Viele Jahre lang war die Sowjetunion ein vorzüglicher Brennpunkt für die Sorgen der Amerikaner. Als der kalte Krieg zu Ende ging und die Sowjetunion allmählich zerfiel, fühlten sich zahlreiche westliche Menschen entwurzelt, ja verloren. Offenbar hatte ihnen die kollektive Sorge einigen Halt gegeben.

Wir wurden getrimmt, immer nur außen nach den Ursachen dafür zu suchen, wie wir innerlich sind. Durch die ständige Sorge um externe Ereignisse und Abläufe wurden wir unserer Stärke und unserer Identität beraubt.

**Meine Sorge wird den Gang der Ereignisse nicht beeinflussen. Ich kann nur einen Menschen ändern: mich selbst.**

## Unehrlichkeit

*Einige Entschuldigungen, die gegenüber Ärzten und Physiotherapeuten erklären sollten, warum man nichts für die eigene Fitneß getan hat:*
- *Durch ein Erdbeben wurde mein Swimmingpool zerstört.*
- *Mein Hund hat meine Joggingschuhe gefressen.*
- *Ich kann nicht laufen, weil sich in der Gegend ein Grizzlybär herumtreibt (aufgeschnappt in der Nähe eines beliebten Wanderweges in Anchorage, Alaska).*
- *Meine Frau wäre böse mit mir, wenn ich abnehmen würde.*
- *Wenn ich mich körperlich verausgabe, habe ich vielleicht nicht mehr genug Energie für Sex.*

Zitiert in *Men's Health.*

Manchmal benutzen wir unsere Sorgen, um unangenehmen Tätigkeiten aus dem Weg zu gehen. Irgendwie fühlen wir uns dazu eher im Recht, wenn wir einen *Grund* haben, hinter dem wir uns verstecken können. Dank dieses Vorwands glauben wir, uns selbst und anderen gegenüber nicht ehrlich sein zu müssen; aber so viele Ausreden wir auch erfinden – niemand läßt sich von uns an der Nase herumführen. Wenn wir versuchen, andere zu täuschen, schneiden wir uns am Ende – leider! – ins eigene Fleisch.

**Die Faulheit schadet uns wahrscheinlich weniger als die Unehrlichkeit.**

## 25. Januar

### DRAMA

*Es ärgert mich, wenn das Leben mein persönliches Drama beeinflußt.* Rik

Ah, persönliches Drama! Wieviel Zeit verbringen wir damit, uns durch Krisen und Chaos aufzuputschen. Nichts nährt die Illusion, lebendig zu sein, besser als ein Adrenalinstoß. Oft ziehen uns die kleinen und großen Katastrophen derart in den Bann, daß sie realer sind als das Leben selbst. Außerdem besitzen wir ja die Fähigkeit, schlichtweg *alles* zu dramatisieren.

Wir haben einen Unfall, und der wird dann durch das viele Reden derart aufgebläht, daß der eigentliche Vorgang kaum noch zu erkennen ist. Oder wir werden krank, und das ganze Leben dreht sich um diese Krankheit. Jede neue Krankheitsphase löst eine weitere Krise aus. Oder die Ereignisse nehmen einfach ihren Lauf, und das genügt uns nicht. Wir müssen jedes mit einer Krise »ausschmücken«.

Das Leben ist ein Prozeß. Es geschieht. Es entfaltet sich. Und es bleibt uns überlassen, was wir mit ihm anfangen.

**Daß ich jetzt mehr im Geistigen verwurzelt bin, weiß ich, seit ich Krisen nicht mehr so leicht »herzaubern« kann.**

## Dem Augenblick leben

*Sei ganz und gar dort, wo du gerade bist, ohne daran zu denken, wohin du gehst oder was du als nächstes vorhast.*
Charles Bensinger

Als ich kürzlich im Wald ein wenig das Unterholz lichtete, verletzte ich mich mit der Machete, die tief in meinen Knöchel eindrang und zwei Sehnen sowie eine Arterie durchtrennte. Als ich hinunterblickte und die blutende Wunde sah, sagte ich mir: »Oje! Aber das ist nun mal geschehen. Irgendwie müssen wir damit fertig werden.« Ich band das Bein ab, streckte mich auf dem Boden aus, legte den Fuß auf einen Baumstamm und bat meinen Partner, Hilfe zu holen. Erstaunlicherweise hatte ich keine Schmerzen. Wann immer ich mich ausschließlich auf den Augenblick konzentrierte, tat mir nichts weh.

Doch immer, wenn ich über die Zukunft nachzudenken begann und mir Sorgen machte, ob ich wieder normal würde gehen können, kamen die Schmerzen. Jedes Mal hielt ich dann inne und merkte, daß es mir im Augenblick durchaus gutging. Indem ich meine Kraft darauf konzentrierte, konnte ich ohne weiteres bewältigen, was die Situation gerade erforderte. Folglich war ich wohlauf.

Ich erkannte, daß der Schmerz damit zusammenhing, daß ich mich nicht aufs Nächstliegende konzentrierte, und ließ es lieber sein.

**Die Vergangenheit ist vorbei. Die Zukunft ist noch nicht eingetreten. Die Gegenwart ist unser einziger Besitz.**

## 27. Januar

GLAUBE/KONTROLLE

*Wenn wir ein Gefühl von Frieden und Befriedigung empfinden, noch bevor das betreffende Problem nach außen hin gelöst ist, so ist dies das sicherste Zeichen von Glauben. Dann wissen wir, daß wir das Problem in die Hände einer Macht gelegt haben, die nie fehlgeht.* Anonym

Wenn ich ignoriere, daß es eine Macht gibt, die größer ist als ich, so habe ich nicht um mich geschaut. Kann ich etwa die Wolken kontrollieren? Kann ich einen Wetterumschwung herbeiführen? Kann ich andere Menschen dazu zwingen, sich so zu verhalten, wie ich es gerne möchte? Nein, auf keinen Fall!

Kein Wunder also, daß mir angst und bange wird, wenn ich glaube, die Lösung jedes Problems sei allein mir überlassen! Selbst wenn ich meine Welt gerne nach Belieben steuern würde, erkenne ich doch tief in meinem Innern, daß dies einfach nicht geht. Sich dennoch das Gegenteil vorzustellen ist genauso schrecklich wie selbstzerstörerisch.

Der Glaube bekundet sich in der Einsicht, daß nach allen möglichen Anstrengungen eine Übergabe, ein Loslassen, ein Vertrauen jenseits des Wissens einsetzt und uns Erleichterung verschafft.

**Mein innerer Friede stellt sich nicht ein durch das, was ich tun kann, sondern durch ein Vertrauen, obwohl ich etwas nicht tun kann.**

## Positiv/Negativ

*Wenn wie aus heiterem Himmel etwas Unangenehmes passiert, dann sagen die Leute, über dieses Ereignis habe man sich wenigstens keine* Sorgen *machen müssen.*

Betsy Martin

Die Sorge scheint ein so fester Bestandteil unserer Gesellschaft im ganzen sowie unseres persönlichen Lebens zu sein, daß ihre Abwesenheit bereits als Maßstab für das Positive benutzt wird.

Im Verlauf meiner Arbeit als Psychotherapeutin bekam ich immer wieder mit, wie Frauen (in Ausnahmefällen auch Männer) ihre intimen Beziehungen bis zum Gehtnichtmehr analysierten. Nachdem ich ihnen jahrelang zugehört hatte, wurden mir bestimmte Denk- und Verhaltensmuster deutlich. Meine Patientinnen beschrieben das Gute häufig als Abwesenheit des Schrecklichen: »Mein Mann trinkt nicht, er schlägt mich nicht, und er macht nicht mit anderen Frauen rum; wie man sieht, führe ich eine gute Ehe.«

Sobald ich dann nachfragte, was sie sich sonst noch wünschten oder wie sie sich eine glückliche Beziehung vorstellten, bestand ihre Antwort einzig und allein in verständnislosen Blicken. Sie waren völlig ratlos.

Wie vielsagend es doch ist in bezug auf unsere heutigen Denk- und Verhaltensweisen, wenn wir das Gute nur als Abwesenheit des Schrecklichen definieren können.

**Das Gute muß nicht unbedingt als Abwesenheit des Schrecklichen oder Bösen definiert werden. Jeder Mensch besitzt einen inneren Bezugspunkt, durch den er das, was wirklich gut für ihn ist, klar zu erkennen vermag.**

## 29. Januar

### Wenn wir Gott herabmindern …

*Mein Problem ist: Warum sollte sich Gott für meine kleinen Probleme interessieren?* Nan

Vielleicht haben wir Gott – und das Göttliche schlechthin – durch unsere Bilder zu sehr eingeschränkt: der alte Mann im langen weißen Gewand mit grauem Bart (der große Ähnlichkeit mit uns Menschen aufweist!); oder eine himmlische Telefonzentrale, in der Anrufe entgegengenommen und weitergeschaltet werden und Lily Tomlin die Stecker bedient (was doch sehr an eine Maschine erinnert); oder ein Beichtstuhl, wo hinter der Trennwand eine Gestalt im Ornat sitzt und Bußen und Pflichten für so viele Sünden auferlegt (die bekannte katholische Version); oder Jehova auf dem Berg, der unter Donner und Blitz lauthals seine Gebote verkündet (ein guter altmodischer Gott).

Im Versuch, Gott uns selbst ähnlich zu machen, haben wir ihn auf ein Phantom unserer Vorstellung reduziert. Wenn ich mich in dieser herrlichen Welt umsehe und staune über den Hals einer Giraffe, über die Farben eines Schmetterlings, über die sinnreiche Form einer Wegschnecke, schäme ich mich bei dem vermessenen Gedanken, Gott durch meine doch sehr begrenzte Vorstellungskraft einschränken zu wollen.

**Indem ich Gott begrenze, begrenze ich mich selbst in höchstem Maße.**

## VORBEREITET SEIN

*Die Sorge ist eine erste vorbereitende Maßnahme.*
Anne Wilson Schaef

Vorbereitet zu sein ist wichtig! Erinnern Sie sich noch an die Pfadfindergruppe? Ihr Motto lautete: »Allzeit bereit!«

Wie viele Bereiche unseres Lebens gründen doch auf der Überzeugung, wir könnten jede erdenkliche Notlage auf irgendeine (magische?) Weise abwenden, wenn wir nur entsprechend gewappnet seien? Wir hoffen, daß sich eine gute Vorbereitung als äußerst wirksame »Verhinderungsstrategie« erweist – oder daß sie uns zumindest hilft, den Tatsachen ins Auge zu sehen, wenn jene unangenehme Sache, der wir unbedingt aus dem Weg gehen wollten, dennoch passiert …

Wir verbrauchen große Mengen Energie (vor allem auch geistige Spannkraft), um uns zu rüsten. Immer wieder stellen wir die Frage: Was wäre, wenn dieses und jenes geschehen würde? Dann … Es ist das Unvorhergesehene und Unvorbereitete, das wahre Schreckgespenster gebiert. Vielleicht könnten wir viel Zeit sparen, indem wir einfach nur versuchten, unsere momentanen Angelegenheiten in den Griff zu bekommen. Damit ist für Kontrollmechanismen kein Platz mehr!

**Wenn ich meine Zeit damit verbringe, mich auf *mögliche* Ereignisse vorzubereiten, versäume ich die tatsächlichen Ereignisse.**

## 31. Januar

### GÜTE

*Es ist sehr schwer, einfach genug zu sein, um ein guter Mensch zu sein.* Ralph Waldo Emerson

Das stimmt! Emerson hat damit alles gesagt. Ein guter Mensch zu sein ist sehr einfach, auch wenn es einem nicht immer leichtfällt. Wir haben viel darüber gehört, daß man anderen Menschen nichts antun sollte, was einem selbst schaden würde, und diese goldene Regel enthält ein hohes Maß an Weisheit. Einfacher gesagt: Behandle den anderen so, wie du von ihm behandelt werden möchtest. Dennoch kann der moderne Mensch diese so eingängige Maxime nicht ohne weiteres hinnehmen...

Erstens müssen wir herausfinden, wie wir gerne behandelt werden möchten. Das ist durchaus von Bedeutung. Als denkende, aufgeklärte Wesen neigen wir jedoch oft dazu, uns statt dessen auf die anderen zu konzentrieren und zu eruieren, was *sie* gerne möchten, wie und wann sie es möchten, und was geschehen könnte, wenn sie all das von uns tatsächlich auch bekämen. Davon müssen wir dann ausgehen, um zu sehen, ob *wir* möglicherweise haben könnten, was sie möchten, und ob sie es, sobald wir es zu besitzen glauben, nehmen würden, falls wir es ihnen anböten. Und natürlich bleibt die Frage, wie wir uns fühlen, wenn wir all das mühsam in Erfahrung gebracht haben und erkennen müssen, daß sie unsere Gabe eigentlich gar nicht wollen...

**Emerson hatte recht! Man besitzt nicht ohne weiteres die Einfachheit, die für die Güte notwendig ist.**

## Kontrolle/Dem Augenblick leben

*Wie gut, daß ich mir über diese Sache Sorgen gemacht habe, sonst wäre sie nicht so leicht passiert.* Chuck

Ist es nicht verblüffend, auf wie viele Bereiche sich unsere Illusion ausdehnt, Kontrolle ausüben zu können? Wir leben in einer Welt, die ständig in Bewegung ist, sich verändert und an jeder Ecke neue Möglichkeiten bietet, und glauben doch tatsächlich, daß aufgrund unserer *Sorge* ein Laden aus dem Boden schießt, nur weil wir ihn gerade brauchen, oder eine schwierige Aufgabe wie durch Zauberhand gelöst wird!

Wir sind zu der Überzeugung gelangt, daß alles nach einem simplen Kausalprinzip funktioniert. Wenn ich dies tue, wird jenes geschehen. Wenn ich dies unterlasse, kann ich jenes nicht verhindern ... Immer ist es besser, sich Sorgen zu machen und auf Nummer Sicher zu gehen.

Wieviel zusätzliche Energie wir doch für die Dinge hätten, die sich jeden Augenblick spontan ergeben, wenn wir uns diesem Augenblick wirklich widmen würden!

**Im Augenblick zu leben und ihn auszukosten macht das Leben einfacher; jeden Augenblick in Sorge zu verbringen macht das Leben viel schwieriger.**

## 2. Februar

### Glück/Gefühle

*Mir tun immer die Menschen leid, die eher über einen bevorstehenden Regentag nachdenken als über den Sonnenschein heute.*
Rae Foley

Das Glück findet man im Hier und Jetzt. Wie oft aber berauben wir uns des momentanen Glücks, weil wir befürchten, es könnte uns verlassen! Und wenn es tatsächlich verschwindet, haben wir dann nicht den Augenblick vergeudet, der uns zur Verfügung stand, um es zu genießen?

Das Glück ist genauso vergänglich wie viele andere Gefühle. Es kommt und geht. Gefühle unterliegen den gleichen Schwankungen: Sie kommen und gehen. Wenn wir uns jedoch weigern, sie zu empfinden, werden sie uns sicherlich irgendwann Probleme bereiten.

Unsere Gefühle sind gleichsam Wegweiser, die uns viele wertvolle Informationen übermitteln. Wenn wir ihnen Aufmerksamkeit schenken, ihnen lauschen und von ihnen lernen, können sie sehr gute Lehrmeister sein. Trotzdem sind all ihre Geschenke und Lektionen in der Gegenwart angesiedelt, nicht in der Zukunft.

**So viele Menschen zerstören ihre Beziehungen, indem sie das gegenwärtige Glück verschmähen und sich Sorgen darüber machen, was der morgige Tag wohl bringen wird.**

## Spiritualität

*Spiritualität ist eine Art jungfräuliche Weisheit, ein Wissen, das jeder Erfahrung vorangeht.* Marilyn Ferguson

Kann es sein, daß wir uns nicht alles mühsam anzueignen brauchen? Ist es möglich, daß wir ein Vorwissen besitzen, ohne schwierige Lernprozesse durchlaufen zu müssen?

Nehmen wir einmal an, die Spiritualität sei uns angeboren. Stellen wir uns vor, daß wir sie weder suchen noch erlernen müssen. Unsere Spiritualität existiert deshalb, weil *wir* existieren.

Und eben weil sie uns innewohnt, steht sie uns auch jederzeit zur Verfügung. Wir können unser geistiges Selbst anrufen, wann immer und sooft es nötig ist; auf diese »jungfräuliche Weisheit« können wir unser ganzes Leben lang zurückgreifen. Wir müssen sie nur zur Kenntnis nehmen.

**Wenn die Spiritualität wesentlich zu meiner Existenz dazugehört, so kann ich mich in all meinem Denken und Tun auf diese ewige Weisheit beziehen.**

## 4. Februar

### TEILNAHME

*Antizipiere nicht mit Sorge ..., partizipiere lieber mit Freude!* Catherine Kineany Dugan

Das Leben fordert uns immer nur zu einem auf – nämlich teilzunehmen. Darin besteht unser Dasein. Wir haben die Möglichkeit, mitzuwirken und Erfahrungen zu sammeln. Wenn wir uns auf dieses Abenteuer völlig einlassen, können wir natürlich keinen Rückzieher mehr machen, um dadurch uns selbst und die äußeren Verhältnisse zu manipulieren. Wenn wir mit Leidenschaft bei der Sache sind, haben wir weder Zeit noch Kraft, um danebenzustehen und umherzublicken ... und besorgt zu sein!

Es ist fast unmöglich, sich zu sorgen, wenn man intensiv beschäftigt ist. Die Sorge nährt sich von der Zerstreuung, und wenn wir zerstreut sind, sind wir teilnahmslos.

Außerdem erfordert diese Beteiligung, daß wir uns öffnen, daß wir auf andere zugehen. Wir können nicht zugleich zurückhaltend und vertraulich sein, ob gegenüber einem Menschen oder gegenüber dem Leben. Die Intimität verlangt alles von uns ..., und oft geben wir mit Freude.

**Anteilnahme ist eng verknüpft mit einem vertraulichen Umgang.**

## Veränderung der Persönlichkeit

*Die Sorge beeinflußt den Charakter. Die Menschen ändern sich, wenn sie Sorgen haben.* Betty

Verändert die Sorge tatsächlich die Persönlichkeit? Einmal, als meine Tochter etwa achtzehn Monate alt war, kam ich von einer Routineuntersuchung zurück mit dem Befund, mein Abstrich sei »nicht in Ordnung«, und mein praktischer Arzt wollte, daß ich mit meinem Gynäkologen einen Termin vereinbare, um eine genauere Untersuchung durchführen zu lassen. Sofort rief ich diesen an, und er war bereit, mich am nächsten Morgen gleich als erste dranzunehmen. Ich war erst 27 oder 28 Jahre alt und genauso beängstigt wie besorgt. Der Allgemeinarzt hatte mir nicht viel mehr sagen können, als daß er doch ziemlich beunruhigt sei. Als ich zu Hause eintraf, hatte ich seine Bedrückung vollkommen verinnerlicht.

Ich trat durch die Eingangstür und wollte nur eines: mich ins eigene Innere zurückziehen, um mir so richtig Sorgen machen zu können ... Meine Tochter spürte, daß ich nicht so war wie sonst, und anstatt mich zu begrüßen, ein wenig zu schäkern und sich dann ihren Spielen zuzuwenden, ließ sie nicht mehr von mir ab und versuchte, in mich zu dringen. Sie hatte die Veränderung sehr wohl bemerkt. Und in der Tat war ich ja auch anders – war ich nicht die Mutter, die sie kannte.

**Wenn sich meine Persönlichkeit aufgrund von Sorgen verändert, dann beeinträchtigt das gerade jene Menschen, die ich am meisten liebe.**

## 6. Februar

Interesse/Staunen

*Wenn du selbst nicht interessiert bist, ist auch nichts interessant.* Helen MacInnes

Welch einleuchtender Gedanke! Das Interesse wurzelt in uns selbst! Vor unseren Augen kann sich das schönste Gemälde oder das herrlichste Kunstwerk der Welt befinden, doch wenn wir kein Interesse dafür haben, bedeutet es uns auch nichts.

Sogar die magische und inspirierende Kraft gewisser Ideen geht verloren, wenn wir ihnen kein Interesse entgegenbringen. Wir kümmern uns eben nur um die Dinge, die für uns von Belang sind. Sind wir dann völlig versunken in den eigenen Problemen und Zwangsvorstellungen und vor allem darauf bedacht, Kontrolle auszuüben, kann ohnehin kaum etwas unser Interesse erregen.

Wenn wir jedoch empfänglich werden für das Wunderbare, dann offenbart es sich überall. Wir müssen nur Interesse zeigen, und schon werden wir die Erscheinungen rings mit neuen Augen sehen.

**Allein ich kann bewirken, daß meine Welt von Interesse und Staunen erfüllt ist. Allein ich kann erkennen, was darin seinen Platz hat. Das Interesse beginnt in mir – nicht da draußen.**

## INNERES WACHSTUM

*Ich merke, wie sehr ich vom Besorgtsein abhängig bin. Letzten Monat zum Beispiel ging es um diesen neuen Job. Nun, da ich ihn bekommen hab' und auch wirklich mag, peilt mein Gehirn wie ein Radar, um etwas anderes zu finden, worüber ich mir Sorgen machen kann.* Pete

Ich denke, manchmal ist es ganz gut, alte Freunde zu haben, auf die man bauen kann. Suchtkranke Menschen im Heilungsprozeß sagen oft, ihre »Charakterschwächen« – etwa die Neigung, alles zu kontrollieren, Unehrlichkeit, Angst, Ichbezogenheit und so weiter – seien alte Freunde, die man nicht so leicht aufgeben kann. Wenn wir in einer nicht intakten Familie aufwuchsen, dann waren diese Eigenschaften, die uns jetzt schier umbringen, damals »Hilfsmittel« zum Überleben.

Es ist nicht leicht einzusehen, wie bestimmte Wesenszüge, die uns in der Vergangenheit derart nützlich waren, quasi zu Wegbereitern unseres eigenen Untergangs werden konnten. Genau das aber ist geschehen.

Nichts ist erschreckender als der Gedanke, alte Freunde zu verlassen, selbst wenn sie einen kaputtmachen.

Es ist wichtig, sich immer wieder zu vergegenwärtigen, daß niemand uns zwingt, einen Menschen oder eine Sache loszulassen. Sobald wir unsere Arbeit tun, an unserem Leben Anteil nehmen und innerlich wachsen, wird uns auch bewußt, daß wir uns nach und nach weiterentwickeln.

**Das innere Wachstum ist kein einmaliges Ereignis, sondern ein langanhaltender Prozeß, zu dem niemand uns zwingt.**

## 8. Februar

### Lachen

*Gott hat mir ein Lachen zugerichtet…*
Saras Worte in 1. Mose 21,6

Lachen reinigt die Seele – aber nicht wie eine Scheuerbürste, die kratzt und Schmerz verursacht. Lachen ist eine sanfte Brise, die in die entlegenen Winkel unseres Innern weht und dort die Falten wegbügelt – genauso wie der Wind, der ohne Hitze die Wäsche auf der Leine glättet.

Lachen ist die Feuchtigkeitscreme, die in die Spalten unserer Gefühlskälte einzieht – und die von innen her weicher macht, was im Kontakt mit der rauhen Welt ganz hart wurde.

Lachen ist eine ansteckende Krankheit, die sich wie ein Lauffeuer ausbreiten kann – und die nichts anderes tötet als die Verzweiflung.

Lachen ist ein Geschenk unserer Menschlichkeit, das wir genauso mit den Personen teilen können, die wir lieben, wie mit jenen, die wir hassen.

**Wie lange ist es her, daß Sie zum letzten Mal herzhaft gelacht haben?**

## Kulturelle Prägung/Kontrollverhalten/Perspektive

*Die Sorge kam mit der Kultur der Weißen, und wahrscheinlich wird sie mit ihr auch wieder verschwinden.*
Indianischer Stammesältester

Welch kühne Vorstellung! Könnte es sein, daß die Sorge kulturspezifisch ist? Und wäre es demnach möglich, daß sie nur in einer Kultur existiert, die auf der Illusion der Kontrolle gründet? Ist sie der Menschheit vielleicht gar nicht inhärent, sondern lediglich ein *Erzeugnis* unserer Kultur, das fälschlicherweise als etwas Ursprüngliches ausgegeben wurde?

Zum Glück können wir auf die Erfahrungen und Weisheiten des Stammesältesten einer sehr alten Kultur zurückgreifen, der uns sagt, daß eine unserer Gemütsregungen, die wir – wie man uns beigebracht hatte – für ein Produkt der Evolution hielten, wohl nur für uns charakteristisch ist. Darüber hinaus gibt er uns zu verstehen, daß diese »weiße« Kultur mit ihrem Bedürfnis nach Sorge nicht ewig bestehen wird.

Kürzlich wurde in einem Artikel im Nachtrichtenmagazin *Time* die westliche Kultur mit anderen, untergegangenen Weltkulturen verglichen, wobei sich eine verblüffende Anzahl von Ähnlichkeiten ergab. Offenbar können wir nur dann unser Leben in die richtige Perspektive rücken, wenn wir es schaffen, unsere Kultur in die richtige Perspektive zu rücken, und erkennen, wie viele unserer inneren und äußeren Kämpfe durch die Kultur bedingt sind – nicht durch die Wirklichkeit selbst.

**Natürlich bin ich ein Produkt meiner Kultur. Aber es ist tröstlich zu wissen, daß wir beide uns ändern können.**

## 10. Februar

### Um Hilfe bitten

*Windeln auf der Wäscheleine sind ein international anerkanntes Notsignal.* Jennifer Dorothy

Es gibt ein altes afrikanisches Sprichwort, das lautet: »Es braucht ein ganzes Dorf, um ein Kind großzuziehen.« In der westlichen Welt geschieht es jedoch häufig, daß eine Aufgabe, für deren erfolgreiche Bewältigung eine größere Gruppe nötig ist, nur von einer oder höchstens von zwei Personen in Angriff genommen wird. Ein bejahrter australischer Stammesältester sagte mir einmal mit trauriger Stimme und kummervollem Blick: »Wir sind der Überzeugung, daß ein Kind mit nur einem Elternpaar in äußerst armseligen Verhältnissen aufwächst.«

Kein Wunder also, daß Mütter besorgt sind. Sie versuchen sich an einer Aufgabe, die sie unmöglich lösen können: nämlich Kinder allein oder, wenn sie Glück haben, mit einem oder zwei Helfern aufzuziehen.

Es ist ganz in Ordnung, sich hilfesuchend an jemand anders zu wenden. Zwar wurde uns beigebracht, daß es ein Zeichen von Unfähigkeit sei, Hilfe zu erbitten (ja sie überhaupt zu benötigen), aber diese vermeintliche Unfähigkeit ist immer noch besser, als bis über die Ohren im Schlamassel zu stecken.

**Die Welt hat nicht immer auf unsere »Notsignale« reagiert, und so mag jetzt der Zeitpunkt gekommen sein, die Kommunikation auf direkterem Wege zu suchen.**

## Kindererziehung

*Mir ist klar, daß meine Eltern ihre eigene Ohnmacht und Angst angesichts eines behinderten, an Epilepsie leidenden Kindes »behandeln« wollten, indem sie sich ständig Sorgen machten.*
Jim

Ein behindertes Kind zu haben ist das Furchtbarste und Beklemmendste überhaupt – etwas, das Eltern völlig hilflos und einsam macht. Die Erziehung ist unter keinen Umständen einfach – aber manche von uns haben dabei gewiß mehr Probleme zu bewältigen als andere.

Selbst wenn wir kein körperlich oder geistig behindertes Kind haben, ja selbst wenn wir kinderlos sind, können wir doch sehr gut nachvollziehen, was es heißt, die eigenen Gefühle von Ohnmacht und Angst durch diese oder jene Methode »zu behandeln«.

Aber was wäre, wenn wir uns gestatten würden, sie bewußt zu empfinden – anstatt sie mit irgendwelchen Mitteln zu bekämpfen?

Die Angst gehört zum Leben dazu. Wir alle fürchten uns manchmal. Das ist durchaus in Ordnung. Gewöhnlich ist nicht die Angst selbst das Problem, sondern unsere Angst vor der Angst. Außerdem fühlen wir uns oft machtlos, weil wir es tatsächlich auch sind! Im Grunde entzieht sich vieles unserem Zugriff. Je früher wir dies erkennen, desto besser sind wir dran. An diesem Punkt beginnt die Spiritualität.

**Wenn ich glaube, in bezug auf meine Erfindungen noch erfinderischer sein zu müssen, sollte ich vielleicht lieber gar nicht so viel erfinden.**

# 12. Februar

## Realität

*Er taugt soviel wie sein Wort – und sein Wort taugt überhaupt nichts.* Seamus MacManus

Zum Beispiel verwandeln wir unser Leben auch dadurch in ein Chaos, daß wir unbedingt Leuten vertrauen wollen, die nicht vertrauenswürdig sind. Wir hätten sehr gerne, daß die Welt so ist, wie wir sie uns wünschen. Durch eine kleine Verbesserung hier und da (die natürlich genau unseren Plänen entspricht) wäre alles einfach wesentlich angenehmer.

Es käme uns sehr zupaß, wenn wir auf Menschen genausoviel geben könnten wie auf ihr Wort. Wenn das nicht der Fall ist, wollen wir diesen Zustand krampfhaft herstellen, indem wir uns weigern, ihren wahren Charakter zu sehen, und *verlangen* (wie höflich auch immer), daß sie sich nach uns richten. Tun sie das nicht (was, zugegebenermaßen, ziemlich häufig passiert), so fühlen wir uns betrogen und sind wütend. Nicht nur sie haben versagt, sondern wir auch!

**Eine der größten Weisheiten liegt darin, die Menschen so zu sehen, wie sie sind, und nicht so, wie wir sie uns wünschen.**

## Kontrolle

*Richtlinien einer Selbsthilfegruppe, die sich an der Pennsylvania State University mit dem Thema »Sorge« auseinandersetzt:*

1. *Plane für jeden Tag zur gleichen Zeit dreißig Minuten ein, die ausschließlich den eigenen Sorgen gewidmet sind.*
2. *Lerne, die Symptome der Sorge zu erkennen – zum Beispiel Konzentrationsschwäche, flaues Gefühl im Magen, schweißige Hände. Notiere deine Sorgen in ein Tagebuch, so daß du sie später noch einmal überdenken kannst. Es hilft schon, eine Sorge wenigstens zeitweise zu vergessen.*
3. *Konzentriere dich nicht mehr auf deine Sorgen – ruf lieber jemanden an, reinige deinen Herd, mach einen Spaziergang mit einem Freund.*
4. *Schau auf deine Sorgenliste erst wieder in der dafür vorgesehenen Zeit am nächsten Tag.*
5. *Wenn du die Liste durchgehst, dann denke über die einzelnen Sorgen nach. Versuche, entsprechende Lösungen zu finden – denn überwundene Sorgen quälen dich nicht mehr.* Nach dem Bericht von Amy H. Berger

O weh! Was stimmt an dieser Aufstellung nicht? Wie sehr wir uns doch danach sehnen, eine strenge kleine Kontrolliste in bezug auf unser Kontrollverhalten parat zu haben! Wenn die Sorge ein Versuch ist, die eigene Vergangenheit, Gegenwart und Zukunft zu kontrollieren, warum sollte man dann nicht versuchen, eine Methode zu entwickeln, das Bedürfnis nach Kontrolle zu kontrollieren? Ist doch logisch, oder nicht?

Ja, logisch schon – aber völlig sinnlos.

**Warum wohl kommt nichts dabei heraus, wenn unsere Lösung nur eine andere Form des Problems darstellt, das wir gerade zu lösen versuchen?**

## 14. Februar

### Negative Einstellung/Glaube

*Angst ist der Glaube, daß es nicht klappen wird.*
Schwester Mary Tricky

Die Angst ist so etwas wie eine Lebensversicherungspolice. Wir zahlen eine Prämie als Wetteinsatz dafür, daß wir sterben, und dann tun wir alles mögliche, um diese »Wette« zu gewinnen.

Es ist nicht sofort einleuchtend, Angst und Glaube direkt miteinander in Beziehung zu setzen, aber mir scheint, daß Schwester Mary recht hat. Unser Glaube ist manchmal Irritationen ausgesetzt – und an der falschen Stelle.

Dennoch geben uns die eigenen Erfahrungen immer wieder zu verstehen, daß vieles tatsächlich klappt. Vielleicht nicht in der Weise, wie wir dachten oder wie wir wollten, aber dieses und jenes hat jedenfalls funktioniert.

Eine meiner wichtigsten Formeln im Alltag lautet inzwischen: »Das ist nicht gerade, was ich mir vorgestellt habe.« Sie besagt meistens nicht, daß das Ergebnis schlecht ist, sondern daß meine Vorstellungskraft doch zu wünschen übrig läßt.

**Ein negativer Glaube zeitigt nicht viele positive Resultate.**

## ABLENKUNG DURCH ESSEN

*Wenn ich irgendwohin gehe, mache ich mir immer Sorgen ums Essen. »Werde ich auch wirklich genug bekommen?«; »Ob mir die angebotenen Speisen wohl schmecken?«; »Gibt es dort gesunde Nahrungsmittel?« Manchmal verzweifle ich, weil ich diese Sorgen überhaupt nicht mehr loswerde.* Anonym

Überall richten sich die Sorgen aufs Essen. Ich spreche hier nicht von jenen Regionen in der Welt, wo Menschen verhungern, weil es nicht genügend Nahrung gibt, sondern von hiesigen Verhältnissen, in denen Menschen mehr als genug zu essen haben.

Als ich anfing, die Inhalte und Entwicklungsstadien unserer Sorgen näher zu untersuchen, fiel mir auf, daß bei zahlreichen Menschen vor allem das Essen Anlaß zur Sorge ist. Sie fragen sich: Werde ich kriegen, was ich brauche? Werde ich kriegen, was ich möchte? Wird überhaupt genug da sein?

Oft frage ich mich, was sich hinter dieser Fixierung auf das Essen verbirgt. Wahrscheinlich dient sie dazu, von tieferen Gefühlen abzulenken, deren Bewußtmachung noch viel besorgniserregender und beklemmender wäre.

**Wenn wir das Essen und die Sorge ums Essen benutzen, um uns abzulenken, dann bietet sich vielleicht nie die Gelegenheit, genauer herauszufinden, was uns wirklich nervt.**

## 16. Februar

### Angst

*Unsere Angst zeigt an, wie weit wir von Gott entfernt sind.*
Taylor

Wenn ich in Berührung bin mit meinen geistigen Grundlagen, ist jede Angst überflüssig. Je weiter ich mich jedoch von dem Bewußtsein entferne, daß alle Dinge eins sind, von dem Wissen, daß ich ein wesentlicher Teil dieser Einheit bin, desto größer werden meine Sorgen.

Philosophen und Psychologen sprechen von »existentieller Angst«. Wenn ich versuche, aus mir herauszutreten und mich zu einem Gegenstand der Beobachtung und der Manipulation zu machen, wenn ich versuche, aus der ganzen Schöpfung herauszutreten und sie zu einem Gegenstand der Beobachtung und der Manipulation zu machen, bekomme ich es mit der Angst zu tun. Ich habe mich selbst und mein natürliches Fundament verlassen.

Viele von uns haben die Verbindung zum eigenen geistigen Zentrum abgebrochen, um dem Gott der Objektivität zu dienen, und damit setzte jener Entwicklungsprozeß ein, der vom Urquell des Lebens immer weiter wegführt.

**Wenn ich von mir selbst und meinem Schöpfer getrennt bin, habe ich Angst. Aber wer hätte sie dann nicht?**

## Überstunden

*Als ich vierzig war, hatte ich schon über fünfzig Jahre gelebt – aufgrund meiner vielen Überstunden.*
Myler Magrath

Überstunden zum Leben dazuzurechnen hat überhaupt keinen Sinn. Vielleicht ist es einfach an der Zeit, einmal innezuhalten, eine Bestandsaufnahme zu machen und festzustellen, wie viele der täglichen Tätigkeiten die Zahl unserer »Überstunden« noch erhöhen, ohne daß wir für die doppelte Belastung entschädigt würden.

Zu diesen Tätigkeiten gehört zum Beispiel das Sichsorgen. Könnten wir nicht einen erheblichen Teil unserer »Sorgenzeit« dafür nutzen, einer angenehmen Freizeitbeschäftigung nachzugehen oder dem Menschen, dessentwegen wir besorgt sind, einen Gefallen zu tun, um den er uns sicherlich gerne bitten würde? Einige von uns verstehen sich darauf, mehrere Dinge gleichzeitig anzufangen, und bauen ihre »Sorgenarbeit« in andere Arbeiten mit ein. Allerdings bin ich mir nicht sicher, ob das etwas bringt. Denn so verzetteln wir uns nur.

Eine weitere, nicht lohnenswerte Aufgabe besteht darin, Kontrolle auszuüben. Es gibt nicht viel in diesem Leben, das wir wirklich in der Hand haben. Und wenn wir etwas in der Hand haben, ist es vielleicht nicht wirklich lebendig. Eines jedenfalls ist sicher: Die Illusion, alles mögliche kontrollieren zu können, läßt uns rasch altern. Möglicherweise haben wir dann als Frührentner Zeit, all die Überstunden zusammenzuzählen.

**Wenn ich in meinem Leben dauernd Überstunden mache, dann wohl deshalb, weil ich mit ihm nicht wirklich zurechtkomme.**

## 18. Februar

### Kreative Sorge

*Als meine Schwester noch lebte, sorgte ich mich um sie. Wenn es ihr gutging, machte ich mir Sorgen um meinen Vater. Als beide starben, ging ich dazu über, wegen meiner Katze besorgt zu sein. Nachdem Blue gestorben war, wurde mir bewußt, daß ich mich um die Rosen sorgte, die ich im hinteren Garten gepflanzt hatte. Da sie nun unter großen Schneemassen schlafen, denke ich sorgenvoll an die Vögel, die vielleicht nicht genug Futter finden.* Sheila

Einen Vorteil hat die Sorge: Sie verleiht unserem Leben eine gewisse Struktur, die durchaus beruhigend wirkt. Außerdem ist sie praktisch und flexibel. Wir können sie überallhin mitnehmen. Sie verdirbt nicht, muß also auch nicht ins Kühlfach. Der geistige Raum, den sie beansprucht, ist ungleich kleiner als der körperliche Raum, der durch die Befriedigung unserer Bedürfnisse ausgefüllt wird. Außerdem verträgt sie Reisen ganz besonders gut.

Flexibel ist die Sorge deshalb, weil wir sie nach dem Erwerb einiger Grundkenntnisse mit fast jedem und mit nahezu allem in Verbindung bringen können. Hier wie dort funktioniert sie einwandfrei. Sie stellt eine wunderbare Gelegenheit dar, weite Bereiche unserer Kreativität einmal näher zu erforschen.

Kaum vorstellbar, daß es einen käuflichen Gegenstand gibt, der so viele Eigenschaften besitzt wie die Sorge. Wir sollten uns deren einfallsreiche Erfindungen noch mehr als Verdienst anrechnen.

**Selbst das Schlimmste hat noch etwas Gutes.**

## Übergabe

*Jeden Abend vertraue ich meine Sorgen Gott an. Er ist sowieso die ganze Nacht auf.* Mary C. Crowley

Was für eine vernünftige Idee! Und obendrein noch so praktisch! Warum auch sollte jeder nachts aufbleiben?

Jedenfalls behagt mir die Vorstellung, daß Gott die ganze Nacht wacht. Zwar würde ich Gott niemals bitten, nur wegen meiner Sorgen auf den Schlaf zu verzichten, aber da er dies immer tut, wäre es wohl nicht vermessen, ihn zu fragen, ob er auch einige meiner Probleme übernehmen könnte – nur für heute nacht. Wir wollen ja nicht zuviel auf einmal verlangen, oder?

Außerdem ist der *Grund* der Übergabe von Bedeutung. Denn vieles, worum wir uns Sorgen machen, ist eine Nummer zu groß für uns – eben deshalb machen wir uns Sorgen. Wenn wir fähig gewesen wären, die betreffenden Probleme zu lösen, hätten wir es vor langer Zeit schon getan.

Warum sollten wir sie demnach nicht einer Macht anvertrauen, die uns vollkommen überlegen ist? Irgendwo da draußen muß so eine Macht sein.

**Es ist tröstlich, sich einen Gott vorzustellen, der vierundzwanzig Stunden am Tag und sieben Tage in der Woche seine Pflichten erfüllt und der mir die Übergabe meiner Sorgen erleichtert.**

## 20. Februar

### Ratschläge

*Gib den Schweinen keine Kirschen und dem Dummkopf keinen Rat.* Irisches Sprichwort

Ich weiß nichts über Schweine, denen man Kirschen zu fressen gibt. Was dann wohl passieren würde? Sind Kirschen zu schade für Schweine? Werden die Schweine krank davon? Verspeisen sie auch die Kerne? Und wenn ja, können sie die dann wirklich verdauen? Das alles könnte mir Sorgen bereiten.

Dagegen weiß ich etwas über Ratschläge, die man anderen gibt. Dabei ist mir eines ganz bewußt: Der einzige, der dümmer ist als der Dummkopf, der keinen Rat annimmt, ist der Dummkopf, der ihn erteilt.

Wenn es darauf ankommt, gibt es nur einen Menschen, über den wir etwas wissen und den wir vielleicht ändern können – nämlich uns selbst.

Wir können unsere Erfahrungen, unsere Auffassungen, ja sogar unsere Einsichten mit anderen teilen – aber alles weitere bleibt ihnen überlassen. In Schwierigkeiten kommen wir erst dann, wenn wir zu kontrollieren versuchen, wie sie mit diesen Informationen umgehen.

**Wenn ich nicht wie ein Narr wirken möchte, dann brauche ich auch keiner zu sein.**

## Probleme

*Sorgen sind Zinsen, die einer zahlt, wenn er sich Probleme leiht.* George Washington Lyon

Das Leben ist einfach eine kostspielige Lehrstunde nach der anderen.

Wann immer wir nach Problemen suchen, finden wir sie auch. Wenn sie bereits da sind, können wir daran sowieso nichts mehr ändern. Wenn sie sich gerade in diesem Augenblick ergeben, dann sollten wir ihnen unter Einsatz aller Kräfte entgegenwirken und uns nicht den Luxus leisten, ihretwegen besorgt zu sein. Und wenn sie *vielleicht* irgendwann in der Zukunft auftauchen, so können wir uns genausogut entspannen, den heutigen Tag bewältigen und abwarten, was passiert. Dadurch sind wir sicherlich hinreichend beschäftigt. Da brauchen wir nicht noch Probleme zu leihen und dafür auch noch Zinsen zu zahlen.

Die Sache ist nur die: Eeinige von uns haben einfach nicht genug zu tun, und so leihen sie sich Probleme.

**Wer sich Probleme leiht, belastet seine Gegenwart und seine Zukunft.**

## 22. Februar

### Traurigkeit

*Glaub mir, das Traurigste unter dem Himmel ist eine Seele, die unfähig ist zur Traurigkeit.*

Gräfin Cathérine de Gasparin

Wie wertvoll unser Kummer doch ist! Kürzlich ging ich von jemandem fort, der mir sehr am Herzen liegt. Wir sollten nicht lange voneinander getrennt sein. Dennoch trug der seelische Schmerz dazu bei, daß ich die Annehmlichkeiten unseres Zusammenseins um so bewußter wahrnahm.

Letztens verbrachte ich einige Zeit in Irland. Ich liebe dieses Land: die gewundenen Straßen, das Grün, der Dunst auf den Hügeln, die mit Farn bewachsenen Täler, wo noch immer Feen leben und mir Kraft geben und mein Herz höher schlagen lassen.

Die meisten von uns kennen Orte, die ihnen heilig sind. Ganz gleich, wo sich diese Stellen befinden – sie scheinen uns zu verjüngen und unser ganzes Wesen zu erhellen. Ob es die Ecke in einem Zimmer ist, ein Weg, auf dem wir gerne wandern, oder ein geheimes Fleckchen in unserem Innern – wenn wir Zeit erübrigen, um dort wenigstens kurz zu verweilen, kommt uns das immer zugute.

Doch sobald wir aufbrechen müssen, gibt uns gerade die Traurigkeit zu verstehen, wie kostbar dieser Ort für uns ist.

**Mein Kummer dient oft nur dazu, mich an die Freuden des Lebens zu erinnern.**

## Freizeit

*Ich gehöre nicht zu denen, die sich die ganze Zeit Sorgen machen. Ich bin nur in meiner Freizeit besorgt.*

Anonym

Gott sei Dank! Es gibt doch noch Menschen, die die Sorge vom richtigen Standpunkt aus betrachten!

Die Freizeit kann zum Problem werden. Viele von uns sind entsetzt, wenn plötzlich alle üblichen Termine und Verpflichtungen wegfallen. Wir wissen zwar, was im hektischen Berufsleben zu tun ist, und ganz sicher verstehen wir uns darauf, diese Betriebsamkeit auch aufrechtzuerhalten; aber diese so langsam sich dahinziehenden Stunden, wenn nichts ansteht und nichts erledigt werden muß, erfüllen uns mit Schrecken.

Tatsächlich versuchen viele von uns verzweifelt, Tage und Nächte voll auszufüllen, damit ja nie dieses Gespenst auftaucht, diese große Angst der heutigen Frauen und Männer ... freie Zeit!

Zum Glück haben wir eine Verbündete, die uns hilft, die bösen Geister der Untätigkeit zu vertreiben: unsere Sorge. Welch eine Erleichterung!

**Ganz gleich, wie wir unser Leben vollstopfen wollen – gelegentlich wird sich freie Zeit nicht vermeiden lassen. Deshalb können wir uns dem Drachen auch sofort stellen und ihn bekämpfen.**

## 24. Februar

### Sich einen Weg bahnen

*Hör zu, Wanderer! Es gibt keine Wege. Wege entstehen beim Gehen.* Richard Rohr

Oft hegen wir die Illusion, daß das Leben so einfach wäre, wenn wir auf gut ausgebauten Wegen mit Hinweisschildern gehen könnten und eine genaue Landkarte dabei hätten. Nun, dem ist aber nicht so. Das Leben ist eine Reise, und niemand ist unseren Weg zuvor gegangen. Wir sind tatsächlich Wanderer. Nur wenn wir den Weg beschreiten, wissen wir, wohin er führt, und dies oft auch erst, wenn wir zurückblicken, um unseren Ausgangspunkt zu entdecken.

Obwohl uns dieses Geheimnis manchmal angst macht, liegt in ihm die ganze Freude und Spannung des Lebens. Niemand sonst kann diese Reise für uns machen oder unseren Weg ebnen.

Bisweilen sind wir derart entsetzt, daß wir einfach wie angewurzelt stehenbleiben und das Risiko des Weitergehens nicht auf uns nehmen wollen. Und doch geht es im Leben genau darum, nicht wahr? … sich einen Weg zu bahnen.

**Geistige Landstraßen werden geschaffen durch Wanderer, die Arm in Arm ihren persönlichen Weg gehen.**

## Materielle Sorgen

*Ich habe alles verloren, und ich bin jetzt so arm, daß ich es mir wirklich nicht leisten kann, mich von irgend etwas beunruhigen zu lassen.* Joseph Jefferson

Ich frage mich, wie viele unserer Sorgen die materielle Existenz betreffen. In einer Welt, in der die Wissenschaft lehrt, nur dem einen Wert beizumessen, was mit unseren Sinnen wahrnehmbar beziehungsweise mit unserem Verstand berechenbar ist, sind wir zu der Überzeugung gelangt, daß Reichtum einzig und allein auf materiellem Besitz beruht. Wir rackerten uns ab im Irrglauben, daß wir nie wieder Sorgen hätten, wenn wir über genügend Geld und andere Dinge verfügten. Und dennoch: Ist die Sorge ein Luxus? Ist sie zugleich mit äußerem Wohlstand und mit seelischer Armut verknüpft? Diese Fragen beschäftigen mich sehr.

Sind wir demnach nicht reich, wenn wir es uns nicht leisten können, von irgend etwas beunruhigt zu werden? So viele Geschichten unserer Kinder geben uns zu verstehen, daß Reichtum nicht in den Dingen liegt, sondern in dem, was man weder berühren noch sammeln, noch speichern kann. Das Geheimnis des Lebens hat jenseits des Greifbaren seinen Ort. Es spricht aus dem Vergänglichen, fast Gefühlten, fast Erkannten.

**Kann es sich irgend jemand von uns wirklich leisten, von Sorgen beunruhigt zu werden? Wenn wir diese Frage mit »Nein« beantworten, ändert sich vielleicht unser Blickwinkel.**

## 26. Februar

### Sich um die eigenen Angelegenheiten kümmern

*Die Vorstellung, sich ausschließlich um die eigenen Angelegenheiten zu kümmern, ist dummer Quatsch. Wer könnte so egoistisch sein?* Myrtle Barker

Einverstanden! Wo wären wir, wenn wir alle uns nur um die eigenen Angelegenheiten kümmerten? Was würden wir dann mit unserer Zeit anfangen? Wir können uns ohnehin kaum vorstellen, genügend Arbeit zu haben, die uns vollauf beschäftigt. Außerdem gibt es viele Menschen da draußen, die unseren fachmännischen Rat brauchen, unser Wissen und unsere Erfahrung. Diese wertvollen Gaben für sich zu behalten wäre in der Tat sehr egoistisch!

Wenn wir wirklich anfingen, die eigenen Dinge zu erledigen, würden wir wohl feststellen, daß unser Leben nicht von anderen definiert wird – sondern dadurch, was wir daraus machen. Dabei fiele uns sicherlich auf, daß für die anderen Menschen das gleiche gilt.

Wenn wir wirklich anfingen, den Blick auf uns selbst zu richten, würden wir vielleicht merken, daß dies interessant ist, würden wir möglicherweise sogar innerlich wachsen und unseren Horizont erweitern.

Wenn wir wirklich anfingen, die eigenen Probleme zu lösen, würden wir bestimmt feststellen, daß niemand besser dazu geeignet ist als wir selbst – und daß auch dies auf die anderen zutrifft.

**Doch niemand von uns will so egoistisch sein, oder?**

## SICHERHEIT

*Heute ist das Morgen, um das du dir gestern Sorgen gemacht hast.* Jerry Logan

Und wissen Sie was? Morgen passiert genau das gleiche!

Ich denke, diese ständige Wiederholung hat etwas Beruhigendes, Tröstliches. Mit aller Kraft bemühen wir uns darum, die Illusion von Sicherheit zu hegen. Wenn wir nur genug hätten ... Geld, Eigentum, Dinge, Liebe, Glück, Versicherungspolicen, Finanzpläne, Macht, Organisationspläne – was auch immer. Wenn wir genug besäßen, dann ginge es uns gut.

Woher kommt dieses fehlgeleitete Bedürfnis nach Sicherheit? Und inwieweit beruht unser Leben auf dieser Illusion?

Können wir uns denn wirklich weismachen, wir seien in der Lage, eine rotierende, sich ständig im Fluß befindliche Welt zum Stillstand zu bringen?

Wir sollten nicht mehr versuchen, besondere Fertigkeiten zu erwerben, die nur darauf abzielen, das Leben in etwas Statisches zu verwandeln, und lieber lernen, uns seinen rhythmischen Prozessen anzupassen.

**Wenn wir mit dem, was um uns geschieht, übereinstimmen, gibt es kaum Anlaß zur Sorge. Und falls doch, ist dafür auch morgen noch Zeit.**

## 28. Februar

LEID/ERFINDUNGSREICHTUM

*Kürzlich kamen wir zu der Überzeugung, daß es im Leben nichts wirklich Schlimmes gebe außer starkem körperlichem Schmerz; alles andere ist ein Produkt der Einbildung und abhängig von unseren Gedanken. Jedem sonstigen Übel kann abgeholfen werden – durch die Zeit, durch Mäßigung oder durch Geistesstärke.*

Marie Marquise de Sévigné

Seltsam, wenn wir starke körperliche Schmerzen haben, bleibt uns weder die Zeit noch die Kraft, ihretwegen besorgt zu sein. Wir konzentrieren uns voll und ganz darauf, sie durchzustehen. Es ist also eine interessante Idee, daß sie das einzige echte Übel sein sollen und daß alle anderen Leiden unserer Vorstellung entspringen.

Wir haben eine sehr rege Phantasie. Unser Gehirn ist so erfindungsreich, so geschickt, wenn es darum geht, sich auszudenken, was sein könnte ... Sobald wir jedoch in der Einbildung leben, ist die Wirklichkeit weit, weit weg ...

Welch schöner Gedanke, daß alle sonstigen Übel durch »Zeit, Mäßigung oder Geistesstärke« geheilt werden können. Ich würde wahrscheinlich »Geistesstärke« durch »Glaube« ersetzen, aber was macht das für einen Unterschied? Entscheidend ist, sich einmal zu vergegenwärtigen, wie viele unserer Schwierigkeiten Produkte des eigenen Denkens sind.

**Die gute Botschaft lautet, daß ich das, was ich selbst geschaffen habe, auch wieder eliminieren kann.**

## Annahmen und Erwartungen

*Am schwersten sind jene Mißgeschicke zu ertragen, zu denen es nie gekommen ist.* James Russell Lowell

Sorgenvolle Menschen können sich stunden- oder gar tagelang mit der Frage beschäftigen: Was wäre wohl, wenn ... Wie oft schon haben wir uns sorgfältig überlegt, was geschehen könnte, wie wir reagieren würden, wie die andere Person dann darauf reagieren müßte – nur um dann festzustellen, daß alle unsere Annahmen und Erwartungen völlig danebenlagen, daß wir auf etwas vorbereitet waren, das nie eintrat?

Wieviel Zeit vergeuden wir mit irgendwelchen Spekulationen, wo wir uns doch nur mit einem auseinandersetzen müssen: mit der Realität! Oft sind Erwartungen schwerer zu ertragen als das eigentliche Ereignis, so schrecklich es auch sein mag. So ist der Schmerz eben. Aber ich glaube, wir verursachen ihn vor allem dadurch, daß wir ihn antizipieren. Besser ist es, sich erst damit zu befassen, wenn er sich tatsächlich bemerkbar macht.

**Es steht nirgendwo geschrieben, daß ich mich schon vor Eintritt eines Ereignisses mit Sorgen quälen muß.**

## 2. März

### Planen

*Vorausplanung... Im Geschäftsleben bezeichnet man sie als Budget, mitten in der Nacht als Sorge.* Betsy Martin

Uns wurde immer wieder eingetrichtert, daß wir PLANEN müssen, daß wir vorausschauen und wissen müssen, an welchem Punkt wir stehen, wohin wir unterwegs sind, was wir vorhaben. Tatsächlich gelten jene Planer als die besten, die genaue Voraussagen machen und dann entsprechend Kontrolle ausüben können. Unternehmensberater werden teuer dafür bezahlt, daß sie jedes unvorhergesehene Ereignis gleichsam herausdestillieren, sich darauf einstellen und nichts dem Zufall überlassen... Zumindest glaubt man, daß das funktioniert.

An der Planung selbst ist eigentlich nichts auszusetzen. Sie kann sogar Spaß machen und uns veranlassen, mit verschiedenen Möglichkeiten herumzuspielen – im Kopf und im Herzen. Problematisch wird das Ganze erst durch die Art und Weise, wie wir damit *umgehen*. Letzten Sommer zum Beispiel hatte ich mir vorgenommen, oft zu wandern, zu reiten, körperlich zu trainieren und wieder einmal Rollschuh zu laufen. Allein daran zu denken war schon herrlich, und so freute ich mich auf den Sommer. Dann kam dieser Unfall mit der Machete, wobei ich mir fast den Fuß abgehauen hätte. Den Sommer verbrachte ich mit einem Gipsverband, darum bemüht, wieder richtig gehen zu lernen... Das hatte ich natürlich nicht beabsichtigt gehabt. Trotzdem genoß ich den Sommer.

**Pläne sind ganz in Ordnung. Erst wenn wir sie krampfhaft in die Tat umsetzen wollen, wenn wir ihretwegen andere Gelegenheiten auslassen und uns weigern, sie aufzugeben, geraten wir in Schwierigkeiten.**

BEZIEHUNGEN

*Wenn ich mir Sorgen darüber mache, ob eine Beziehung hält oder nicht, habe ich mich bereits aus ihr zurückgezogen.* Anne Wilson Schaef

Eines der bevorzugten Themen von sorgenvollen Menschen ist die »Beziehung«. Offenbar glauben wir wirklich, daß Sorgen eine Beziehung retten können. Sobald wir diese eingegangen sind, verhalten wir uns oft so, als sei sie besonders durch ständige Sorgen am Leben zu erhalten, und geben einfach keine Ruhe. Dies trägt zwar zur Spannung bei und verursacht den einen oder anderen Adrenalinstoß, aber letztlich nutzt es der Beziehung wohl kaum. Wie schwer es doch ist, sie weder zu verwalten noch zu steuern, sondern sie einfach zu akzeptieren und völlig zwanglos an ihr teilzuhaben ...

Außerdem ist uns häufig unklar, daß wir die Beziehung *nicht* stärken, wenn wir besorgt darüber nachdenken, ob sie hält oder nicht. Allein die Tatsache, daß wir ihretwegen derart beunruhigt sind, deutet darauf hin, daß wir uns gefühlsmäßig, seelisch und wahrscheinlich auch geistig aus ihr zurückgezogen haben und anfangen, sie von außen zu betrachten. Das ist ganz bestimmt tödlich.

**Beziehungen sind da, damit wir an ihnen Anteil nehmen – und nicht, damit wir sie von außen analysieren.**

## 4. März

SPIRITUALITÄT

*Zwischen Gott und mir gibt es kein »Dazwischen«.*
Meister Eckhart

»Dazwischen« bedeutet Trennung: eine Partei hier, eine Partei dort. Ich habe erlebt, daß Leute einer Auseinandersetzung zwischen mir und einer anderen Person beiwohnten und sagten: »Ich will mich nicht einmischen; ich will nicht Partei ergreifen.« Seltsam, daß Meinungsverschiedenheiten immer mindestens zwei sich widersprechende Parteien voraussetzen!

Die moderne Psychologie lehrt uns, daß *beide* Seiten für den zwischen ihnen entstandenen Konflikt verantwortlich sind. In Selbsthilfegruppen jedoch habe ich gelernt, daß bei Streitereien oft der eine vernünftig ist, während der andere seine Suchtkrankheit ausagiert. In diesem Fall kann man kaum von zwei »Parteien« sprechen. Der eine behält einen klaren Kopf, der andere ist gefangen in seinen genauso deprimierenden wie abstoßenden Denkmustern. Trotzdem wird in unserer von Gegensätzen geprägten Gesellschaft ständig verlangt, daß wir zwischen diesem und jenem entscheiden.

Aber warum sollten wir auch die Spiritualität solch dualistischen Vorstellungen unterwerfen? Das paßt einfach nicht. Wenn ich eins bin mit Gott, bin ich auch eins mit mir selbst. Und wenn ich eins bin mit mir, bin ich eins mit Gott. Dann aber bin ich auch eins mit dem Leben und all seinen Prozessen. Das Wort »dazwischen« gibt es dann nicht mehr.

**»Dazwischen« hat in einer wahren Einheit wohl keinen Platz.**

## Das Richtige sagen/Arroganz

*Julie macht sich Sorgen darüber, was sie anderen Leuten so alles sagt. Nach der Schule kommt sie nach Hause, um ihrer Mutter, ihrem Mann und ihren Kindern detailliert über die Unterhaltungen zu berichten, die sie während des Tages geführt hat, und fragt dann: »Was hältst du davon?«*
Zitiert von Amy H. Berger

Wie arrogant wir doch sind, wenn wir ernsthaft glauben, darüber bestimmen zu können, wie andere Leute auf unsere Ausführungen reagieren! Wie viele »erstklassige« Fähigkeiten zur Nachforschung haben wir entwickelt, um Informationen über unsere Gespräche zu sammeln und zu speichern? Wir versuchen herauszufinden, wie man Dinge genau so sagt, daß sie den gewünschten Effekt erzielen (einige nennen das »fälschlicherweise« Manipulation). Wir kalkulieren im voraus, was die andere Person sagen wird, um eine passende Antwort parat zu haben. Darüber hinaus besitzen wir ein computerähnliches Gedächtnis: Wir wissen, wer wann was von sich gab, in welchem Ton dies geschah und wie unsere Antwort ausfiel… All das »verarbeiten« wir dann mit weiteren Erinnerungen. Oje! Was für eine Arbeit! Und dann machen wir uns über diese Gespräche auch noch Sorgen!

Es ist wichtig, nicht alles auszuposaunen, was einem gerade einfällt, zumal wenn man ein wenig durcheinander ist. Außerdem müssen wir für unsere Äußerungen die Verantwortung übernehmen. Letzten Endes aber ist es – wie in allen anderen Bereichen auch – am besten, Fehler zu machen und aus ihnen zu lernen.

**Es »richtig« zu machen ist zunächst weniger wichtig, als die entsprechende Lektion überhaupt zu begreifen.**

## 6. März

### Lachen

*Lachen regt den Kreislauf an, erweitert den Brustkorb, elektrisiert die Nerven, beseitigt die Spinnweben im Gehirn und übt auf den ganzen Organismus eine regenerierende Wirkung aus.*
Anonym

Wie dumm von mir ... Gerade dachte ich, Lachen sei einfach sehr lustig!

Haben Sie je einen Lachanfall gehabt? Sie wissen schon – wenn sie und ein Freund oder eine Freundin zu kichern anfangen und nicht mehr aufhören können. Ihnen rollen die Tränen über die Wangen; es ist, als würden Sie gleich in die Hosen machen; Ihr Gehirn sagt: »Also wirklich! Das ist nicht sehr vornehm!«; Ihr Bauch fühlt sich an wie ein Reifen mit zuviel Luft, der jeden Moment platzt; Sie sind gegen dieses Lachen völlig machtlos, und jedes Mal, wenn Sie aufschauen und dem Blick Ihres Gegenübers begegnen, fangen Sie wieder von vorne an. Dieses Erlebnis ist vergleichbar damit, daß man von einer ungestümen Brandung hin und her geworfen wird, ohne jede Chance, den Fuß auf festen Grund zu setzen. Sie verstehen doch, was ich meine, nicht wahr?

Ist es nicht wunderbar zu wissen, daß das Lachen dem Körper und der Seele guttut?!

**Mein Körper braucht das Lachen genauso wie das Weinen. In beiden Fällen wird er innerlich gereinigt.**

## Kontrolle / Weisheit

*Me hirau atu te ra koia, i haramia ra?*
*Kann ich die Sonne etwa mit einer Gabel herunterziehen oder sie an ihrem täglichen Lauf hindern?*

Sprichwort der Maori

In den letzten Jahren war es für mich ein Segen, mit Eingeborenen und Stammesältesten in aller Welt zusammensitzen und an ihren Gesprächen teilnehmen zu dürfen. Dadurch konnte ich nicht nur ihre weisen Einsichten direkt aufnehmen – ich erhielt auch Zugang zu den Sprichwörtern ihrer jeweiligen Kultur. Ich habe eine besondere Vorliebe für diese Sprüche entwickelt, ein Gespür für die Ähnlichkeiten zwischen den Kulturen und einen Sinn für ihr verborgenes Wissen. Wir im Westen brauchen jetzt ursprüngliche Weisheit ... aus so vielen Quellen wie möglich.

Wie könnte man das genauso absurde wie illusionäre Unterfangen, Kontrolle auszuüben, besser widerlegen als durch ein Sprichwort? Es scheint doch ein bißchen töricht, nicht wahr, die Sonne an ihrem Lauf hindern zu wollen, indem man sie mit einer Gabel vom Himmel zieht. Die meisten unserer Kontrollversuche fallen unter die gleiche Kategorie: Dummheit.

**Weisheit bleibt Weisheit,**
**Ob alt oder neu,**
**Sie trifft auf jeden zu,**
**Auf mich und auf dich.**

## 8. März

VERTRAUEN

*Schon seit langer Zeit bin ich mit dem inneren Prozeß des Sich-Sorgen-Machens vertraut; sobald ich jedoch mehr auf meine Höhere Macht vertraue, werden die Sorgen weniger … besorgniserregend.* Jim

Einige sagen, Sorge sei Mangel an Vertrauen. Es ist auch schwer, einer ewigen Macht zu vertrauen, wenn uns beigebracht wurde, daß eine solche nicht existiere (außer vielleicht in Gestalt des Geldes) – oder daß sie, falls sie dennoch existiere, ein heilloses Durcheinander angerichtet habe. Außerdem sind wir geprägt durch einen groben Individualismus. Wir sollen ohne fremde Hilfe für die Familie und uns selbst sorgen und genauso einsam unsere beruflichen Aufgaben erledigen. Kein Wunder also, daß wir besorgt sind. Angesichts der völligen Überforderung stellt die Sorge eine mögliche, durchaus verständliche Reaktion dar.

Die meisten von uns können nicht vom einen Augenblick zum nächsten auf Vertrauen »umschalten«, zumal wenn sie gewohnt sind, ständig die Zügel in der Hand zu halten. Erst nach vielen schmerzlichen Erfahrungen sind sie bereit, es mit einer Höheren Macht einmal zu versuchen und die dann gewonnenen Daten immer wieder zu überprüfen, bis sie diese Macht endlich anerkennen in der Überzeugung, nicht irgendwann von ihr hereingelegt worden zu sein.

**Trotz allem können wir uns Sorgen darüber machen, ob man einer Höheren Macht wirklich vertrauen kann.**

## Lügen

*Durch Lügen kann man den Göttern keine Hochachtung bezeigen.*
Theano

Und uns auch nicht. Dennoch ist die Lüge inzwischen so tief in den Vorstellungen und Äußerungen unserer Kultur verwurzelt, daß wir oft schon gar nicht mehr unterscheiden können, ob wir ehrlich oder unehrlich sind.

Täuschen wir sexuellen Genuß und Orgasmus nur vor, benutzen wir Kopfschmerzen oder Müdigkeit als Ausrede, um Intimität zu vermeiden, obwohl uns überhaupt nichts fehlt? Geben wir uns nett und freundlich, wenn wir eigentlich Mordgelüste haben oder zumindest stocksauer sind? Tragen wir unbequeme Kleidung bloß deshalb, weil sie in bestimmten Kreisen erwartet wird? Wie steht es um diese kleinen subtilen Dinge? Lassen wir aus Gleichgültigkeit und Trägheit zu, daß Leute von uns einen falschen Eindruck bekommen? Führen wir andere absichtlich hinters Licht und machen sie dann für die daraus entstandenen Mißverständnisse verantwortlich? Beklagen wir uns über das Essen im Restaurant, um später, wenn der Ober uns fragt: »Wie hat es Ihnen geschmeckt?«, zu antworten: »Großartig«?

**Jede kleine Lüge höhlt unsere Seele aus – selbst wenn wir hier und da ungeschoren davonkommen.**

## 10. März

### VERANTWORTUNG

> *Die Sorge unterliegt nicht der freien Entscheidung. Sie ist eine Pflicht.* Anne Wilson Schaef

Jene unter uns, die von Sorgen regelrecht abhängig sind, die ihnen ständig nachgeben, haben nicht das Gefühl, dabei frei entscheiden zu können. Hier von »Wahl« zu sprechen, erschiene uns wirklich absurd. Wir sorgen uns eben. Nicht, daß uns dies besonders gefiele (nun, vielleicht doch ein wenig!) – wir können einfach nicht anders.

Außerdem sind wir überzeugt, daß die Sorge sowohl eine Verantwortung als auch eine Verpflichtung darstellt. Wie sollen die Leute wissen, daß wir sie lieben, wenn wir ihretwegen nicht besorgt sind? Wie können wir gewissenhaft und betroffen sein, wenn wir uns über die Welt und das, was in ihr vorgeht, keine Sorgen machen? Wenn der einzelne versäumt, seinen Teil an Sorgen beizutragen, wird sich dann nicht alles in unzählige Einzelteile auflösen? Vielleicht ist Sichsorgen so etwas wie Beten. Wenn genügend Menschen es tun, kann sich die Erde auch weiterhin um ihre Achse drehen.

**Wenn wir unseren Zwangsvorstellungen freien Lauf lassen, dann bekunden wir dadurch nicht unsere Betroffenheit, sondern unsere Besessenheit.**

## Überzeugungen

*Das Dahinschwinden einer Überzeugung ist für jene, die ihr anhängen, nie besonders erfreulich.* Deane Juhan

Jeder von uns hat tagtäglich damit zu schaffen, zwischen subjektiver Meinung und objektiver Tatsache genau zu unterscheiden. Uns wurde eingetrichtert, daß »Fakten« Vorstellungen sind, die von der modernen Wissenschaft »bewiesen« und durch Zahlen abgesichert worden seien. Trotzdem wissen wir alle, daß Statistiken lügen, eben weil sie größtenteils aus Wahrscheinlichkeitsrechnungen bestehen, die auf den Einzelfall nicht unbedingt zutreffen. Ungeachtet dessen ignorieren wir unsere tiefinneren Einsichten, weil wir eher der modernen Wissenschaft glauben als der eigenen Stimme. Die Wissenschaft ist zu unserer Glaubenslehre geworden.

Im Grunde gibt es nur sehr wenige reine »Fakten«. Unser zartes Spinngewebe namens Leben wird von fadenscheinigen Überzeugungen zusammengehalten, die uns lieb und teuer sind. Diese feinen Fäden können uns jedoch wie ein riesiges Spinngewebe völlig lähmen, wenn wir sie verstärken und glauben, sie seien haltbar.

**Ein altes afrikanisches Sprichwort lautet: »Ein Spinnennetz kann einen Löwen gefangenhalten.« Es liegt an uns, darauf zu achten, daß die eigenen Überzeugungen nicht zu Gitterstäben werden.**

## 12. März

### Alleinsein/Isolation

*Die meisten Sorgen mache ich mir, wenn ich allein bin.*
Betty

Welch großer Verlust, daß wir uns mutterseelenallein fühlen, sobald niemand in der Nähe ist – denn eigentlich sind wir mit einem der wichtigsten Menschen überhaupt zusammen: mit uns selbst. Wenn wir diese Abgeschiedenheit nur dazu benutzen, uns Sorgen zu machen, so wird sie zur Isolation, und die macht uns kaputt.

In der Abgeschiedenheit haben wir die Möglichkeit, einmal ganz loszulassen, schöpferisch zu sein, die eigene Spiritualität kennenzulernen, auszuruhen und innerlich gesund zu werden.

Die Isolation dagegen beschert uns Probleme, seelischen Schmerz, Gefühle von Verlassenheit, Angst und Verzweiflung. Jedenfalls liegt es bei uns, was wir mit den einsamen Stunden anfangen. Wenn wir dazu neigen, uns und anderen weh zu tun, so können wir beten, jemanden anrufen oder irgend etwas anderes unternehmen. Wir haben immer die Wahl. Wenn wir das abstreiten, legen wir letztlich nur uns selbst herein.

**Einsamkeit plus Sorgen ergibt Isolation.**

## Lebendigkeit

*Jeder Tag gibt dir einen Kick!* — Oprah Winfrey

Ich bin sicher, daß Oprah Winfrey da recht hat. Jeder Tag kann eine vergnügliche, angenehme Zeit sein, ein Tritt in den Hintern – oder einfach die Erfüllung selbst. Eines ist sicher: Jeder Tag hat seine besonderen Vorzüge ..., die uns meistens noch gar nicht ganz klar sind.

Wenn wir jeden neuen Tag auskosten wollen, setzen wir unsere Energien am besten so ein, daß wir ihm zuversichtlich entgegensehen, anstatt alles mögliche von ihm zu erwarten. Erwartungen zerstören die Lebendigkeit und schließen sich wie Polstermaterial um uns, das zwar weich und behaglich wirkt, sich aber mit der Zeit in eine Ritterrüstung verwandelt, die nach beiden Seiten abschottet. Wahrscheinlich spürt man in so einer schweren Rüstung nicht einmal den unbedingt nötigen Tritt von hinten ...

**Wenn wir anfangen, am Leben Spaß zu haben, fängt es seinerseits an, mit uns zu spielen.**

# 14. März

## Loslassen

*Aber heute kann ich mir sagen: »Ich weiß, daß Gott schon in der Lage ist, sich über dieses Vorhaben die nötigen Sorgen zu machen. Ich werde es ihm überlassen und darauf vertrauen, daß alles in Ordnung geht.«* Paul

Könnte es sein, daß Gott sich noch mehr Sorgen macht als wir? Das bezweifle ich. Das Besorgtsein ist offenbar eine typisch menschliche Eigenschaft – und eng mit dem Denken verbunden. Allerdings nur mit dem zirkulären, zwanghaften Denken. Ehrlich gesagt, es ist kaum vorstellbar, daß Gott sich irgendwelchen Sorgen hingibt. Andererseits kann man sich nur schwer vorstellen, was Gott überhaupt tut. Doch das wiederum ist ja wohl nicht unser Problem, oder?

Für unser hiesiges Leben ist vor allem wichtig, daß Gott, der Schöpfer, der universelle Prozeß, in jeder Angelegenheit über wesentlich mehr Informationen verfügt als wir. Und wenn wir diesem Prozeß vertrauen können, so können wir uns sicherlich auch ein wenig entspannen.

**Sorgenvollen Menschen fällt es sehr schwer, die notwendige Arbeit zu tun und dann … einfach loszulassen. Klingt ketzerisch, nicht wahr?**

## Möglichkeiten

*Alles ist möglich, bis sich herausstellt, daß etwas unmöglich ist; und selbst das Unmögliche ist vielleicht nur momentan unmöglich.* Pearl S. Buck

Wir sorgenschweren Menschen wollen immer genau wissen, was möglich und was unmöglich ist, um dann entsprechend weiter zu überlegen. Wir möchten eben schon vorher erfahren, daß eine Sache unmöglich ist, um sie nicht in Angriff nehmen zu müssen, anstatt sie einfach in Angriff zu nehmen und dann herauszufinden, ob sie unmöglich ist. Schlimmer noch, wenn wir nicht einmal herauszufinden versuchen, ob sie tatsächlich unmöglich ist..., wenn wir bloß feststellen, daß sie für *uns* zur *gegebenen Zeit* und in *dieser Art* unmöglich ist.

Ich meine: Was hat ein ständig besorgter Mensch eigentlich zu tun? Wie kann er überhaupt etwas konkret anpacken? Und wenn es ihm nicht gelingt, etwas anzupacken, dann sollte er sich *deswegen* Sorgen machen. Denn wie oft geht es im Leben nicht darum, das Unmögliche möglich zu machen?

**Wenn ich über eine Sache besorgt bin, dann versuche ich wahrscheinlich gar nicht erst, sie zu erledigen. Doch wenn ich es versuche, dann habe ich wahrscheinlich gar keine Zeit, ihretwegen besorgt zu sein. Seltsam, oder?!**

## 16. März

### Die Sorge als Bezugspunkt

*Innerhalb von zwanzig Minuten hörte ich mich ungefähr dreimal sagen: »Ich muß mir keine Sorgen machen« oder »Wir brauchen uns darüber keine Sorgen zu machen.« Dreimal!*
Connie

Für viele von uns ist die Sorge ein so wesentlicher Bestandteil des eigenen Lebens, daß sie inzwischen als zentraler Bezugspunkt dient. Wir ordnen unsere Angelegenheiten unter folgende, genau festgelegte Kategorien ein: Dinge, über die wir uns *definitiv* Sorgen machen müssen; Dinge, über die wir uns *vielleicht* Sorgen machen müssen (sie werden »warm gehalten«, für alle Fälle); Dinge, über die wir uns *früher bereits* Sorgen gemacht haben, was allerdings überhaupt nichts gebracht hat; Dinge, über die wir uns Sorgen gemacht haben, mit dem Ergebnis, daß wir davon wirklich profitierten (das müssen wir uns merken!); Dinge, die uns Sorge machen, weil wir über sie besorgt sein könnten; Dinge (wahrscheinlich sehr wenige), über die wir uns gewiß keine Sorgen zu machen brauchen. (Diese letzte Kategorie ist heikel; wir müssen sie genau im Auge behalten, weil sie sich jeden Moment in eine der anderen Kategorien verwandeln kann. Jeder tüchtige und kompetente »Sorgenmensch« weiß das!)

**Was bleibt eigentlich noch, wenn man sein Leben ganz auf die Sorge bezieht?**

## Bewusstmachung des Prozesses

*Das wirklich Erschreckende am mittleren Lebensalter ist die Erkenntnis, daß man es hinter sich lassen wird.*
Doris Day

Seltsam, das Leben! Wir sehnen uns nach dem Luxus, über unsere Angelegenheiten genau Bescheid zu wissen, und versuchen insgeheim (manchmal auch ziemlich offenkundig), sie so zu arrangieren, daß alles geordnet und überschaubar ist. Aber sobald wir diesen Zustand erreicht haben, erscheint er uns eher fad. Ach, Unzufriedenheit ist des Menschen Los!

Allzu oft vergessen wir, daß das Leben ein Prozeß ist – und daß wir selbst den unterschiedlichsten Prozessen unterliegen. Wir sind keine unveränderlichen Gegenstände, obwohl wir (und auch andere) uns vielleicht so behandeln. Wir entwickeln uns ständig weiter. Diesen Prozeß können wir wirklich nicht stoppen. Wir können ihn zwar in eine andere Richtung lenken oder ihn blockieren, wir können versuchen, ihn aufzuschieben oder zu erzwingen oder sogar zu ignorieren und zu verdrängen – trotzdem findet er statt.

Nur selten entschließen wir uns, am eigenen Leben bewußt Anteil zu nehmen … Es geht dabei um gar nichts Besonderes oder Kompliziertes … Einfach nur darum, aktiv mitzuwirken.

**Eine Sturzwelle trägt uns, wenn wir uns treiben lassen, gewöhnlich ein Stück weit aufs Meer hinaus und spült uns dann irgendwo anders an den Strand. Wenn wir aber gegen sie anzukämpfen versuchen, gehen wir unter.**

## 18. März

### TEILEN

*Wenn ich mir Sorgen mache über deine Sorgen, die du dir wiederum über meine Sorgen machst, von denen ich dir berichte, dann ist das der reine Wahnsinn. Also behalte ich meine Sorgen lieber für mich, anstatt um Unterstützung zu bitten.*
June

Eine Methode, mit Problemen fertig zu werden, haben wir uns inzwischen angeeignet: Wir verschweigen den anderen unsere Sorgen – aus Angst, sie könnten sich darüber Sorgen machen. Irgendwie glauben wir, so gut schwindeln zu können, daß die Leute unsere innere Unruhe gar nicht mitbekommen. Diese Illusion rührt von einer seltsamen Mischung aus Arroganz und Egoismus her. Denn gerade aufgrund dieser Ichbezogenheit meinen wir, unsere Stimmungen würden die Menschen, die uns am nächsten stehen, nicht weiter berühren, und so verbergen wir sie vor ihnen.

Oft aber können wir unsere Sorgen gerade dann loslassen, wenn wir jemand anders darüber erzählen. Trotzdem sollten wir darauf achten, ob wir tatsächlich bereit sind, sie zu vergessen. Falls nein, hat auch das Reden keinen Sinn.

**Vergessen Sie nicht: Diejenigen, die sich liebevoll um uns kümmern, wollen auch wissen, was in uns vorgeht.**

## Tatkraft

*Du kannst ein Feld nicht im Kopf pflügen.*
Irisches Sprichwort

Wie wichtig doch die Aktivität ist! In der Zeit, da wir uns innerlich im Kreise drehen und Zwangsvorstellungen nachhängen, könnten wir genausogut jemand anders zur Seite stehen.

Wie oft sind wir nicht gefangen in jenen Gedankenwirbeln, die uns immer weiter nach unten ziehen, bis wir dann, völlig losgelöst von allem, glauben, nichts und niemand könne uns da wieder herausholen? Allerdings besitzen die meisten von uns ein relativ gutes Gespür. Wir haben diese Abwärtsbewegung schon so oft mitgemacht, daß wir ihre Symptome durchaus erkennen... Ständig konzentrieren wir uns auf die gleichen Probleme in der Hoffnung, daß sich eine Lösung ergibt, sobald wir sie uns nur noch *ein* weiteres Mal durch den Kopf gehen lassen. So ziehen wir uns allmählich tiefer ins eigene Innere zurück, um für derlei Gedankenspiele noch mehr Energie und Zeit aufwenden zu können... Schließlich sind wir deprimiert, ja verzweifelt.

Sobald sich die ersten Anzeichen einer Zwangsvorstellung bemerkbar machen, ist es an der Zeit, sich aufzuraffen und jemand anders einen Gefallen zu tun.

**Nur ich selbst kann mich dazu bringen, aktiv zu werden.**

# 20. März

## Denken

*Du bist heute da, wohin dich deine Gedanken geführt haben; du bist morgen dort, wohin dich deine Gedanken führen werden.* James Allen

Nur selten erkennen wir in aller Deutlichkeit, daß unsere Gedanken nichts anderes sind als ... unsere Gedanken. Da sie unserem Gehirn entspringen, übersehen wir oft, daß sie mit der äußeren Realität nicht unbedingt identisch sind. Sie spiegeln unseren momentanen Blick auf die Welt – nicht mehr und nicht weniger. Wenn wir eine erste Idee weiter ausarbeiten, sie ausschmücken und zur Grundlage nehmen, so bauen wir allmählich ein Gedankengebäude auf, in das wir einziehen können, um dieses seinerseits zu dekorieren.

Oft aber sind die eigenen Gedanken der schlimmste Feind. Wir lassen sie einfach gewähren, wodurch wir dann selbst in höchste Aufregung geraten. Zwar können *wir* nicht in der Zukunft leben, unsere Gedanken aber schon; und das tun sie auch.

Es ist wichtig, sich daran zu erinnern, daß Denken und Sein voneinander verschieden sind. Das Denken ist ein Prozeß, den wir mit verfolgen, vielleicht sogar interessant finden, um ihn jederzeit wieder loszulassen.

**Wir sind dazu fähig, uns in alles hineinzudenken und alles zu durchdenken. Entscheidend aber ist das Leben selbst.**

## Kontrolle / Wille

*Die Bitte, sich keine Sorgen zu machen, ist vielleicht die am wenigsten beruhigende Botschaft, die ein Mensch überhaupt äußern kann.* Mignon G. Eberhart

Jeder sorgenvolle Mensch weiß, daß die Sorgen manchmal ein Eigenleben führen, das gar nicht mehr zu beeinflussen ist. Wenn der andere also sagt, man solle sich keine Sorgen machen, dann setzt er damit vielleicht gerade jenen Schneeball in Bewegung, der im Hinunterrollen immer größer wird und eine ganze Lawine auslöst.

Wie wäre es, wenn wir die Sorge mit einem Suchtprozeß verglichen? Denn sobald dieser begonnen hat, sind wir ihm hilflos ausgeliefert. Daran besteht kein Zweifel. In dem Maße, wie wir tiefer in der Abhängigkeit versinken, wird unser Leben ein unüberschaubares Chaos ...

Glauben Sie, daß es eine Macht gibt, die größer ist als wir und daß sie unsere geistige Gesundheit wiederherstellen kann? Gehen Sie dieser Frage einmal nach. Wenn Ihre Antwort »ja« lautet, können Sie beschließen, Ihr Leben und Ihren Willen dieser Macht anzuvertrauen ..., und abwarten, was dann geschieht. Jedenfalls hat es bei Millionen von Menschen schon funktioniert.

**Manchmal ist mein Wille gerade nicht das Hilfsmittel, das ich brauche.**

## 22. März

LOSLASSEN/REALITÄT

*Was andere von mir denken, geht mich nichts an.*
Anonym

Wie oft kreisen unsere Sorgen doch darum, was andere Leute von uns denken oder was sie über uns sagen könnten. Viel Kraft und Zeit wenden wir auf, das eigene Leben so zu arrangieren, daß uns immer nur Anerkennung zuteil wird.

Vor einigen Jahren hatte ich mit einem recht unangenehmen Gerichtsverfahren zu tun. Die Anschuldigungen, die gegen mich vorgebracht wurden, sowie die Beschreibungen, die die gegnerische Seite von mir gab, waren verletzend, schockierend und niederschmetternd. Ich kannte ja – zumindest aus meiner Sicht – die Wahrheit und litt entsetzlich darunter, daß sie auf so scheußliche Weise verdreht wurde. Diese Verzerrungen gingen mir derart nach, daß ich der ganzen Welt die Wahrheit mitteilen wollte. Dann aber fiel mir ein, daß die Menschen, die mich kennen und lieben, mit den entsprechenden Fakten vertraut waren – und daß die anderen sich darüber wohl keine großen Gedanken machen würden. Außerdem wußte ich, daß diejenigen, die bereit waren, sich ködern zu lassen, ohnehin nicht zu meinen Freunden zählten.

Während dieser schwierigen Zeit entdeckte ich wieder den Spruch: »Was andere von mir denken und über mich sagen, geht mich nichts an«, und er wurde zu meinem *Mantra*. So lernte ich eine neue Ebene kennen, auf der ich meine Illusionen, die Meinung der Leute beeinflussen zu können, fahrenließ. Das war ein großes Geschenk.

**Besorgt zu sein über Dinge, die sich unserer Kontrolle entziehen, ist so, als würden wir gegen den Wind spucken. Die Spucke haben wir dann nämlich selbst im Gesicht.**

## Illusionen

*Ich muß mich nur mit dem heutigen Tag auseinandersetzen, er enthält alles, was ich brauche. Wenn ich versucht bin, mir über die morgigen Angelegenheiten Sorgen zu machen, so richte ich meine Gedanken wieder behutsam auf die Gegenwart.*

Aus: *The Courage to Change* (Mut zum Wandel)

Diese kurze Passage stammt aus einem hervorragenden Meditationsbuch, und wir sollten einmal über sie nachdenken. Manchmal fällt es uns nämlich schwer zu erkennen, daß wir nur auf diesen Augenblick zählen können. Wir hören von Freunden, die einen Autounfall erlitten haben, oder von jungen, gesunden Menschen, die in der Blüte des Lebens dahingerafft wurden, und irgendwo tief in unserem Innern wissen wir, daß es keine Sicherheit gibt. Trotzdem führen wir unser Leben so, als bliebe alles immer so, wie es ist.

Nur selten halten wir inne, um uns klarzumachen, daß wir in Illusionen leben, wenn unsere Existenz bekanntermaßen auf Lüge und Verdrängung beruht. Es ist sehr anstrengend, eine Illusion längere Zeit aufrechtzuerhalten. Vielleicht investieren wir sogar viel Kraft in dieses »Projekt« – aber am Ende stehen wir dann auf äußerst unsicherem Grund.

**Sobald uns bewußt wird, daß wir Illusionen nähren und aufrechterhalten, die jeden Bezug zur Wirklichkeit verloren haben, stellen wir möglicherweise auch fest, daß uns andere Wege offenstehen.**

## 24. März

### Veränderung

*Irgendwann war ich der Sorgen einfach überdrüssig…, also vergaß ich sie.* Patti

Manchmal geschehen solche Dinge. Wir sind geblendet vom Blitz der Erkenntnis… und ändern uns.

Eine der wunderbarsten Eigenschaften der menschlichen Spezies ist die Fähigkeit, Änderungen herbeizuführen. Wir können uns entweder langsam im Laufe der Zeit in eine andere Richtung entwickeln – oder aber, wie Patti, plötzlich etwas begreifen und auf der Stelle kehrtmachen.

Welch großartige Optionen mit dieser Umstellung verbunden sind! Wir haben stets die Möglichkeit, das nächste Mal anders zu reagieren. Uns bieten sich ganz neue Gelegenheiten. Und für diese wiederum können wir uns jederzeit neue Fähigkeiten aneignen.

Nun, falls Sie glauben, daß alles in eine Ordnung gebracht werden kann, die für immer unangetastet bleibt, wird Ihnen das Thema »Veränderung« wohl einiges Kopfzerbrechen bereiten… Doch nur, wenn Sie ein Problem daraus machen.

**Wenn der Wechsel eine Grundtatsache meines Lebens ist, so kommt mir das in vielerlei Hinsicht zugute.**

## Sich gehenlassen

*Du kannst nicht anfangen, dir Sorgen zu machen, was wohl alles passieren wird. Du kannst ja schon durchdrehen, wenn du dich nur darüber sorgst, was im Moment gerade passiert.* Lauren Bacall

Sich gehenzulassen zeugt von allzu großer Nachgiebigkeit. Manchmal merken wir, wie wir jede Selbstdisziplin verlieren und in Sorgen versinken, manchmal aber auch nicht. Oft übersehen wir, daß wir selbst beschlossen haben, die Zügel schleifen zu lassen, bis wir dann im dicksten Schlamassel sitzen. Sobald wir uns verwirrt im Kreise drehen, scheint der Weg zu geistiger Gesundheit in weiter Ferne zu liegen …

Wir brauchen Freunde um uns, die die Warnsignale vor einem solchen Ausrutscher klar erkennen. Und auch wir müssen lernen, die entsprechenden Symptome wahrzunehmen und zu deuten.

**Sobald wir uns einmal verpflichtet haben, den eigenen Sorgen nicht nachzugeben, bedarf es nur eines Telefonanrufs, um Hilfe zu erhalten.**

## 26. März

### WISSEN VON GOTT

*Du beweist nur allzu deutlich, daß die Suche nach Wissen fast immer in die Lektion des Zweifels mündet.*
Antoinette Deshoulières

Ist das nicht eine interessante Feststellung? Sobald wir versuchen, etwas zu erkennen, das noch nicht erkannt werden kann oder das *wir* noch nicht erkennen können, beginnen wir zu zweifeln. Und sobald wir zweifeln, versuchen wir, unsere Zweifel zu bestätigen oder zu widerlegen, und ehe wir's uns versehen, befinden wir uns in einem Zustand gedanklicher Verwirrung …

Als ich die obige Bemerkung zum ersten Mal las, dachte ich sofort an Theologie. Ich habe dieses Fach studiert und weiß also, wovon ich spreche. In der Theologie geht es hauptsächlich darum, über Gott nachzudenken. Sie ist ein Versuch, Gott mit Hilfe unseres Verstandes zu erfassen.

Ich nehme an, daß wir als Kinder ein genauso natürliches wie spontanes Wissen von Gott hatten. Unsere Geistigkeit ist eingebettet in die Ganzheit unseres Seins und daher auch jederzeit zugänglich. Erst wenn wir anfangen, Gott in abstrakter Weise zu denken, sind wir getrennt von Ihm.

**Vielleicht war es diese Lektion, zweifeln zu lernen, die Jesus sagen ließ, daß wir wieder wie Kinder werden müssen.**

# Geld

*Nichts ist entwürdigender als die ständige Sorge darum, womit man seinen Lebensunterhalt bestreitet ... Geld ist wie ein sechster Sinn, ohne den man die anderen fünf nicht vollständig nutzen kann.*

William Somerset Maugham

Manchmal vergessen wir, daß Geld im Grunde nichts Reales ist. Es wird dann so konkret und besitzt eine derartige Macht, daß wir es für real halten und ihm einen realen Wert beimessen.

Ich weiß noch, als vor ein paar Jahren der Kurs des amerikanischen Dollar auf den Devisenmärkten starken Schwankungen unterlag – weshalb für viele Amerikaner die Welt völlig aus den Fugen geriet, denn sie hatten geglaubt, der Dollar sei etwas Reales, ja Absolutes.

Nach meiner Heirat wurde mir bewußt, daß mein Mann und ich sehr unterschiedliche Beziehungen zum Geld hatten. Er fühlte sich deswegen oft unwohl, war besorgt und konnte, nach eigenem Eingeständnis, nicht gut damit umgehen. Ich hingegen bin da ziemlich unbeschwert, gehe gut damit um, gebe es aus, wenn genügend vorhanden ist, spare und komme auch ohne Geld zurecht. Wir stellten fest, daß unsere finanziellen Mittel länger reichten, wenn ich mich um sie kümmerte. Einmal angenommen, jeder von uns beiden hätte über den gleichen Geldbetrag verfügt, um die gleichen Rechnungen zu bezahlen, dann wäre bei mir am Ende mehr als genug übriggeblieben, bei ihm aber weniger als nichts. Geld ist irgendwie immer da. Aber es ist nicht real. Es hat nur einen relativen Wert.

**Geld kann die Reichen viel mehr beherrschen als die Armen.**

## 28. März

### KRISE

*Ich habe aufgehört, mir morgens die Nachrichten im Radio anzuhören. Die vielen Krisen ließen mich den ganzen Tag nicht mehr los. Und warum wollte ich diese innere Unruhe? Ich benutzte sie, damit der Lärm weitergeht.*

Mia

Es gibt nichts Besseres als eine handfeste Krise, um in Trab gehalten zu werden. Einige Menschen verstehen es zwar eher als andere, sie heraufzubeschwören – aber wir müssen doch zugeben, daß die meisten von uns auf diesem Gebiet gewisse Fähigkeiten besitzen. Und selbst wenn wir da noch ein wenig unerfahren sind, gibt es immer irgendeine Person oder Sache – ein Massenmedium zum Beispiel –, die uns weiterhilft. Die Krise ist der erste Punkt auf der Tagesordnung.

Der einzelne ist wie die Gesellschaft im ganzen abhängig geworden von der stimulierenden Wirkung einer ständigen Krisensituation. Man achte nur einmal darauf, wie viele Bestseller und erfolgreiche Filme uns mit Katastrophen regelrecht »bombardieren«.

Es kann dahin kommen, daß man das Leben ohne Krise als langweilig empfindet. Die Krise ist zu einem »harmlosen Geräusch« geworden, welches das sanfte Flüstern tiefer Gefühle fast ganz überdeckt.

**Wie kann ich an Spiritualität interessiert sein, wenn sie nicht von Blitz, Donner und einem himmlischen Orchester begleitet wird?**

## Flucht vor der Intimität

*Man kann sich ständig Sorgen machen über einen geliebten Menschen, nur weil er krank oder verwirrt oder müde aussieht.* Betsy Martin

Ja, wie oft bringen wir unsere Liebe mittels der Sorge zum Ausdruck? Wenn eine Person uns am Herzen liegt, dann machen wir uns natürlich ständig Sorgen um sie. So können wir auf zuverlässige und passende (!) Weise unsere liebevollen Gefühle zeigen. Das »Gute« an dieser »Liebe durch Sorge« ist, daß wir unserem Gegenüber nicht allzu nahe kommen müssen. Wir brauchen uns nicht mit den Unannehmlichkeiten der Intimität herumzuschlagen. Wir ziehen wir uns vom anderen zurück, verkriechen uns im eigenen Innern, wo Unruhe und Sorge einen Schutzwall bilden. Leider ist auch ein solcher Wall eine Trennwand, die uns von der Welt und den geliebten Wesen fernhält.

Sich zu sorgen ist im Grunde ein Zeichen von Egoismus. Denn dann sind wir für niemanden erreichbar, nicht einmal für uns selbst.

**Wer sich allzu rar macht, flieht vor der Intimität – und stiftet gerade dann Verwirrung, wenn er damit seine Liebe kundtun will.**

## 30. März

### GLÜCK

*Ob das Glück sich einstellt oder nicht – man sollte sich darauf einrichten, ohne es auszukommen.*

George Eliot

Kann man sich tatsächlich je darauf vorbereiten, ohne Glück auszukommen, und dennoch ein erfülltes Leben führen? Ich bezweifle es.

Das Glück ist wie die meisten Dinge im Leben, die uns schicksalhaft zuteil werden, ein Geschenk. Wir können es nicht erzwingen. Allerdings können wir alles mögliche tun, um es zu verhindern. Etwa indem wir um jeden Preis versuchen, auch noch das zarteste Glücksgefühl von vornherein »abzutöten«. Und nach solchen genauso zeitaufwendigen wie gewissenhaften Aktivitäten wäre es doch schließlich enttäuschend, wenn uns ungeachtet aller Sorgen das Glück einfach so durchdringen würde wie ein Sonnenstrahl die Sturmwolke, nicht wahr?

Gott sei Dank fragt uns das Leben nicht, auf welches Ereignis wir uns vorbereitet haben, um es dann eintreten zu lassen. Das Leben gleicht eher den Gewürzen in einer schmackhaften Suppe – ein bißchen hiervon und etwas davon, ein Schuß ... und eine Prise ..., die als Zutat dient. Am Ende entscheidet die richtige Mischung über die Qualität der Suppe.

**Glück ist weniger mit den Kartoffeln als mit dem Salz in einer guten Gemüsesuppe vergleichbar.**

## Humor

*»Das Leben ist zu kurz, um sich zu Sorgen zu machen.«*
*»Ja, und genau das macht mir Sorgen.«* Anonym

Es ist Zeit, die Sorge ein bißchen von der heiteren Seite zu sehen. Schließlich sind wir sorgenschweren Menschen ja auch unfreiwillig komisch. Denn das Sichsorgen ist jene Fähigkeit, die auf fast alles im Leben angewandt werden kann – und selten haben wir etwas derart Nützliches gelernt.

Wir klagen über unsere Sorgen, aber es soll nur einmal jemand etwas Schlechtes über sie sagen oder versuchen, sie uns wegzunehmen, dann sind wir bereit, Goliath höchstpersönlich herauszufordern. Ja wir jammern sogar über unsere Sorgen, wollen aber keinesfalls, daß ein anderer es tut. Einige Dinge sind und bleiben uns heilig.

Erinnern wir uns noch an die Situationen, in denen wir dachten, auf Sorgen jederzeit verzichten zu können? Damals waren wir eben noch nicht soweit – und überhaupt, sie schaden doch niemandem. (Seltsam. Ich habe die gleichen Äußerungen von Alkoholikern über das Trinken gehört.) Außerdem lassen wir uns bei einem so schwerwiegenden Thema nicht auf den Arm nehmen.

**Wenn wir bei einer bestimmten Sache überhaupt keinen Spaß mehr verstehen, dann sollten wir uns näher damit befassen.**

# 1. April

## VERTRÄGE

ARTIKEL I

Der/die Unterzeichnete tritt alle seine/ihre Sorgen und Probleme an Gott ab, und Gott erklärt sich bereit, alles zu übernehmen, was ihn/sie ängstlich, besorgt oder unglücklich macht. Gott verpflichtet sich, diese Schwierigkeiten auf die bestmögliche Weise zu beseitigen.

Hiermit hat der/die Unterzeichnete seine Sorgen und Probleme an Gott abgetreten. Folgende Punkte sind von ihm/ihr zu beachten:

1. Er/sie muß zehn wesentliche Sorgen und Probleme in der Reihenfolge ihrer Wichtigkeit aufschreiben und diese Liste als Anlage dem Vertrag beifügen.
2. Erst nachdem eine Sorge ausgeräumt und auf der Liste abgehakt ist, kann eine neue Sorge der Verantwortung Gottes übertragen werden.
3. Bei jedem gelösten Problem erklärt sich der/die Unterzeichnete bereit, folgende Pflichten zu erfüllen:
   a) mindestens drei Minuten lang Gott für die Hilfe zu danken;
   b) sich über die Lösung des Problems zu freuen und Heiterkeit auszustrahlen;
   c) etwas Vergnügliches zu tun oder durch eine gute Tat jemand anders Freude zu machen.

ARTIKEL II

Die Sorgen, die gemäß Artikel I Gott übertragen wurden, gehören diesem ausschließlich. Aufgrund dessen hat Gott folgende Rechte:

1. die Reihenfolge zu bestimmen, nach der diese Sorgen aus der Welt geschafft werden;
2. ohne jede Einschränkung und allein sich selbst verantwortlich die Methoden, Hilfsmittel und Zeitspannen zu bestimmen, durch welche besagte Sorgen verschwinden;
3. festzulegen, ob und inwieweit der/die Unterzeichnete an der Lösung des jeweiligen Problems beteiligt werden soll.

## ARTIKEL III

Gott nimmt die ihm übertragenen Sorgen sehr ernst und lehnt jede Einmischung in das Verfahren, das ihrer Beseitigung dient, strikt ab. Jede Zuwiderhandlung sollte tunlichst vermieden werden. Folgende Verhaltensweisen gelten als Verstöße gegen den vorliegenden Vertrag:

1. länger als fünf Minuten sorgenvoll an bestimmte Dinge zu denken;
2. aufgrund von Sorgen zu leiden, wütend zu sein und nicht einschlafen zu können;
3. sich wegen tiefer innerer Unruhe in einem Zustand der Spannung und der Alarmbereitschaft zu befinden;
4. negativen Gedanken nachzuhängen, nach schlechten Eigenschaften bei anderen Menschen zu suchen, zu klagen und unglücklich zu sein;
5. Böses mit Bösem zu vergelten;
6. sich beleidigt, herabgesetzt oder gedemütigt zu fühlen, sei es durch Leiden oder durch Selbstmitleid.

Im Falle eines Vertragsbruchs kommt der/die Unterzeichnete folgenden Verpflichtungen nach:

1. einem leidenden Menschen einen Gefallen zu tun;
2. die Seiten 85-88 im *Big Book* (Großes Buch) der Anonymen Alkoholiker aufmerksam zu lesen;

3. alle Passagen über Sorgen im Buch *As Bill Sees It* (Was Bill dazu meint) herauszusuchen;
4. die sechs Artikel von Bill genau zu studieren.

### ARTIKEL IV

Alle Sorgen, die somit von Gott übernommen wurden, sind ausschließlich sein Eigentum. Der/die Unterzeichnete ist weder insgeheim noch in der Öffentlichkeit berechtigt, auch nur eine einzige Sorge zurückzunehmen oder sich erneut mit ihr zu befassen. Er/sie darf lediglich dann ein Problem in Betracht ziehen oder darüber sprechen, wenn sich hierbei aufgrund der obigen Vereinbarungen und der zusätzlichen, freizügig gewährten Liebe Gottes ein Gefühl von Dankbarkeit und Glück einstellt.

### ARTIKEL V

Falls keine größeren Sorgen auftauchen, versichert der/die Unterzeichnete, Gott nicht mit unnötigen Problemen zu belasten und das Leben zu genießen.

### ARTIKEL VI

Der/die Unterzeichnete erklärt sich bereit, diesen Vertrag ernstzunehmen.

____________________ ____________________

Datum Unterschrift

(Entnommen einem Vertrag, den die Wiener Al-Anon-Gruppe benutzt)

**Nun, was halten Sie davon? Dieser Vertrag ist viel besser als so mancher andere, den ich kenne.**

KINDER/ERZIEHUNG/VERTRAUEN

*Gott hat keine Enkelkinder.* Sprichwort

Lange Zeit behagte mir die Vorstellung, daß jeder Mensch (sogar meine Kinder!) seine eigene Höhere Macht hat. Das wußte ich einfach! Obiges Sprichwort wurde mir sinnigerweise gerade zu jenem Zeitpunkt übermittelt, als eines meiner Kinder sich ziemlich schwertat im Leben und folglich auch ich mit grundsätzlichen Problemen konfrontiert war. Ich hatte akzeptiert, daß mein Kind seine eigene Höhere Macht hat und seinen eigenen geistigen Weg geht ..., zumindest dachte ich das!

Dann fiel es mir wie Schuppen von den Augen! Ich war zwar bereit, meinem Kind zuzugestehen, daß es *seine* Höhere Macht hat, zugleich aber war ich mir sicher, diese sei weniger erfahren als die meine (schließlich war ich ja älter), sei weniger weise als die meine (meine Höhere Macht besaß immerhin die zusätzlichen Vorteile, die aus *meiner* Weisheit resultierten), sei möglicherweise nicht 24 Stunden am Tag und sieben Tage in der Woche »im Dienst« (meine hatte jedenfalls gelernt, daß sie ihre Pflichten rund um die Uhr erfüllen muß) und sei, verglichen mit *meiner* Höheren Macht und aufs Ganze gesehen, eher ein Geizkragen. Aber das Schlimmste war: Um sicherzustellen, daß die Dinge sich so entwickelten, wie sie es meiner Meinung nach tun sollten, war ich die ganze Zeit damit beschäftigt, mir Sorgen zu machen – natürlich mit Hilfe meiner Höheren Macht.

Aber dann hatte ich begriffen, was es heißt: »Gott hat keine Enkelkinder.« Zwischen dem Schöpfer und uns gibt es keine Familienhierarchie. Jeder hat einen direkten Draht zu ihm!

**Wenn ich begreife, daß Gott keine Enkelkinder hat, wird mein Leben einfacher.**

# 3. April

## Intimität

*Wenn man jemanden in der Familie oder in der Gruppe hat, der sich Sorgen macht, so werden dadurch die anderen Mitglieder vom »Bedürfnis« befreit, sich ihrerseits Sorgen zu machen.* Betsy Martin

Viele von uns sind der Auffassung, es gebe für jeden eine bestimmte »Sorgenquote«, die erreicht werden muß. Deshalb fühlen wir uns erleichtert, wenn der Ehepartner oder eine Freundin bereit ist, da auszuhelfen, und unseren Anteil an Sorgen mit übernimmt. Sonst wären wir bei dieser Aufgabe tatsächlich ganz auf uns selbst gestellt.

Aber im Grunde geht es ja nicht darum, jemanden ausfindig zu machen, der unsere Sorgenlast trägt. Vielmehr müssen wir unsere Einsamkeit einmal näher untersuchen – sowie die Art und Weise, wie wir mit Intimität umgehen. Nie werden wir einem Menschen dadurch näherkommen, daß wir unsere Sorgen teilen oder über den anderen besorgt sind. In beiden Fällen weichen wir offenbar einem vertraulichen Umgang aus.

Es ist zwar wichtig, jemanden zu haben, mit dem man über die eigenen Probleme sprechen kann. Aber einen Schritt weiterzugehen und ihn zu bitten, unser »Sorgenpartner« zu sein, bedeutet nicht Hinwendung zur Intimität, sondern Flucht vor ihr.

**Ein vertrauter Umgang entwickelt sich dann am besten, wenn man mit dem Gegenüber ein Problem bespricht und gemeinsam etwas zu dessen Lösung unternimmt.**

## Die Fähigkeit, ehrlich zu sein

*Ehrlichkeit ohne Mitgefühl ist Roheit.* Anonym

Letzten Endes wissen wir nur sehr wenig über die Ehrlichkeit. Sicherlich wird sie in unserer Gesellschaft weder gewürdigt noch belohnt. Ich erinnere mich, daß mir vor einigen Jahren jemand die Übersetzung eines Gedichtes gab, das ein russischer Lyriker verfaßt hatte. Darin ging es hauptsächlich um die Frage: Was ist nur aus einer Gesellschaft geworden, die denjenigen als *mutig* bezeichnet, der die Wahrheit sagt? Ich war von diesen Versen sehr berührt und sah immer klarer, daß die Ehrlichkeit in unserem täglichen Leben eher eine Ausnahme bildet.

Ihrer Seltenheit entspricht die Tatsache, daß unsere Fähigkeit, sie auf heilsame Weise zum Ausdruck zu bringen, äußerst begrenzt ist. Während der sechziger Jahre, in der Zeit von Jugendbewegung und allgemeiner Aufbruchsstimmung, als man »die totale Ehrlichkeit« predigte, dachten viele, dem oder der anderen deutlich sagen zu müssen, was bei ihm/ihr so alles verkehrt ist. Aber das ist verkehrt!

Damit die Ehrlichkeit tatsächlich etwas nützt, müssen wir einige Punkte beachten: 1. Besonders wirkungsvoll ist sie, wenn sie eine Aussage über die eigene Person betrifft. 2. Hilfreich ist sie, wenn wir mit anderen eine Art Vereinbarung getroffen haben, offen miteinander umzugehen. 3. Wohltuend ist sie, wenn ihr eine Beobachtung (keine Interpretation!) zugrunde liegt: »Ich habe gemerkt, daß du rot geworden bist, als du sagtest, daß …«. 4. Am meisten angebracht ist sie, wenn sie mit Mitgefühl und Fürsorge einhergeht. Etwaige Urteile aber sollte man sich lieber verkneifen.

**Wir müssen unsere Fähigkeit, ehrlich zu sein, regelrecht trainieren.**

# 5. April

## Ichbezogenheit

*Ich weiß, wie egozentrisch es ist, wenn ich mir über meine Arbeit, die nächste Woche beginnt, jetzt schon Sorgen mache; ich meine, warum kann ich nicht warten, bis dazu wirklich Anlaß besteht?*

Pete

Es ist nicht leicht, die Sorge als Zeichen von Egozentrik zu sehen, selbst dann nicht, wenn sie die eigene Person betrifft. Meistens geben wir ja vor, um andere besorgt zu sein, und so stehen wir von vornherein nicht im Verdacht, nur an uns selbst zu denken. Trotzdem wollen wir diese besondere Art von Ichbezogenheit näher betrachten.

Zunächst einmal ist *Sichsorgen* meistens gleichbedeutend damit, daß man sich *im voraus* sorgt. Wir sind beunruhigt wegen einer Sache, die vielleicht passiert, vielleicht aber auch nicht. Sobald wir uns darauf geistig und gefühlsmäßig einstellen, ziehen wir uns immer mehr in die eigene Innenwelt zurück und sind dann nur noch mit uns selbst beschäftigt. Das hört sich doch ganz nach Egoismus an!

Wenn wir besorgt sind um ein *mögliches* Ereignis, so entgeht uns, daß wir diesbezüglich keineswegs alle Informationen und Kenntnisse besitzen – und daß die Dinge sowieso ihren Lauf nehmen, ob uns das paßt oder nicht. Jedenfalls schwingt auch hier viel Selbstsucht mit.

**Unsere Ichbezogenheit gleicht einem Edelstein mit vielen Facetten, der sich langsam im Sonnenlicht dreht. Wir haben das ganze Leben zur Verfügung, um immer wieder neue Facetten zu erkennen.**

## »ALLES AUF DIE REIHE BEKOMMEN«

*Ich habe keine Angst vor Stürmen, denn ich lerne, mein Schiff zu steuern.* Louisa May Alcott

Gestern versuchte ich, meinen Sohn in Japan anzurufen. Als mich die Telefonistin mit seiner Wohnung verband, hörten wir eine Ansage, die unverständlich war. Daraufhin versuchte sie mehrmals, den japanischen Telefonisten für internationale Gespräche zu erreichen, allerdings ohne Erfolg. Nachdem mir zwei Jahre vorher die verheerenden Langzeitwirkungen eines Hurrikans auf Hawaii deutlich geworden waren, fragte ich: »War da vielleicht ein Erdbeben oder so was Ähnliches?« Daraufhin überprüfte sie erneut ihre Unterlagen, sagte, daß sich in der betreffenden Region tatsächlich ein Erdbeben ereignet hatte, und gab mir einige weitere Informationen.

Nach diesem Gespräch legte ich mich erst einmal hin und weinte bitterlich. Irgendwann schoß mir der Gedanke durch den Kopf: ›Das kann ich nun gar nicht gebrauchen. Gerade habe ich mein Leben im Griff, und alles läuft wie am Schnürchen. Warum ist das passiert? Was mach' ich nur, wenn mein Sohn tot ist?‹ Dann mußte ich plötzlich lachen. Alle diese Geschehnisse – sie beeinträchtigen nicht mein Leben ..., sie *sind* mein Leben. Genau darum geht es ja ..., daß etwas Bestimmtes eintritt – tagtäglich, Woche für Woche, Jahr um Jahr. Es wird immer Stürme geben. Wir müssen unser Schiff nur richtig steuern.

**Ein positiver Aspekt des Lebens besteht darin, daß wir nie alles »auf die Reihe bekommen«. Zumindest nicht für längere Zeit.**

## 7. April

### Hoffnung/Positive Einstellung

*Das Leben ist grausam, das wissen wir. Aber gerade weil ich nur wenig von den menschlichen Verhältnissen erwarte, vom zeitweiligen Glück des Menschen, von seinen partiellen Fortschritten, von seinen Bemühungen, immer wieder von vorn anzufangen und weiterzumachen, erscheint mir dies alles wie eine Reihe von Wundern, welche das ungeheure Ausmaß an Krankheiten und Niederlagen, an Gleichgültigkeit und Irrtum fast wettmachen. Katastrophe und Untergang werden kommen; die Unordnung wird triumphieren – aber von Zeit zu Zeit auch die Ordnung.* Marguerite Yourcenar

Es fällt uns nicht schwer, das Negative in Betracht zu ziehen, und sicherlich hält es uns mehr in Atem als manches andere. Doch wenn wir nur für einen Augenblick zur Ruhe kommen, wird uns bewußt, daß es soviel Positives im Leben gibt.

Vor nicht allzu langer Zeit reiste ich durch Deutschland; am Flughafen brach mir ein Fingernagel ab. Ich hasse es, mit so einem scharfen Fingernagel herumzulaufen. Alle Gedanken sind auf ihn gerichtet. Natürlich hatte ich mein Maniküreetui in den aufgegebenen Koffer getan, damit die Handtasche leichter würde. In gebrochenem Deutsch fragte ich in mehreren Duty-free-Shops nach einer Nagelfeile. Als auch mein letzter Versuch nichts fruchtete, sagte eine Frau in der Schlange: »Hier, nehmen Sie die. Ich habe zwei bei mir«, und gab mir eine schöne Diamantfeile. »Sind Sie sicher?« erwiderte ich. »Ich kann sie Ihnen dann wieder zurückgeben.« Worauf sie antwortete: »Das glaube ich Ihnen gern. Aber eines Tages wird mir jemand den gleichen Gefallen tun.«

**Jeden Tag geschieht etwas Positives. Wir müssen es nur bewußt wahrnehmen.**

## Gefühle

*Archie weiß nicht, wie er sich sorgen soll, ohne sich aufzuregen.*
Edith Bunker in der Fernsehshow *All In The Family*

Das müssen wir wirklich lernen: wie wir uns sorgen, ohne uns aufzuregen. Schließlich ist ja nicht die Sorge an sich das Problem, oder? Problematisch ist, daß wir durch sie in einen extremen inneren Spannungszustand geraten.

Man sollte doch meinen, wir hätten die Fähigkeit entwickelt, unsere Gefühle zu unterdrücken. Weiß der Himmel, was wir da alles versucht haben! Im Grunde gleicht dieses Verhalten dem eines suchtkranken Menschen, nicht wahr? Auch die Sucht verhindert die Auseinandersetzung mit dem eigenen Selbst. Und dafür ist jede Droge geeignet – sogar die Sorge. Leider (oder zum Glück) sind die meisten von uns wie Archie. Wir sind immer wieder auch gefühlsmäßig involviert.

Was wären wir denn ohne Gefühle? Sie machen uns auf Gefahren aufmerksam. Sie geben ein Signal, wenn jemand uns anlügt. Sie teilen uns mit, daß etwas nicht stimmt. Sie lassen uns wissen, daß wir weiterhin zur Liebe fähig sind.

**Eigentlich wollen wir unsere Gefühle doch gar nicht verdrängen …, oder?**

## 9. April

### Den Wandschrank aufräumen

*Wenn dein Terminplan dich geistig auslaugt und bis zur völligen Erschöpfung streßt, ist es Zeit, etwas darin zu streichen. Delegiere. Sag nein. Sei brutal. Tu so, als würdest du deinen Wandschrank aufräumen – nach einer Weile fällt es dir leichter, dich von einigen Dingen zu trennen. Und du stellst fest, daß sie ohnehin nicht mehr in Gebrauch waren.* Marilyn Ruman

Als Kind lauschte ich oft der Stimme von Fibber Magee im Radio. (Seltsamer Name, nicht wahr? Damals erschien er mir völlig normal. Ich weiß nicht, wie man ihn buchstabiert, ich *hörte* ihn ja nur.) In bezug auf Fibber Magee war uns eines bewußt: nämlich daß er im Laufe jeder Sendung diesen schrecklichen Wandschrank öffnen würde und daß dann alles mögliche herausfiele – direkt auf seinen Kopf. Offensichtlich dachte er nicht daran, daß ihm jedesmal das gleiche widerfahren würde, aber wir, die Hörer, wußten es: und hielten den Atem an, bis es endlich passierte.

Wir alle haben viel Ähnlichkeit mit Fibber Magee. Wir stopfen unseren Kopf und unser Leben mit Sachen voll – ein ganzes Bündel von aufreibenden Gefühlen, Ideen, Erlebnissen, Vorhaben. Die Menschen in unserer Umgebung warten nur darauf, daß wir wieder einmal gedankenlos die Tür öffnen – denn sie wissen, daß dann alles auf uns herabstürzt.

**Vielleicht ist es wirklich an der Zeit, den Wandschrank unseres Lebens auszumisten und die Sachen dann auf dem Flohmarkt zu verkaufen oder der Altkleidersammlung zu geben.**

## Freundschaft

*Wer von dir verlangt, ja nicht den Mund aufzumachen, oder dir das Recht verweigert, innerlich zu wachsen, ist nicht dein Freund.* Alice Walker

Es ist nicht immer leicht, ein Freund zu sein oder Freunde zu haben, zumal dann, wenn wir selbst nicht das Nötige dafür tun. Wie oft schon haben wir unseren Freundschaften geschadet, indem wir von den Menschen, die wir als »geliebte Menschen« bezeichnen, nicht die Wahrheit über uns selbst hören wollten? Wenn wir von unseren Freunden fordern, den Mund zu halten, und die Beziehung davon abhängig machen, daß sie uns nie etwas Unangenehmes sagen, dann ist das nicht Freundschaft, sondern Gefangenschaft. Unsere Freunde sind wohl die Menschen, die uns mit am besten kennen. Sie erkennen nicht nur unsere kleinen und großen Schwächen, sondern sind auch fürsorglich genug, sie uns klarzumachen – hoffentlich ohne uns zu verurteilen.

Außerdem können wir als Freund oder Freundin unmöglich vom anderen verlangen, sich *nicht* zu ändern. Wie groß ist doch unser Bedürfnis, in unserem kleinen Bereich alles genau festzulegen ... und diese Ordnung dann immer beizubehalten!

**Freunde ändern sich ... ebenso wie Freundschaften. Wahre Freunde passen sich diesen Veränderungen an und thematisieren sie zur rechten Zeit.**

# 11. April

## ERZIEHUNG/KINDER

*Besorgte Eltern übersehen den guten Willen ihrer Kinder.*
Sue Whitaker

Oft sind wir so fixiert auf das *Falsche*, daß wir das *Richtige* ganz aus den Augen verlieren – vor allem, wenn es um unsere Kinder geht. Einige von uns scheinen sich so zu verhalten, als dienten die Kinder nur als Zielscheibe, als »Betätigungsfeld« für eigene Ängste und Sorgen. Wie sehr wir sie dadurch belasten!

Es ist Zeit, diese Einstellung zu ändern. Welche gesunden und schönen Eigenschaften fallen uns an jenen Menschen auf, die großzuziehen wir das Vorrecht haben? Erinnern wir uns noch an das Lächeln, dem wir morgens als erstes begegneten? An den Erfolg der ersten Schritte – ganz gleich, ob es um das Stolpern des Kleinkindes ging, um das Sichfeinmachen für den ersten großen Tanzabend oder um das plötzlich erwachte Interesse am Lernen?

Ungeachtet der realen oder eingebildeten Probleme, die unsere Kinder haben, besitzen sie doch zahlreiche Fertigkeiten, ja *sind* sie in vielerlei Hinsicht das Positive selbst. Wir sind es ihnen und uns schuldig, von Zeit zu Zeit unseren Horizont zu erweitern. Wer weiß, vielleicht machen wir uns dies sogar zur Gewohnheit.

**Wenn ich mich lediglich auf die negativen Seiten der Erziehung konzentriere, verkleinere ich meine Welt … und die meiner Kinder.**

## Verantwortung übernehmen

*Ich mag meine Falten und betrachte sie als Auszeichnung. Denn ich habe hart dafür gearbeitet!* Maggie Kuhn

Maggie Kuhn war eine interessante und streitbare Frau voller Gegensätze und immer für Überraschungen gut. Als ich sie kennenlernte, sah sie wie eine kleine, zierliche Figur auf einer Kamee aus, zugleich aber gehörte sie zu den radikalsten Menschen, die mir je begegnet sind. Die Maggie, die ich kannte, übernahm stets die Verantwortung für ihr Leben.

In unserer Kultur ist es nicht leicht, selbstverantwortlich zu handeln. Allzuoft wurde uns beigebracht, passiv zu sein, ja die Opferrolle zu spielen. Egal, wie wir uns jeweils entwickelt haben: Auf einer tieferen, subtilen Ebene überlassen wir die Verantwortung gerne den anderen – den Eltern, die dafür natürlich geradezu prädestiniert sind, den Lehrern, den Verwandten, der Schule, der Kirche. Und auch der Welt im allgemeinen schieben wir gerne die Schuld zu.

Wir dürfen nicht vergessen, daß wir an dem, was uns widerfahren ist, nichts mehr ändern können – auch wenn viele von uns schlimme oder gar schreckliche Erlebnisse hinter sich haben. Wenn wir uns das ganze Leben lang auf die anderen und ihre Missetaten fixieren wollen, dann sehen wir düsteren Zeiten entgegen. Was auch geschehen ist – es gehört nun zu unserem Dasein mit dazu. Die Erfahrungen sind das Rohmaterial, aus dem wir die eigene Zukunft formen können. Was wir daraus machen, ist allein unsere Sache.

**Sobald uns bewußt wird, daß wir hart daran gearbeitet haben, der Mensch zu werden, der wir heute sind – mit den Falten und allem anderen –, so befinden wir uns auf dem Weg zu dem Menschen, der wir *sein können*.**

# 13. April

## Aufgeschlossenheit

*Ich mache mir Sorgen, um Zeit zu sparen.* Anonym

Ist unser Geist nicht wunderbar! Er kann alles so drehen und wenden, wie wir es gerne möchten. Er kann eine Idee entwerfen, die mit unserer Realität etwas zu tun hat oder auch nicht, diese Idee weiterentwickeln, dadurch wiederum neue Ideen ersinnen, bis sich dann ziemlich bald in unserem Kopf eine virtuelle Realität gebildet hat. Und nicht nur das... Möglicherweise reden wir uns allmählich sogar ein, daß die Gedankengebäude, die wir errichtet haben, tatsächlich existieren, daß wir in ihnen leben können – zurückgezogen, fast ohne Energie und Zeit für die Menschen um uns.

Der Gedanke, daß in der menschlichen Existenz nichts ausschließlich positiv und nichts ausschließlich negativ ist, kann gewisse Schwierigkeiten bereiten oder auch Verwirrung stiften. Oft erweist sich die scheinbar schlimmste Erfahrung im nachhinein als größte Wohltat. Ein mit mir befreundetes Ehepaar zum Beispiel verlor sein Kind aufgrund einer Krebserkrankung. Ich hatte immer gedacht, das sei das Schrecklichste, was Eltern je widerfahren könne. Bei ihnen aber nahm das Unglück einen ganz anderen Stellenwert ein: Sie sagten, das kurze Leben ihrer Tochter und die besondere Art, wie sie sich mit dem Tod auseinandersetzte, seien wunderbarer und bewegender gewesen als alle ihre sonstigen Erlebnisse.

Das Umgekehrte ist natürlich auch richtig: Was zunächst gut und schön aussieht, stellt sich später vielleicht als Katastrophe heraus.

**Indem wir geistig stets offen sind, bleiben wir lebendig. Aber lebendig zu bleiben mag nicht immer erfreulich sein.**

## Mässigung

*Ich weiß nicht, wer es zuerst gesagt hat, aber um das höchste Glück zu erreichen, sollte man in allen Dingen maßhalten – auch im Maßhalten selbst.* »Kup« Kupcinet

In allen Dingen über die Maßen maßvoll zu sein kann in die totale Langeweile führen, zumal wenn dieses Verhalten nicht von unserer Wesensart, sondern von unserem Kopf diktiert wird. Wenn wir *beschließen*, Mäßigung zu üben, und in unserem Leben keinen Raum lassen für Leidenschaft und Ausschweifung, können wir nie darauf hoffen, übermäßig glücklich zu sein.

Genauso sicher, wie wir uns weiterentwickeln, begreifen wir allmählich, daß viele unserer Exzesse mehr Leid als Freude verursachen, und so atmen wir erleichtert auf, sobald das Pendel unseres Lebens nicht mehr wild hin und her schwingt, sondern sanft und gleichmäßig geht.

Vor allem aber müssen wir erkennen, daß sich die Mäßigung ebensowenig wie das Glück *kontrollieren* läßt. Auch wenn wir meinen, uns selbst straffe Zügel angelegt zu haben, ist es nur eine Frage der Zeit, bis sich diese Vorstellung als illusionär erweist. Mäßigung und Glückseligkeit sind Geschenke, und wir müssen nur bereit sein, sie in Empfang zu nehmen.

**Wenn es uns gelingt, in allen Dingen, besonders auch im Maßhalten, Mäßigung zu üben, sind wir wahrscheinlich schon glückliche Menschen.**

# 15. April

## Worauf es ankommt

*Ich gebe zu, daß ich mir ständig Sorgen mache – und je unvernünftiger die Sorge ist, desto eher bringt sie mich um meinen Schlaf.* Amy H. Berger

Welch ein Unfug, zu behaupten, daß die Dinge, die am meisten Zeit in Anspruch nehmen, auch die vernünftigsten seien! Ist es etwa vernünftig, sich derart der Mode zu unterwerfen, daß man gute Kleider nicht mehr anzieht, nur weil sie aus der Mode sind? Oder ist es etwa vernünftig, die Entwicklungsphasen der eigenen Kinder zu verpassen, nur um große Besitztümer (oder selbst kleinere!) zu erwerben, die man ihnen dann später vermachen kann?

Ergibt es irgendeinen Sinn, daß wir die anderen kontrollieren wollen bis über unseren Tod hinaus? Oder ist es vielleicht angemessen, mehr zu verbrauchen, als man produziert?

Ich denke nicht!

Die Sorge ähnelt doch sehr diesen seltsamen Neigungen und unnützen Tätigkeiten, die unser Leben oft kennzeichnen. Aber sobald wir einmal innehalten und eine Bestandsaufnahme machen, wird uns wohl deutlich, daß wir *so* unsere Energie und unsere Zeit *nicht* in die Angelegenheiten investieren, die wirklich wichtig für uns sind.

**Der heutige Tag (möglicherweise sitzen wir gerade an unserer Einkommensteuererklärung!) ist bestens dafür geeignet, eine Pause einzulegen und eine innere Inventur zu machen. Konzentrieren wir unsere Kraft und Zeit auf das Wesentliche?**

## Das Gute

*Wer das Unglück nicht kennt, hat Probleme mit dem Glück.*
Sprichwort

Manchmal belastet es uns fast, keinerlei Probleme und Sorgen zu haben. Dieser reibungslose Zustand scheint einen Druck zu erzeugen, den wir kaum aushalten. Wir sind an das Negative gewöhnt, und wir haben sogar gewisse Fähigkeiten entwickelt, die zahlreichen Tiefpunkte, die unserer Meinung nach den Lebensprozeß kennzeichnen, in den Griff zu bekommen und zu akzeptieren.

Sobald wir jedoch eine längere Reihe von Tagen und Wochen erleben, da alles wie am Schnürchen läuft, werden wir nervös. Je länger diese Phase andauert, desto angespannter fühlen wir uns. Irgendwo tief innen warten wir auf den Blitz aus heiterem Himmel und sind sicher, daß er uns treffen wird. In dem Maße, wie unsere Unruhe steigt, hacken wir auf Kleinigkeiten herum, nörgeln wir an Familienmitgliedern herum und kritisieren Arbeitskollegen. Wenn dann all das Gute ein Ende hat, fühlen wir uns gleich viel wohler in der Gewißheit, daß wir selbst es ja herbeigeführt haben.

Machen wir uns doch nichts vor. Wir können uns selbst helfen, indem wir einsehen, daß wir viel mehr Positives aushalten, als wir uns eingestehen.

**Wenn wir fähig sind, den Wahlspruch »Loslassen und Leben zulassen« in die Tat umzusetzen, dann ertragen wir auch viel mehr angenehme Dinge, als wir ursprünglich dachten.**

# 17. April

## BEZUGSRAHMEN

*Als ich meiner Tochter von Ihrer Idee erzählte, ein Buch über die Sorge zu schreiben, konnte sie sich überhaupt nicht vorstellen, daß jemand sich keine Sorgen macht. Es fehlte ihr hierfür jeglicher Bezugsrahmen.* Charleen

Wenn wir einmal in Betracht ziehen, daß in den Vereinigten Staaten mindestens dreizehn Millionen Menschen unter chronischen Sorgen leiden, so ist es nicht überraschend, daß viele junge Leute das Unbesorgtsein nicht in ihr Bezugssystem einordnen können. Es stimmt traurig, daß wir eine Gesellschaft entworfen haben, in der die ständige Sorge zur Norm geworden ist.

Was bringen wir unseren Kindern bei? Daß das Leben ein Prozeß ist und daß alles gutgeht, wenn wir genauso leidenschaftlich wie bewußt an ihm Anteil nehmen? Oder sagen wir ihnen, daß man in der Lage sein sollte, Menschen und Dinge soweit wie möglich zu kontrollieren, und daß man anderenfalls ein Versager ist? Wann gingen wir dazu über, das Leben als ein riesiges wissenschaftliches Laboratorium zu sehen, in welchem die Variablen nach Belieben manipuliert werden müssen?

Haben wir unseren Bezugsrahmen derart von unserer unmittelbaren Erfahrung abgetrennt, daß wir der künftigen Generation gar nichts mehr über das Leben selbst mitteilen? Es sieht ganz danach aus. Wir zeigen ihnen das Leben im Laboratorium.

**Zum Glück weiß die Natur nicht, daß sie der Kontrolle der Wissenschaften unterworfen werden soll. Denn sie bringt uns weiterhin Lektionen über den Lebensprozeß bei.**

## So sein, wie man ist

*Man hielt mich für »hochnäsig«. Aber das stimmte nicht. Ich war einfach selbstsicher. Für die Unsicheren ist das seit jeher eine unverzeihliche Eigenschaft.* Bette Davis

Oft müssen wir gerade wegen unserer besten Eigenschaften leiden. Ich kannte einmal eine Frau, die zur Liebe wirklich fähig war. Dieses Gefühl brachte sie auf einfache und schöne Weise zum Ausdruck. Ich spreche hier weder von Sentimentalität noch von Co-Abhängigkeit, die dazu führt, daß man nur noch für andere, nicht mehr für sich selbst sorgt. Ich meine auch nicht das Versteckspiel, bei dem man liebevoll tut, um dafür etwas zu bekommen. Nein, diese Frau liebte ohne Umschweife, ohne Hintergedanken. Viele Menschen empfanden das als Bedrohung. Einige andere wollten es nicht glauben und versuchten herauszufinden, wo denn der Haken sei. Manche wiederum zeigten sich zwar für die Liebe empfänglich, benutzten sie aber nur als Kompensation für all die Zuneigung, die ihnen von den Eltern vorenthalten worden war. Natürlich kann keine Liebe solche Versäumnisse wiedergutmachen. Jeder von uns muß die Erfahrungen mit den Eltern erst einmal selbst verarbeiten. Niemand sonst vermag da etwaige Leerstellen auszufüllen.

Als die Bekannten dieser Frau trotz aller Liebe nicht von ihrem persönlichen Kummer befreit wurden, wurden sie sehr böse, denn ihnen war bewußt, daß noch die größte Liebe keine Heilung brachte. Also attackierten sie die arme Frau ...

**Nimmt es da wunder, wenn wir manchmal Angst haben, zuzugeben oder zu zeigen, daß wir bestimmte Qualitäten besitzen?**

# 19. April

## Gelegenheiten/Krise

*Das chinesische Wort für Krise besteht aus zwei Wörtern – Gefahr und Gelegenheit.* Page S. Morahan

Kein Mensch will in eine Krisensituation geraten. Ja wir trachten danach, eine solche um jeden Preis zu verhindern. Doch trotz all unserer Bemühungen nimmt das Leben seinen Lauf, und es kommt manchmal zu äußerst kritischen Momenten. Oder vielleicht sollte man besser sagen: Das Zufällige, das Unerwartete geschieht. Ungeachtet seiner negativen Folgen muß es allerdings nicht zwangsläufig in die Krise führen. *Wir* sind diejenigen, die daraus eine machen. Uns sind ja genügend Leute bekannt, für die schon ein eingerissener Fingernagel oder ein platter Reifen eine Katastrophe darstellt.

Einige von uns haben gemerkt, daß man sich auch ohne ständige Krise lebendig fühlen kann. Wir brauchen nicht einen Adrenalinstoß nach dem anderen, um das zu empfinden, was wir als Regsamkeit und Wachheit bezeichnen. Im Grunde hat dieser Zustand mit Adrenalin vielleicht gar nichts zu tun …

Eine Krise heraufzubeschwören kann sowohl für uns als auch für die Menschen ringsum gefährlich sein. Infolge unserer Anspannung, unserer gedrückten Stimmung sind wir nicht präsent. Wenn wir dagegen gelernt haben, das Unerwartete *nicht* in eine Krise zu verwandeln, dann bietet es uns zahlreiche Gelegenheiten. Die eigentliche Krise entsteht erst dadurch, daß wir sie auslassen und die mögliche Lektion verpassen …

**Wir benötigen keine Krise, um neue Möglichkeiten zu entdecken.**

## Erwartungen

*Die Sorge ist oft eine negative Erwartungshaltung.*
Betsy Martin

Warum neigen wir so zu negativen Erwartungen? Einige Leute sagen: Wenn man immer mit dem Schlimmsten rechnet, ist die Überraschung um so angenehmer, falls doch etwas Gutes geschieht. Gewiß, kaum jemand macht sich Sorgen über positive Ergebnisse. Die Unruhe stellt sich erst ein, sobald wir schreckliche Dinge auf uns zukommen sehen.

Und was passiert, wenn wir das Beste erwarten? Falls es ausbleibt, sind wir enttäuscht. Na und! Wenn überhaupt, sind nur sehr wenige Menschen an Enttäuschung gestorben. Verständlicherweise wollen wir nicht enttäuscht werden, es ist nicht besonders lustig – aber auch nicht gerade tödlich.

Unfaßbar, daß wir bereitwillig so viele Stunden damit zubringen, unser ganzes Leben durch negative Erwartungen zu behindern, und nicht das Risiko eingehen, dem Luxus positiver Erwartungen zu frönen. Selbst wenn das, was wir erhoffen, nie eintritt, so empfanden wir doch die Freude, die mit dieser Zuversicht einherging und die keiner uns nehmen kann ... außer uns selbst natürlich.

**Negative Erwartungen berauben mich der Gegenwart und verzerren meine Zukunft ... Das ist keine gute Idee.**

## 21. April

### Sich nur auf sich selbst verlassen

*Angst ist ein sicheres Zeichen dafür, daß ich nur auf meine eigene Stärke vertraue.* Anonym

Wie unrealistisch kann man sein? Oft frage ich mich, ob wir je wirklich erkennen, daß das Leben nicht allein im Vertrauen auf die eigene Stärke bewältigt werden kann. Selbst wenn wir wie ein Eremit in einer Höhle lebten, wären wir in Sachen Ernährung auf Pflanzen und Tiere angewiesen, zum Atmen bräuchten wir Luft, und keine Feldfrucht könnte gedeihen ohne Erde, Sonne, Regen. Unsere eigene Kraft reicht da nicht aus.

Das Stadtleben ist noch vielschichtiger. Wenn wir am Frühstückstisch sitzen, denken wir dann an das Schwein, das auf so großzügige Weise sein Leben ließ, um uns mit Schinken zu versorgen, oder an das Huhn, das die Eier legte, oder an die Hände, die die Kaffeebohnen pflückten, wuschen, verpackten, verschifften, rösteten und verkauften? Ständig werden wir daran erinnert, daß wir viel mehr brauchen als uns selbst, um dort zu sein, wo wir sind.

**Es ist nicht überraschend, daß uns bange wird, wenn wir nur auf die eigene Stärke bauen. Die Angst ist ein realistisches Gefühl in einer unrealistischen Situation.**

# Gott

*Ich merke, wie Gott in mein Leben eingreift. Ich würde mir nur wünschen, daß er mir den dazugehörigen Plan zeigt.* Anonym

Wenn der Glaube wächst, ist das so, als würde man von einer Zwiebel die dicken Schalen lösen. Die Augen tränen und tränen, und jede neue Schicht ist so fest wie die vorherige.

Viele von uns haben zum Glauben ein eher gespanntes Verhältnis, und oft wurde es gerade durch jene Institutionen verkompliziert, die eigentlich am meisten darüber wissen sollten. Als Kinder und Jugendliche lernten wir den Gott des Religionsunterrichts kennen. Dieser Gott hat sich im Laufe der Jahre nicht »bewährt«. Dann versuchten es einige mit einem rein intellektuellen Gott – oder sie schafften ihn ganz ab, je nachdem, was ihrem Reflexionsniveau entsprach. Auch dies erzeugte ein Gefühl von Leere. Manche wiederum suchten den gleichen geistigen Gott, schlugen aber eine andere Richtung ein. Sie setzten sich mit dem esoterischen Denken auseinander, mit neuen Ausdrucksformen von Spiritualität und mit paranormalen Erfahrungen. Dennoch blieb in ihrem Innern häufig eine Leerstelle zurück.

Mit der Zeit fanden mehrere von uns zu einer Macht, die größer ist als wir selbst und die in unser Leben eingreift. Wir spüren ihren Einfluß, bekennen uns zu ihr und respektieren sie. Trotzdem ginge es uns besser, wenn wir nur wüßten, wohin das alles führt.

**Bleib dran! Du hast das Wesentliche immer noch nicht begriffen.**

## 23. April

### Schöpfung

*Vielleicht sind wir unter allen irdischen Geschöpfen das einzige, das sich Sorgen macht. Wir vertun dadurch unser ganzes Leben, fürchten die Zukunft, sind unzufrieden mit der Gegenwart, unfähig, uns mit dem Tod abzufinden, unfähig, einfach stillzusitzen.* Lewis Thomas

Was für ein Durcheinander! Wenn wir einmal bedenken, was Lewis Thomas da über uns sagt, kann man kaum glauben, daß so viele Leute der Täuschung erliegen, der Mensch markiere das Ende oder den Höhepunkt der Evolution. Hoffentlich ist dem nicht so!

Wenn wir uns der Illusion hingeben, wir seien das Nonplusultra in der stammesgeschichtlichen Entwicklung des Lebendigen, so nehmen wir den problematischen Standpunkt ein, daß uns der Rest der Schöpfung nichts beibringen kann, was wir nicht sowieso schon wüßten. Aber wollen wir diese Position heute noch ernsthaft vertreten?

Schließlich können wir von einem Baum vieles lernen in bezug auf die Nutzlosigkeit von Sorgen. Und die Flammen im Kamin oder im Herd nehmen uns die Angst. Auf all diese wichtigen Lektionen möchten wir doch nicht verzichten, oder?

**Sobald mir bewußt wird, daß ich nicht die Schöpfung selbst bin, sondern nur ein Teil eines viel größeren Ganzen, fühle ich mich nicht mehr so unter Druck.**

## Kreativität

*Schöpferische Akte sind normalerweise Göttern und Dichtern vorbehalten, aber auf bescheidenerem Wege kann man diese Beschränkung umgehen, vorausgesetzt, man kennt die dafür nötigen Mittel. Um zum Beispiel eine Eiche zu pflanzen, muß man weder Gott noch Dichter sein: Man braucht nur eine Schaufel.* Anonym

Wir haben mehr Ausreden dafür erfunden, daß wir nicht kreativ tätig sind, als für fast alle anderen »Unterlassungssünden« in unserem Leben. In puncto Kreativität und schöpferische Leistung bedrängen uns so viele verzerrte oder falsche Vorstellungen, daß wir das alles lieber Leuten überlassen, die mit uns gewiß nicht das geringste zu tun haben.

Wir schmücken unser Bild vom schöpferischen Menschen mit Fähigkeiten aus, die wir uns selbst nie zugestehen würden, und verlangen von ihm, daß er dem Prädikat »Künstler« oder »Genie« gerecht wird durch exzentrisches Auftreten und unorthodoxe Ansichten.

Tatsächlich aber ist die Kreativität etwas Alltägliches. Wir wollen das nur nicht wahrhaben. Ich kannte mal einen Mann, der ein begabter Manager war: tüchtig, mitfühlend, immer bereit, seinen Angestellten Freiräume zu lassen, in denen sie sich entfalten und weiterentwickeln konnten, wobei er ihnen mit Rat und Tat zur Seite stand. Er war der richtige Mann für diesen Posten, und ich arbeitete gern für ihn. Leider betrachtete er gutes Management nicht als kreative Tätigkeit. Er wollte ein großer Denker werden. Schade!

**Kreativität ist kreatives Tun. Dazu kann *jede* Tätigkeit zählen.**

## 25. April

### ENERGIE

> *Wir sollten die Sorge als ein Zeichen nervöser Intensität betrachten – als mögliche Quelle positiver Entwicklungen. Diese Energie kann uns dazu bringen, alles Nötige für eine bestimmte Aufgabe zu tun und sie dann auch zu meistern.*
> Reverend Lee Truman

Eine meiner Freundinnen sagte mir öfter: »Du bist so durch und durch positiv!« Dabei knurrte sie ein wenig, und ich wußte nicht genau, ob ihre Worte Anerkennung oder Mißbilligung ausdrückten. Jedenfalls entschied ich mich für die erste Alternative. Gegen Reverend Truman jedoch bin ich machtlos.

Was ist, wenn wir die Sorge für nützlich, ja für wertvoll erachten? Vielleicht stoßen dann dreizehn Millionen Menschen in den USA, die bekanntermaßen unter ihrer Sorgenlast leiden, einen Seufzer der Erleichterung aus. (Welchen Einfluß hätte dies auf die Luftqualität? Könnten wir alle dann besser durchatmen?!)

Falls wir beschließen würden, die durch Sorge erzeugte potentielle Energie in kinetische Energie umzuwandeln, die uns zur Aktivität antreibt, lassen sich über die Ergebnisse kaum definitive Aussagen treffen. Alles scheint möglich. Ich erinnere mich, daß mir früher im Physikunterricht folgendes beigebracht wurde: Energie kann weder erzeugt noch vernichtet, sondern nur in andere Energieformen umgewandelt werden. Gilt dieses Gesetz in einem erweiterten Sinne auch für die Sorge?

**Die Energie ist weder gut noch schlecht. Es kommt darauf an, wie wir sie benutzen.**

## Isolation

*Mein Geist ist eine gefährliche Gegend. Ich sollte dort nicht allein hingehen.* Anonym

Erinnern wir uns an Shakespeares Worte: »Es gibt weder Gut noch Böse, nur das Denken macht es dazu«? Durch Gedanken können wir fast alles in dieser Weise verwandeln. Unser Geist ist manchmal eine gefährliche Waffe – zumal wenn sie sich auf uns selbst richtet. Die meisten sorgenvollen Menschen verbringen viel Zeit *allein* in der bedrohlichen Gegend ihres Geistes. Da ist niemand, um unsere Reflexionen und Wahrnehmungen »auszubalancieren« ..., niemand, mit dem wir sie auf ihren Realitätsgehalt prüfen können ..., niemand, der unsere wirren Ideen und Ängste zerstreut.

Das Sichsorgen ist eine einsame Tätigkeit. Wir können zwar den uns nächsten Menschen davon erzählen, aber meistens ziehen wir uns in schwierigen Phasen völlig zurück. Die Sorge gleicht einem riesigen Hohlspiegel, der alles, was einfällt, zurückwirft – allerdings ziemlich verzerrt und immens vergrößert.

**Das Sichsorgen ist deswegen so problematisch, weil es uns mit der Zeit immer mehr in die Isolation treibt. Und je mehr wir in die Isolation getrieben werden, desto mehr isolieren wir uns.**

## 27. April

### Erinnerungen

*Das ist der Bauer, der Korn hat gesät,*
*Das den Hahn ernährt, der am Morgen kräht,*
*Der den Priester weckt, der sich rasiert,*
*Der den Mann vermählt, zerlumpt, ramponiert,*
*Der die Maid geküßt hat, einsam, verlorn,*
*Die die Kuh jetzt melkt mit krummem Horn,*
*Das wegstößt den Hund,*
*Der plagt die Katz,*
*Die tötet den Ratz,*
*Der frißt das Malz,*
*Das liegt im Haus von Bauer Schmalz.*

Kinderreim

Sind Ihnen solche Kinderreime auch noch geläufig? Als ich Material über das Phänomen »Sorge« zusammentrug, stieß ich auf eine Quellenangabe zu obigen Versen. Seltsam, als ich diese Sammlung dann überflog, wurde ich von Erinnerungen geradezu überschwemmt: die abendlichen Stunden in der Kindheit, als ich Gedichte vorgelesen bekam; die Freude über ihren Singsang und Rhythmus. In dem zitierten Kinderreim bedeutet »plagen« [to worry] soviel wie »belästigen« oder »quälen«. Ich denke, daß auch Sorgen uns belästigen und quälen. Ich las weiter ... über Jack Sprat und seine Frau (er mag kein Fett und sie nur Fettes, und so ergänzen sie sich wunderbar). Ich bin schon vielen Leuten wie Herrn und Frau Sprat begegnet. »Dingdong, dingdong« ... Ah, wie liebe ich die alte Standuhr meines Großvaters. Der Schlag zu jeder Viertelstunde teilte den Tag ein. Und den Mittag mochte ich besonders, weil da die vielen langen Schläge im ganzen Haus widerhallten ...

**Mein Geist ist viel ruhiger, wenn er sanft durch alte Erinnerungen schweift, als wenn er von Sorgen gefesselt wird.**

## Humor

*Ich habe mir nie Sorgen gemacht, weil ich drei Haustiere habe, die den gleichen Zweck erfüllen wie ein Ehemann: Der Hund knurrt jeden Morgen, der Papagei flucht den ganzen Nachmittag, und die Katze kommt abends spät nach Hause.* Marie Corelli

Der Humor berührt uns tief innen, bewegt sich rund um und durch den Solarplexus und kitzelt uns am Musikantenknochen. Ich hielt es für angebracht, dieses Zitat über Männer hier wiederzugeben, weil es ganz einfach lustig ist. Und da es im komödiantischen Gewerbe viele Männer gibt, hören wir oft auch ähnliche Witze über Frauen.

Egal, worüber wir sonst lachen – niemand kann bestreiten, daß es wichtig ist, über sich selbst zu lachen, hoffentlich auch über die »heiligen Kühe«. Es kann sogar sein, daß irgend etwas in unserem Innern heimlich bei der »Aufzucht« dieser Kühe mitwirkt, damit wir sie dann, wenn die Stunde der Schlachtung naht, hinaustreiben ... und eine gesunde Selbstironie zeigen.

**Wann immer ich mich zu ernst nehme, muß ich meine heiligen Kühe aus mir heraustreiben, sie im einzelnen auflisten und diese Punkte dann einem vertrauten Menschen vorlesen, der weiß, wie lustig und wie liebenswert ich bin.**

# 29. April

## Die Suche nach Gleichgesinnten

*Wenn ich nicht besorgt bin, wer dann?* Anonym

Manchmal scheinen wir das Besorgtsein mit dem sogenannten »Syndrom des hundertsten Affen« in Verbindung zu bringen. Wissenschaftler, die eine Reihe von Versuchen mit Affen auf einer kleinen Insel durchführten, skizzierten folgende Theorie: Zunächst verhalten sich die Affen so, wie sie es von früher her gewohnt sind. Irgendwann beginnt ein Affe damit, eine Sache anders zu machen als vorher, und es funktioniert. Allmählich eignen sich die anderen Affen die betreffende Fähigkeit an (welche Überraschung!). Sobald die Zahl der Affen, welche die »neue Methode« anwenden, einen kritischen Punkt erreicht, springt diese plötzlich auf eine benachbarte Insel über. Man weiß weder, wie die Übertragung genau abläuft, noch wann der kritische Punkt erreicht ist. Aber wenn Affen ein solches Kunststück fertigbringen, dann schaffen wir es doch auch!

Viel Zeit verbringen wir damit, jede mögliche Unterstützung von außen zu bekommen. Und so versuchen wir, die Menschen auf unsere Seite zu ziehen. Sobald wir genügend von ihnen beisammen haben, die mit uns übereinstimmen, genauso denken wie wir und sich mit uns verbünden, fühlen wir uns sicher. Dann geht es uns gut. Viele sind tatsächlich fest davon überzeugt, daß eine hinreichend große Gefolgschaft schon ein Beweis für die Richtigkeit des eigenen Standpunktes sei. Welch ein Irrtum!

**Wer weiß? Wenn Affen ihre Welt verändern können, indem sie eine neue Fähigkeit erwerben, die eine bestimmte Anzahl von Artgenossen dann einsetzt, können wir es vielleicht auch.**

## Die eigene Vergangenheit akzeptieren

*Kein Mensch ist reich genug, die eigene Vergangenheit zurückzukaufen.* Oscar Wilde

Hoffentlich gibt es, wenn wir auf unsere Vergangenheit zurückblicken, viele Dinge, die wir gerne anders gemacht hätten. Das ist gut so! Denn es bedeutet, daß wir inzwischen einiges begriffen haben, daß die Fehler nicht unnütz waren. Um jedoch aus der Vergangenheit wirklich zu lernen, müssen wir sie erst einmal akzeptieren. Wir müssen sie sehen als das, was sie ist – ein Betätigungsfeld für Lernprozesse.

Zum Glück können wir das Geschehene nicht mehr ändern. Und selbst wenn wir das Geld besäßen, es zurückzukaufen: Was rechtfertigt unsere arrogante Auffassung, daß wir über die unermeßliche Weisheit verfügen, es beim zweiten Mal besser zu machen?

Ob positiv oder negativ oder durchwachsen – die eigene Vergangenheit ist der Lehm, den wir heute formen müssen. Wir haben die Möglichkeit, daraus unsere Zukunft zu modellieren: ein schönes Schiff, das unsere Träume trägt – oder eine gesprungene Schale, aus der sie herausfließen, um im Nichts zu versickern.

**Unser Geld wäre sowieso nicht gut angelegt, wenn wir damit die Vergangenheit zurückkaufen wollten.**

# 1. Mai

## Das Geschenk der Liebe

*Wann habe ich mich nicht vor Gefahren gefürchtet, die schlimmer waren als die Realität selbst? Auch die Liebe ist mit Ängsten befrachtet.* Penelope

Es ist doch sehr traurig, daß eines der größten Geschenke, die wir Menschen besitzen: das Geschenk des Liebens und des Geliebtwerdens, derart mit Ängsten behaftet ist. Kaum einmal machen wir uns bewußt, daß die Liebe *immer* ein Geschenk darstellt. Wir können jemand anders nicht zwingen, uns zu lieben, sosehr wir uns darum bemühen. Weder von unseren Eltern noch von unseren Kindern können wir Liebe fordern. Und auch die Liebe des Menschen, den wir uns als Lebenspartner wünschen, sowie die unserer Freunde ist alles andere als selbstverständlich.

Die Liebe selbst ist nicht »mit Ängsten befrachtet«. Erst unsere Überzeugung, die Liebe manipulieren zu können, ruft Ängste hervor. Wenn wir glauben, dieses wunderbare Gefühl lasse sich nach Belieben steuern, müssen wir immer in Alarmbereitschaft sein – damit es uns in einem unachtsamen Moment nicht »entrissen« wird, damit es nicht einfach verschwindet. Wenn wir es krampfhaft festhalten wollen, kommen wir nie zur Ruhe.

**Sobald ich mir vor Augen führe, daß die Liebe ein Geschenk ist, kann ich innerlich loslassen und es genießen.**

## Glaube

*Besorgt darüber, daß ich möglicherweise keine Toilette finden würde, vergeudete ich in den Ferien viel Zeit damit, eine zu suchen.* Amy H. Berger

Hand aufs Herz: Es ist einfach peinlich, in einem fremden Land in die Hosen zu machen. Selbst im eigenen Land ist das äußerst unangenehm! Und: Viele haben schon gemerkt, daß man öfter als sonst die Toilette aufsuchen muß, wenn man befürchtet, keine zu finden.

Ich reise viel und habe dabei festgestellt, daß Gaststätten- und Ladenbesitzer egal welcher Nationalität einen solchen »Notfall« sofort erkennen – nämlich am sorgenvollen Blick. Wenn ich *mußte*, habe ich immer ein Plätzchen gefunden … hinter einem Auto … am Straßenrand … in einer Allee … in einer nicht öffentlichen Toilette. Die Sache ist bisher gut ausgegangen, wie man so schön sagt.

Vielleicht findet man zum Glauben gar nicht unbedingt durch die »großen Themen« Liebe und Tod, sondern durch den Alltag, durch die profanen, eher unscheinbaren Dinge, die dennoch wichtig für einen sind. Vielleicht mangelt es deshalb so vielen an Glauben, weil sie versuchen, sich gleich auf diese großen Themen zu stürzen, ohne zuvor die kleineren Schritte, die dahin führen, eingeübt zu haben.

**Daran zu glauben, daß ich gegebenenfalls immer eine Toilette finden werde, ist vielleicht ein erster Schritt, den Sinn des Lebens zu verstehen.**

## 3. Mai

### Ein lachender Gott

*Wenn du Gott lachen sehen willst, dann versuche nur, dein Leben zu planen!* Anonym

Sind Sie je auf den Gedanken gekommen, daß Gott den Menschen vielleicht zu seinem Vergnügen erschaffen hat? Möglicherweise hat sich dieses mächtige göttliche Wesen irgendwann gesagt: »Mir ist langweilig. Was könnte mich amüsieren? Gerne würde ich eine große Gruppe von Geschöpfen sehen, die intelligent und kreativ ist, ihr einen freien Willen geben und abwarten, was sie damit anfängt.« Daraufhin lehnte Gott sich zurück und ruhte aus. Als er gerade wieder einmal Zeit hatte, um nachzuschauen und festzustellen, was wir da so alles vorhatten, erschallte vom Himmel ein dröhnendes Lachen.

»Ja ist denn das die Möglichkeit?« rief Gott aus. »Du schenkst ihnen einen fähigen Geist, Kreativität und freien Willen, und sie meinen, die Zügel in der Hand zu halten! Durch wen sind sie wohl von Punkt A nach Punkt B gelangt? Ich muß sie einfach eine Weile beobachten und herausfinden, was sie sich alles in den Kopf setzen … Erstaunlich, viele von ihnen glauben tatsächlich, sie seien ICH. Ich kann mich aber nicht erinnern, sie auch mit dieser Eigenschaft ausgestattet zu haben.« Dann lehnte er sich wieder gemütlich zurück und beschloß, noch eine Zeitlang mitzuverfolgen, welch großartige Pläne wir Menschen entwarfen …

**Ein Kichern hier, ein Gewieher dort, dann ein Jauchzen, ein Johlen und ein hysterisches Lachen. Haben Sie's gehört?**

## Respekt/Ehrlichkeit

*Wenn meine Mutter sich Sorgen um mich macht, fühle ich mich von ihr mißachtet, denn sie tut so, als könnte ich mit dem Leben nicht allein zurechtkommen.* Karen

Eines der größten Geschenke, das wir Menschen einander machen können, ist, daß wir uns respektvoll begegnen. Heute jedoch ist Respekt nicht sehr gefragt – und auch nicht gerade reichlich vorhanden.

Respekt äußert sich vor allem darin, daß wir die andere Person achten, ob uns das nun behagt oder nicht, und ihr Recht anerkennen, sich in bestimmter Weise zu verhalten. Er beruht auf der bewußten Wahrnehmung der Unterschiede, begrüßt sie und ist darauf aus, sich davon bereichern zu lassen. Respekt besagt nicht, daß man anderen *gestattet*, so zu sein, wie sie sind. Vielmehr beharrt er darauf, daß man gar nicht das Recht hat, den Menschen die Erlaubnis zu etwas zu erteilen oder ihnen ständig dreinzureden. Wir können uns unseren Teil denken, aber wir brauchen keine Vorschriften zu machen.

Respektieren heißt erkennen, daß die anderen ihr eigenes Leben führen müssen – und daß jeder von uns eine persönliche Beziehung zum Schöpfer hat, die keiner weiteren Vermittlung bedarf.

**Wenn Menschen, besonders unsere Kinder, das Leben anders anpacken, als wir es täten, oder schwierige Situationen zu bestehen haben, dann können wir ihnen Achtung entgegenbringen, indem wir stillschweigend voraussetzen, daß sie über alle hierfür notwendigen Fähigkeiten und Hilfsmittel verfügen.**

## 5. Mai

### Vielleicht

*Beim Anprobieren von Kleidern frage ich mich besorgt, ob ich die erste bin, die sie überstreift. Ich stelle mir vor, welch schreckliche Krankheiten die Person vielleicht hatte, die sie vor mir anprobiert hat. Wenn ich mir einmal ausnahmsweise Unterwäsche in die Umkleidekabine mitnehme, vergeht der Rest des Tages damit, daß ich wegen Krankheitserregern beunruhigt bin.* Pam

Es gibt unendlich viele Anlässe, sich Sorgen zu machen. Dieser hier wäre mir allerdings nie in den Sinn gekommen. Wer hat die Krankheitserreger-Theorie überhaupt aufgestellt? Wenn wir von Krankheitserregern nichts wüßten, bräuchten wir ihretwegen auch nicht die ganze Zeit beunruhigt zu sein. Das ist die Kehrseite des Informationszeitalters. Wir produzieren mehr Informationen, als wir verarbeiten, verstehen, mit Sorgen »anreichern« können. Natürlich haben wir damit unzählige Möglichkeiten, uns um Dinge zu sorgen, über die wir eigentlich gar nichts wissen. So gesehen sind unserer Phantasie keine Grenzen gesetzt.

Mir fällt das alte Sprichwort ein: »Was ich nicht weiß, macht mich nicht heiß.« Tatsächlich entzieht es sich unserer Kenntnis, inwieweit die Sorge etwa den pH-Wert des Körpers und die Zirkulation des Bluts verändert, das bekanntlich weiße Blutkörperchen transportiert, um eindringende Erreger zu bekämpfen. Wie ich meine, können auf diesem Gebiet viele Prozesse stattfinden, von denen wir keinerlei Ahnung haben.

**Vielleicht könnte ich mich beim Anprobieren von Kleidern darauf konzentrieren, ob sie mir gefallen und wie ich mich darin fühle ... Ist nur so ein Gedanke.**

## Unterbrechungen

*Das Leben ist sehr einfach.* Wir *machen es kompliziert.*
Anonym

Wir machen unser Leben genau dann kompliziert, wenn wir völlig unfähig sind, das eigene Tun richtig einzuschätzen. Je vielschichtiger unser Leben ist, desto aufmerksamer müssen wir es wahrnehmen, aber erstaunlicherweise sind wir gerade in dieser Phase am meisten zerstreut oder auch besorgt. Und wenn wir derart durcheinander sind, neigen wir dazu, die Dinge falsch zu beurteilen und noch mehr Fehler zu machen ..., die ihrerseits zur Verwirrung beitragen ... Und so geht es immer weiter.

Ob uns das bewußt ist oder nicht: In solchem Zustand sind wir total ohnmächtig. Meistens besteht unsere Reaktion darin, daß wir unsere Kontrollmaßnahmen verstärken, wodurch sich schließlich (oder auch ganz schnell!) die Lage nur verschlimmert.

Es ist an der Zeit, innezuhalten, eine Bestandsaufnahme zu machen, einige Male tief durchzuatmen, auszuruhen, anderen Menschen zuzuhören, die Dinge neu zu ordnen. Erinnern Sie sich an das alte Musical *Stop the World – I Want to Get Off* (Halt die Welt an – ich will aussteigen)? Manchmal müssen wir genau das tun: diese wirbelnde Welt verlassen, damit sie ihre dröhnende Bewegung eine Weile *neben* uns vollführt. Vielleicht vermissen wir dann einiges – oder sogar etwas, das wir für sehr wichtig halten. Aber das ist in Ordnung. Schließlich sind *wir* noch wichtiger.

**Eine Pause einzulegen ist oft der Zwischenschritt, der das Weiterkommen ermöglicht.**

## 7. Mai

### GLÜCK

> *»Mach dir keine Sorgen, sei glücklich!« ... Anscheinend können einige Leute ohne Sorgen nicht leben; sie sind notwendig für ihr »Glück«.* Betsy Martin

Vielleicht können manche ohne Sorgen nicht überleben, aber was ist mit dem LEBEN? Oft ziehen wir eine genauso scharfe wie fragwürdige Trennlinie zwischen »leben« und »überleben«. Für uns in der westlichen Kultur sind die Eingeborenen in aller Welt am Rande des »Existenzminimums« – sie überleben nur. Wir nennen sie »primitiv« und sind überzeugt, daß sie sich einen kultivierteren Lebensstil aneignen müssen und die dafür notwendigen »Dinge« brauchen.

Ich kenne eine Frau, die sich vor einigen Jahren ein größeres Stück Land auf den Fidschi-Inseln kaufte. Dazu gehörte auch ein kleiner Laden, der alle möglichen Waren führte. Es war der einzige am Ende der Insel; er lief gut und erfüllte seinen Zweck. Sie aber beschloß, ihn ein wenig »aufzumöbeln«. Später sagte sie mir: »Wissen Sie, diese Leute wissen ja gar nicht, was ihnen alles fehlt. Die hatten noch nicht mal Klarsichtfolie, bis ich einen Vorrat davon anlegte.« Wie ich die Dorfbewohner kenne, brauchen sie auch heute noch keine Klarsichtfolie ...

Wahrscheinlich wären wir geschockt, wenn uns dämmerte, daß es auf der Welt viele Menschen gibt, die uns *nicht* um unseren Lebensstil beneiden. Glück besteht für sie darin, zusammen mit denen, die sie lieben, ein friedliches Leben zu führen und Zeit für das Leben zu haben.

**Wir müssen von anderen vieles lernen. Das Glück hat eine ganze Reihe von Facetten.**

## Von einer Generation zur nächsten

*Du weißt nie, wann die nächste Wirtschaftskrise kommt.*
Virgil

Das stimmt! Viele von uns sind mit Gespenstern aufgewachsen, die unsere Eltern quälten. Unter der Weltwirtschaftskrise der dreißiger Jahre hatten mehrere Generationen in Amerika und in der westlichen Welt zu leiden, selbst jene, die erst wesentlich später geboren wurden. Der Zweite Weltkrieg bleibt ein schweres Erbe für die Europäer, auch für die jungen Menschen von heute. Unsere Eltern und Großeltern vererben uns nicht nur ihre Gene.

Zu den Ängsten unserer Eltern haben wir oft ein zwiespältiges Verhältnis. Einerseits übernehmen wir ihre Ängste, identifizieren uns mit ihnen und leisten so unseren Beitrag zum »Sorgen-Marathon« zwischen den Generationen. Andererseits gehen wir geringschätzig über diese Ängste hinweg, halten wir unsere Eltern für naiv oder dumm, sagen es ihnen auch und weigern uns strikt, ihre Erklärungen ernst zu nehmen.

Aber es gibt noch eine dritte Möglichkeit. Wir können zuhören (von den Älteren kann man immer etwas lernen!), wenn die Eltern ihre Geschichte erzählen, von ihren Ängsten und Sorgen berichten – und dabei ihre weisen Einsichten in uns aufnehmen, um klarer zu erkennen, was wir in unserem eigenen Leben tun müssen.

**Die Sorge kann auch ohne Gene an die nächste Generation weitervererbt werden.**

## 9. Mai

### Unsere Gedanken

*Ein einziger Gedanke füllt die Unendlichkeit aus.*
William Blake

Manchmal stelle ich mir vor, daß mein Geist aus dem Kopf entweicht, sich über die beengenden Berge und Meere erhebt und eingeht in die Unendlichkeit des Weltraums. Ich kann fast *fühlen*, wie er zu den Sternen aufbricht, hinter sie dringt und Seinsweisen erkundet, die mir noch unbekannt sind.

Ich hatte einmal einen Freund, der äußerst klug und kreativ war. Ich liebte es, mit seinem Geist zu tanzen. Während mein Geist unbeschwert zwischen den Sternen reiste, schien ihn der seine mit mehr als Lichtgeschwindigkeit zu überholen und bedenkenlos in Schwarze Löcher zu tauchen, bis er Orte erreichte, die meine Vorstellungskraft überstiegen und weit außerhalb meiner Reichweite lagen. Gemeinsam ließen wir uns treiben, wohin keiner von uns beiden sich alleine vorgewagt hätte.

Unsere Gedanken bieten solche Möglichkeiten. Sie können Mauern errichten, die wir nie überwinden werden, oder aber sich in Laserstrahlen verwandeln, welche die Grenzen der Erfahrung passieren, um das Wissen jenseits unserer selbst zu streifen.

**Es liegt an uns, die Herausforderungen unserer Gedankenwelt anzunehmen.**

## Vermeidungsstrategie/Negativität

*Vieles in meinem Leben basiert auf der Überzeugung, daß ich mich nicht zu sorgen brauche, wenn ich alles genau richtig mache. Und so kann man wohl sagen, daß mein Leben allein dem Zweck dient, Sorgen zu vermeiden.*

Anonym

Sobald wir unser Leben darauf ausrichten, Sorgen zu vermeiden, heißt das, daß sie uns offenbar als unvermeidlich erscheinen. Und was läßt uns dann glauben, daß wir sie unter Kontrolle bekommen? Wenn wir meinen, ihnen Einhalt gebieten zu können, indem wir uns nur noch dieser Aufgabe widmen – warum vergessen wir sie nicht gleich? Das ist genau der springende Punkt bei all unseren Kontrollversuchen: Sie mögen plausibel und logisch wirken (vor dem Hintergrund einer gewissen psychischen Störung), aber sie ergeben überhaupt keinen Sinn.

Ist es etwa sinnvoll, das eigene Leben nur als eine Art Vermeidungsstrategie zu begreifen? Wann immer wir krampfhaft bemüht sind, etwas zu verhindern, konzentrieren wir uns auf eine kaum zu lösende Aufgabe – auf das Negative. Nur selten erkennen wir, wie sehr unser Dasein von Negativität geprägt ist. Sie zehrt das Positive auf, höhlt uns aus und hinterläßt ein Gefühl von innerer Leere. Sie kommt uns schon so selbstverständlich vor, daß wir sie in unserer Unempfindlichkeit gar nicht mehr wahrnehmen.

**Wenn ich mich auf das Abwesende fixiere, entgleitet mir die Gegenwart.**

## 11. Mai

### BEWUSSTSEINSVERÄNDERUNG

*Heute werde ich mir klarmachen, daß Sorgen eine so starke Wirkung haben können, daß sie das Bewußtsein verändern.* Aus: *The Courage to Change*

Nur wenige von uns haben erkannt, daß die Sorge das Bewußtsein verändern kann – aber dem ist tatsächlich so. Unter Umständen stellt sie eine Droge dar, die das Denken tiefgreifend beeinflußt. Allerdings neigen wir dazu, ihre starken »Nebenwirkungen« nicht weiter ernst zu nehmen. Gewöhnlich ist sie eine Art Beruhigungsmittel, das sich gleichsam selbst aktiviert und bei einigen Menschen in immer höheren Dosen zur Anwendung kommt.

Die Sorge kann uns genauso schwer zusetzen wie eine Suchtkrankheit. Wenn wir uns sorgen, nehmen wir an den zwischenmenschlichen Aktivitäten kaum noch teil (oder wir sind deshalb besorgt, *weil* wir keinen Kontakt haben!) und isolieren uns. Dann wechselt unsere Stimmung vom einen Augenblick zum nächsten. Außerdem weckt die Sorge den Wunsch, mehr und mehr Kontrolle auszuüben. Das ist eine ganz automatische Reaktion. Und: Die Ichbezogenheit nimmt extreme Formen an. Je tiefer wir in Sorgen versinken, desto enger wird unsere Welt; wir haben den Eindruck, sie würde sich nur um uns drehen. Kurzum, wir verfallen allmählich in die gleichen Verhaltensmuster wie ein Alkoholiker.

Diese Entwicklungen bedeuten nicht, daß wir schlechte Menschen sind – auch der Alkoholiker ist ja kein schlechter Mensch. Sie zeigen nur, daß wir uns einige Hilfsmittel zunutze machen sollten.

**Wenn wir wie Süchtige agieren, könnte sich das Heilungsprogramm der Anonymen Alkoholiker als brauchbares Hilfsmittel erweisen.**

## Das Lachen im Kopf

*Ich denke, also werde ich verrückt.* Anonym

Wir Menschen sind schon ein »lustiger Haufen«. Oft habe ich mich gefragt, was Ernst und Wahnsinn miteinander zu tun haben. Und darüber hinaus: Was ist Wahnsinn eigentlich? Als Psychologin arbeitete ich in mehreren Nervenheilanstalten. Häufig sah es so aus, als läge der Unterschied zwischen Gesundheit und Wahnsinn nur darin, wer einen Schlüssel nach draußen hatte und wer nicht. (Ich kann Ihnen versichern, daß ich meinen immer fest in der Hand hielt!) Wenn ich mit einigen der »Insassen« sprach, so wirkten sie relativ gesund, denn ihre Beobachtungen waren klar und genau. Andererseits hatte ich so manche Bedenken hinsichtlich meiner Arbeitskollegen. Geistige Gesundheit hing offenbar davon ab, wie man sie definierte.

Wie auch immer! Wir sind mit einem Gehirn ausgestattet, das unendlich viele Möglichkeiten bietet, kreativ zu sein. Aber so wunderbar es ist – um im Gleichgewicht zu bleiben, bedarf es stets bestimmter Stoffe, die der Körper produziert. Man geht davon aus, daß vor allem das Lachen diesen biochemischen Vorgang beeinflußt und daß wohl die stärksten Dosen ausgeschüttet werden, wenn man über sich selbst lacht.

**Ein glückliches Gehirn ist ausgeglichen; und ein lachendes Gehirn ist schöpferisch.**

## 13. Mai

### Gerettet durch Logik

*Wenn der Rasen in Nachbars Garten besser gedeiht, dann laß dem Nachbarn auch die Sorge fürs Rasenmähen.*
Fred Allen

Wenn er so besorgt ist um seinen Rasen und ihn ständig pflegt, kann ich ihn dann nicht irgendwie dazu bringen, sich auch um meinen Rasen zu kümmern? Ich meine: Wenn mein Gras nicht so gut steht wie seins, dann ist er vielleicht wegen meines Rasens so beunruhigt, daß er sich darum kümmert, denn er sieht ja, wie schlecht er gedeiht. Wenn sein Rasen wirklich wie ein grüner Teppich aussieht, dann kümmert er sich doch nicht nur um seinen eigenen Garten, sondern setzt sich für die ganze Nachbarschaft ein, oder? Wenn er sich also um sämtliche Gärten in der Nachbarschaft kümmert, muß er ein starkes Bedürfnis haben, durch ein ordentliches Erscheinungsbild den Wert der Grund stücke hoch zu halten. Deshalb kann ich davon ausgehen, daß es für mich persönlich am besten wäre, überhaupt keine Gartenarbeit mehr zu verrichten, damit er genügend Motivation besitzt, sich so lange um meinen Garten zu kümmern, bis mein Rasen genauso gut aussieht wie seiner.

**Ist das Leben nicht einfach? Ich bin froh, daß ich diesen Punkt einmal gründlich durchdacht habe. Übrigens fällt mir auf, daß er vor seinem Garten auch ein schmuckes Haus hat...**

## ALLES ZU SEINER ZEIT

*Alles passiert zu seiner Zeit: geboren werden, verliebt sein – und sterben. Das lernst du alles erst kennen, wenn's soweit ist. Hat keinen Zweck, sich vorher den Kopf zu zerbrechen oder sich zu fürchten.* Enid Bagnold

»Du lernst das alles erst kennen, wenn's soweit ist.« Und doch vergessen wir so schnell, daß der Strom der Zeit unser Freund ist. Wann sind wir eigentlich zu der Überzeugung gelangt, er sei unser persönlicher Feind?

Jedes neue Stadium, jedes neue Lebensalter hat seine besonderen Augenblicke. Wollen wir unsere Kinder wirklich daran hindern, groß zu werden? Wenn sie sich nie ändern würden, blieben uns im Alter nicht jene wunderbaren, deutlichen Erinnerungen an sie, und so wären wir um vieles ärmer.

Wir wünschen uns doch nicht, daß das Leben nur aus endlosen Fahrgemeinschaften und Pfadfindertreffen besteht, oder? Wie langweilig es doch wäre, sich immer wieder mit den gleichen Fragen zu beschäftigen. Das Leben ist so angelegt, daß wir uns durch verschiedene Phasen bewegen, deren jede die zuvor erworbenen Fertigkeiten und Einsichten voraussetzt.

**Wenn ich die Gegenwart bewußt wahrnehme, habe ich auch eine Zukunft.**

# 15. Mai

## Kinderliebe

*Wenn ein Teenager abends mit Freunden ausgeht und eine Stunde (oder noch später) nach der vereinbarten Zeit nicht zu Hause ist, bezeichnet man jene Mischung aus Angst und Ärger, die Eltern empfinden, schlicht und ergreifend als SORGE.* Betsy Martin

Hat die Kindererziehung je ein Ende? Ich bezweifle es. Vielleicht sind die Fähigkeiten, die wir im Umgang mit unseren Teenagern lernen, genau jene, die wir gegenüber jungen Erwachsenen brauchen. Während unsere Kinder heranreifen, begreifen wir zum Beispiel, wie wichtig sie uns sind und wie sehr wir sie lieben. Wenn sie uns nicht am Herzen lägen, wären wir auch nicht zugleich ängstlich und verärgert über ihr Ausbleiben spät nachts.

Manchmal drückt sich unsere Liebe zu ihnen vor allem darin aus, daß wir uns Sorgen um sie machen und eben deshalb böse auf sie sind. Jedenfalls bietet uns auch diese tiefe innere Unruhe eine gute Gelegenheit, den Kindern Liebe und Fürsorge entgegenzubringen.

**Die Liebe hat viele Formen. Eine mag darin bestehen, sich mit den eigenen Gefühlen auseinanderzusetzen, um so dem geliebten Menschen zeigen zu können, was sich hinter ihnen verbirgt.**

## Körper

*Ich sehe noch genauso aus wie vor zwanzig Jahren, nur hängt jetzt alles ein wenig tiefer.* Gypsy Rose Lee

Mein Vater sagte mir öfter, daß ich eine Figur hätte wie eine Sanduhr, nur daß der ganze Sand nach unten gerieselt sei. Außerdem meinte er, das Hemd über seinem Bauch spanne nur deshalb so, weil der Arzt ihm geraten habe, gut auf seinen Bauch aufzupassen.

Viele von uns beschäftigen sich ausgiebig mit dem eigenen Körper. Wir sind entweder zu dick oder zu dünn, zu flachbrüstig oder zu alt. Es gibt immer eine Stelle, auf die wir unser Augenmerk richten können ... und über die wir uns dann auch sehr schnell Sorgen machen, nicht wahr?

Aber wie sollen wir denn mit unserem Körper umgehen? Wir können zum Beispiel über ihn lachen – wie Gipsy Rose Lee; oder uns klarmachen, daß wir verantwortlich für ihn sind – daß er auf alles reagiert, was wir ihm zuführen und zumuten. Wir können ihm aber auch dankbar dafür sein, daß er uns treu bleibt, selbst wenn wir ihm törichterweise geschadet haben, und seine Fähigkeit zur Selbstheilung und Regeneration bewundern. Wir können ihn ganz einfach akzeptieren und lieben.

**In meinem Körper geschehen ein ganzes Leben lang Wunder.**

# 17. Mai

## INTIMITÄT

*Am meisten besorgt bin ich, wenn ich mir erlaube, jemanden zu lieben. Manchmal will ich lieber keine Liebe empfinden, eben weil ich mir dann weniger Sorgen mache. Ich schwanke zwischen dem Bedürfnis, Distanz zu wahren, und dem Verlangen, mich hinzugeben. Natürlich mochte ich dieses Lied von Janis Joplin ganz besonders: »Freedom is just another word for nothing left to lose.« (Freiheit ist nur ein anderes Wort dafür, daß man nichts mehr zu verlieren hat.)* Ursula

Die Liebe ist für uns Menschen eine so schwierige und verwickelte Angelegenheit geworden, daß wir manchmal glauben, die einzige Lösung bestehe darin, das Risiko nicht mehr einzugehen. Wie traurig, daß Liebe und Risiko einfach gleichgesetzt werden!

Wir haben inzwischen eine solche Angst vor Intimität, daß wir ihr ausweichen, sooft es nur geht. Ironischerweise fürchten sich gerade diejenigen am meisten vor ihr, die am deutlichsten kundtun, sie um jeden Preis zu wollen.

Manche von uns haben der Werbung geglaubt, daß Sex der direkte Weg zur Intimität sei – aber so funktioniert das nicht. Oder wir meinen, mit dem anderen dann einen vertraulichen Umgang zu haben, wenn wir ihn festnageln. Oft führt das nur dazu, daß *wir* festgenagelt werden. Oder wir sind der Überzeugung, eine intime Beziehung herstellen zu können, indem man einander analysiert, bis »die Wahrheit« ans Licht kommt. Meistens resultieren daraus wechselseitige Verurteilung und Enttäuschung.

**Wir vergessen, daß Intimität sich *allmählich* entwickelt und sowohl Zeit als auch innere Teilnahme erfordert.**

## Vertrauen

*Denk nicht soviel darüber nach.*

William Shakespeare

»Denk nicht soviel darüber nach«,
sagte er
und machte auf dem Absatz kehrt:
Er floh,
und ich habe nie erfahren,
wohin er ging –
doch im Lauf der Jahre
fragte ich mich
intensiv und oft,
was er wohl damit meinte.

Vielleicht, daß ich
einfach loslassen muß,
darauf vertrauen, das
zu ernten, was ich säe:
Dann werd' bei jedem
Schritt ich sicher
wissen, wohin
ich gehen muß.

Anne Wilson Schaef, 1995

**Das ist leicht, nicht wahr? Und einfach.**

## 19. Mai

### NEGATIVE EINSTELLUNG

> *Wenn du zu der Sorte Mensch gehörst, die sich ständig Sorgen macht, dann erscheinen dir manche Tage noch schlimmer als andere.* Erma Bombeck

Ich denke, es ist ziemlich erleichternd zu wissen, daß alles noch schlimmer sein könnte, auch wenn es schon schlimm genug ist. Aber gerade deshalb sollten wir einmal innehalten und genauer untersuchen, wodurch sich bei uns eine so negative Haltung einschlich. Sie ist irgendwie heimtückisch. Sie gleicht dem Nebel, der sich im Schutze der Nacht auf den tiefer gelegenen Wiesen und in den Flußtälern zusammenballt, während wir unruhig schlafen. Fast unmerklich zieht er in feinen Tröpfchen über den Boden. Dann erhebt er sich langsam von der fruchtbaren Erde und vom Wasser, verwandelt sich in Schwaden, die wir weder einfangen noch festhalten können. Schließlich wird er immer undurchdringlicher, bis wir uns völlig in ihm verlieren.

Die Negativität verdichtet sich in unserem Leben wie Nebel und trübt unsere Wahrnehmung. Wir sehen Geister und Drachen, wo gar keine sind, und je bornierter diese Einstellung wird, desto mehr müssen wir uns auf unsere lebhafte Phantasie verlassen, um den auftauchenden Erscheinungen noch irgendeinen Sinn zu geben.

**Wenn wir im Nebel unserer Negativität gefangen sind, haben wir uns wirklich verlaufen.**

## Weisheit

*Wenn sich unser Wissen mit unserer Menschlichkeit und unserem Humor verbindet, kann daraus Weisheit entstehen.*
Carol Orlock

Man braucht Zeit, um zur Weisheit zu gelangen. Dazu sind Kenntnisse vonnöten, die sich von bloßen Informationen grundlegend unterscheiden. Informationen können mühelos durch uns hindurchgehen, ohne sich je in Wissen zu verwandeln. Wir prägen uns Fakten ein und rufen sie wieder ab, das ist alles. Wissen dagegen erfordert die Fähigkeit, Informationen und Fakten so miteinander zu verbinden, daß allmählich ein Gesamtbild sichtbar wird. Ohne diesen Blick aufs Ganze gibt es kein wahres Wissen.

Unser Wissen können wir dann mit unserer Menschlichkeit und mit unserem Humor »anreichern«. Aber in diesen Tagen ist es nicht so einfach, Menschlichkeit auch zu leben. Die Leute geben sich entweder damit zufrieden, unmenschlich zu sein und Dinge zu sagen und zu tun, die offensichtlich ihrem niederen Selbst entspringen, oder sie sind eifrig darum bemüht, übermenschlich zu sein. Menschlich sein heißt: Fehler machen – immer wieder –, und daraus lernen. Es bedeutet, daß wir unseren Platz im Ganzen einnehmen – und zwar mit Humor.

**Weisheit ist Wissen, das gereift ist.**

## 21. Mai

### GESCHÄFTIGKEIT

*Keine Eile, keine Sorge! Du bist nur zu einem kurzen Besuch hier. Achte also darauf, daß du einmal innehältst und an den Blumen riechst.* Walter C. Hogan

Viele von uns hetzen fast die ganze Zeit durch die Gegend, so daß sie schon gar nicht mehr die Zeit haben, es überhaupt zu merken. Diese Hektik ist zu einer Art Lebensform geworden, und allein der Gedanke, einmal innezuhalten, allein zu sein oder einfach nur zu entspannen, erfüllt uns mit Schrecken. Unsere Geschäftigkeit steht in direkter Beziehung zu unserer Selbstachtung, das heißt: Wenn wir nicht beschäftigt sind, kommen wir uns völlig unzulänglich vor. Das geht soweit, daß wir uns irgendwelche Arbeiten aufladen, nur um weiterhin herumzurasen.

Ich frage mich, ob die Sorge auf der gedanklichen Ebene der Geschäftigkeit auf der körperlichen Ebene entspricht. Könnte es sein, daß wir Angst haben vor unseren »Kopfgeburten«, sobald wir den Geist eine Zeitlang in Ruhe lassen und nicht mehr kontrollieren? Fürchten wir uns etwa vor ihm? Macht uns die eigene Klarsicht beklommen? Wird uns bange, wenn die Gedanken dorthin »entschweben«, wo wir sie nicht im Griff haben?

**Geistige Überbeanspruchung laugt einen genauso schnell aus wie körperliche Betriebsamkeit.**

## Beziehungen

*In Beziehungen empfinde ich immer dann Angstgefühle, wenn ich entweder unehrlich bin oder den anderen zu kontrollieren versuche.* Anonym

Wir haben gelernt, daß eine zwischenmenschliche Beziehung gut »funktioniert«, wenn man dem Gegenüber die nötige Aufmerksamkeit schenkt. Die meisten jener »Ratschläge«, die wir als Teenager zu hören bekommen, sind eine Aufforderung dazu, die Bedürfnisse, Wünsche und Abneigungen der anderen schon immer vorauszuahnen und ihnen dann in jeder Weise entgegenzukommen. Keiner dieser Ratschläge ist an sich schlecht. Erst wenn wir sie benutzen, um die geliebten Menschen zu manipulieren und die Beziehung zu kontrollieren, geraten wir in Schwierigkeiten.

Darüber hinaus entstehen Komplikationen, wenn wir glauben, Beziehungen hingen davon ab, daß man sich auf die Menschen fixiert. Dann fixieren wir uns nämlich auch auf ihre Fehler sowie auf die Maßnahmen, die wir (oder sie) zu deren Beseitigung ergreifen müssen.

Beziehungen verändern sich, sobald wir das Augenmerk auf die eigene Person richten und sehen, daß wir nur diese ändern können. Macht uns das angst? Dann wollen wir einmal uns selbst unter die Lupe nehmen und herausfinden, was im Innern so alles passiert – um diese Erkenntnisse klaren Bewußtseins dem geliebten Wesen mitzuteilen.

**Wenn ich mir über die eigene Person klarwerde, kann ich mit der anderen Person eine Beziehung aufbauen.**

## 23. Mai

### BETÄUBUNG DURCH DROGEN

*Es gibt keine Wunderdroge gegen Sorgen, und es wird auch nie eine geben – außer einer Vollnarkose.*

Reverend Lee Truman

Ja, eine Narkose! Wenn wir doch nur narkotisiert durch das Leben gehen könnten! Wie glücklich wir uns schätzen würden, nichts mehr zu fühlen, nichts mehr zu wissen, nichts mehr zu merken und wegen nichts mehr besorgt zu sein! Man soll uns nur betäuben und irgendwie weitermachen lassen.

Wie viele junge Frauen haben nicht schon vor der Geburt zum Arzt gesagt: »Geben Sie mir ein Betäubungsmittel, und wenn ich aufwache, ist das Baby da. Ich will keine Schmerzen haben.«

Die Medizin hat alles mögliche getan, um selbst unsere sehnlichsten Wünsche zu erfüllen. Wenn wir uns einer Operation unterziehen müssen, verabreicht man uns eine Kombination von Anästhetika, so daß wir nicht einmal mehr wissen, wie wir in den OP gekommen sind. Natürlich wird uns nicht dazugesagt, daß diese wunderbaren Mittel unseren Organismus monatelang beeinträchtigen können.

Wollen wir etwa dauernd anästhesiert werden? Ich glaube nicht. Benutzen wir die Sorge als Anästhetikum? Vielleicht... Aber das funktioniert doch nicht, oder?

Sicherlich finden wir jemanden, der unsere Sorgen gerne mit Drogen behandelt, aber dann werden wir uns fragen müssen: »Will ich das wirklich?«

**Vergessen Sie nicht: Man muß das Leben *leben*.**

## An früheren Verletzungen festhalten

*Mach dir nicht ins Hemd. Dadurch wird's auch nicht besser – und du wirkst ziemlich komisch.*

Kathryn Carpenter

Genau! Wer will sich schon ins Hemd machen?

Manchmal ist es wichtig, die Dinge auf den Punkt zu bringen. Wir vergessen einfach einmal, *warum* wir dieses und jenes tun. Kein Psychologisieren nach dem Motto: »Meine Mutter hat es auch schon getan« oder: »Mein Vater hat das nie getan.« Es geht jetzt ums Wesentliche.

So, da wären wir also. Erwachsene Menschen. Während der Kindheit und Jugend mag uns alles mögliche widerfahren sein, vielleicht sogar etwas sehr Schlimmes. Wir müssen uns das klarmachen, müssen die Gefühle, die mit solchen Erfahrungen zusammenhängen, gründlich verarbeiten und aus ihnen lernen. Doch zugleich müssen wir unseren Weg fortsetzen. Ich habe immer wieder gesagt: »Opfer fühlen sich nie besser, sondern werden nur bitterer.« Vielleicht hat man uns zu Opfern gestempelt, aber wenn wir diese Rolle dann ewig weiterspielen, behindern oder blockieren wir uns selbst.

Jeder hat *sein* Leben. Es ist der Lehm, den wir formen müssen.

**Wenn wir an alten Verletzungen festhalten, sind wir doch sehr wehleidig und geben oft eine komische Figur ab.**

## 25. Mai

### Dem Unbekannten gegenüber

*Ich mache mir Sorgen wegen der Autobahnen. Ob und wann ich sie nehmen soll. Ich schalte den Verkehrsfunk verschiedener Radiosender ein. Daraus versuche ich zu folgern, welche Straßen die sichersten und die schnellsten sind.*
Amy

Es gibt unzählige Möglichkeiten, wegen etwas besorgt zu sein. Diese »reiche Auswahl« ist auf unser modernes Leben zurückzuführen. Selbst Autobahnen eignen sich dafür – anscheinend mit immer größerem Erfolg.

Wer würde schon auf eine kalifornische (oder irgendeine andere) Autobahn fahren, ohne sich durch Sorgen gründlich darauf vorbereitet zu haben? Schließlich wurde uns beigebracht, daß nichts wirklich Schlimmes passieren kann, wenn man auf alles gut vorbereitet ist.

Leider hat diese Einstellung unserer Spontaneität ziemlich geschadet. Wenn etwas geschieht, das nicht auf unserer Liste steht, sind wir verloren.

Doch es gibt auch andere Alternativen.

Wir können uns zum Beispiel bewußtmachen, daß das Leben ein Prozeß ist – und daß wir, eben weil es sich ständig entfaltet, die Wahl haben, dem Unbekannten täglich von neuem gegenüberzutreten … und uns mit ihm auseinanderzusetzen.

**Ist das nicht ein großartiger Gedanke …, sich dem Unbekannten jeden Tag zu stellen und es zu meistern?**

## Wahrnehmen

*Richte dir Wegzeichen auf, setze dir Steinmale, und richte deinen Sinn auf die Straße, auf der du gezogen bist!*
Jeremia 31,21

Die Wahrnehmung gehört zu den Fähigkeiten, die für das Überleben absolut notwendig sind. Wir können sie an uns selbst erproben: indem wir zum Beispiel bewußt wahrnehmen, ob wir müde sind oder ob wir ein bißchen Abgeschiedenheit brauchen. Außerdem müssen wir uns über die eigenen Gefühle klarwerden – und darüber, wie wir mit ihnen umgehen wollen.

Während wir durchs Leben gehen, können unsere Wahrnehmungen zu Wegzeichen werden, auf die wir immer wieder bezug nehmen, um uns der inzwischen gelernten Lektionen zu erinnern. Das gilt auch dann, wenn wir im ersten Augenblick gar nicht erkennen, daß eine bestimmte Erfahrung weitreichende Konsequenzen für uns hat. Aber durch unser waches Bewußtsein setzen wir gleichsam ein Steinmal, zu welchem wir später spontan zurückkehren können, wenn keine Zeit zum Nachdenken bleibt und schnelles Handeln erforderlich ist.

Was ist Wissen denn anderes als eine Zusammenfassung der Dinge, die wir im Leben wahrgenommen haben? Niemand sonst geht unseren Weg, obgleich es natürlich hier und da gewisse Gemeinsamkeiten gibt. Wenn jeder die besonderen Zeichen während der Wanderung offenen Auges registriert, können wir die entsprechenden Erlebnisse miteinander teilen.

**Einige von uns müssen ihre Wahrnehmungsfähigkeit trainieren. Es geht nicht darum, die Dinge »auszuknobeln«, sondern darum, sie zu *sehen*.**

## 27. Mai

### Gewohnheiten

*Ich würde nicht sagen, daß Sorgen mir Spaß machen, aber ohne sie wäre ich sicherlich verloren.* Anonym

Offenbar nehmen Gewohnheiten in unserem Leben einen bestimmten Platz ein. Viele Leute sagen von sich, daß sie »Gewohnheitstiere« sind und daß sie die ständigen Wiederholungen lieben. Einige meinen sogar, daß ihnen der alltägliche Trott derart behagt, daß sie sich gleichsam häuslich darin einrichten!

Durch Gewohnheiten können wir manchmal Zeit und Energie sparen. Dann sind sie wie alte Freunde, die uns das Leben erleichtern. Sie helfen uns, effizienter zu werden, und infolgedessen haben wir öfter die Gelegenheit, neue Dinge auszuprobieren.

Leider können sich Gewohnheiten auch zu Tyrannen entwickeln. Sie machen sich möglicherweise selbständig und lassen uns vergessen, daß sie Hilfsmittel sind, die wir ersonnen haben, um das Dasein angenehmer zu gestalten.

Sobald Gewohnheiten die Oberhand gewinnen, müssen wir sie genauer unter die Lupe nehmen. Wenn wir den Punkt erreicht haben, an dem wir *ohne* sie verloren wären – sind wir dann *mit* ihnen ebenfalls verloren?

**Vielleicht ist der heutige Tag besonders dazu geeignet, die eigenen Gewohnheiten einmal zu thematisieren und mit einem vertrauenswürdigen Menschen durchzugehen.**

## Wer die eigenen Gaben gleichsam verschleudert …

*Gott hat nie einen Christen so stark gemacht, daß er die Pflichten von heute und noch dazu die Sorgen um morgen tragen kann.* Theodore Ledyard Cuylar

Wahrscheinlich hat Gott keinem Menschen diese Stärke verliehen, ob er nun Christ ist oder nicht.

Woher kommt es, daß wir uns selbst ständig antreiben? Anstatt uns in Ruhe zu überlegen, wozu wir eigentlich hier sind und womit wir uns beschäftigen sollten, versuchen wir mit aller Macht, die eigenen Grenzen zu überschreiten.

Wie würde unser Leben aussehen, wenn wir nur das täten, was wir mühelos schaffen? Was wäre, wenn wir vor jeder größeren Entscheidung innehielten und uns Zeit ließen, sie noch einmal zu überdenken und herauszufinden, ob sie uns unter den gegebenen Umständen wirklich zum Vorteil gereicht? Was, wenn wir das Leben als ein großes Geschenk betrachteten, das wir nicht sinnlos mit Nebensächlichkeiten vertun dürfen? Was, wenn wir unsere Aufgabe darin sähen, es so zu verbringen, daß wir uns optimal weiterentwickeln? Würden wir dann auf die täglichen Pflichten noch Sorgen häufen?

**Wenn ich für mein Leben wirklich die Verantwortung übernähme, würde ich dann tun, was ich im Moment tue? Wenn nicht, sollte ich mir einige Dinge noch einmal durch den Kopf gehen lassen.**

# 29. Mai

## Rege Phantasie

*Die Sorge ist nichts anderes als ein Mißbrauch unserer Phantasie.* Ed Foreman

Ja, unsere Phantasie ... Welch wunderbares Geschenk! Haben Sie sich je hingesetzt, um sich alle Farben vorzustellen, die es gibt? Nicht bloß jene, die Sie schon einmal gesehen haben ... Können Sie sich welche vorstellen, die Sie noch nie sahen? Das ist schwierig, nicht wahr?

Oder haben Sie sich je eine neue Tierart ausgedacht? Welche Merkmale würden Sie ihr zuschreiben?

Ich benutze meine Phantasie jeden Tag für viel profanere, einfachere Zwecke, die mir aber trotzdem Freude bereiten.

Eine meiner »schöpferischen Tätigkeiten« besteht zum Beispiel darin, ein Feinschmeckermenü herzuzaubern, obwohl Kühlschrank und Speisekammer fast leer sind. Ich nehme auch gerne ein paar Speisereste, ersinne ungewöhnliche Kombinationen von Nahrungsmitteln und bereite so ein denkwürdiges Gericht zu.

Außerdem habe ich zahlreiche Kleidungsstücke und bin immer ganz aufgeregt, wenn ich daraus eine Kombination »kreiere«, an die ich nicht im Traum gedacht hätte, die aber großartig aussieht! (Manchmal exotisch *und* großartig!)

**Aus gewöhnlichen Dingen etwas Neues zu schaffen ist manchmal die kreativste Tätigkeit überhaupt.**

## Erinnerungen

*Glück besteht in einer guten Gesundheit und einem schlechten Gedächtnis.* Ingrid Bergman

Das Gedächtnis ist uns oft ein Rätsel. Eigentlich wissen wir sehr wenig darüber. Zum Beispiel können wir Erinnerungen so verzerren, wie es uns am zweckmäßigsten erscheint. Manchmal klappt das auch, weil wir die einzigen sind, die die Wahrheit kennen. Psychologen gehen davon aus, daß man mit Erinnerungen leben kann, die den betreffenden Erfahrungen völlig widersprechen und demnach nur in der Einbildung existieren.

Es gibt aber auch sinnliche Erinnerungen. Selbst wenn wir dafür keine Worte haben, so ist uns doch etwa der Geschmack von Hühnchen und Nudeln gegenwärtig, die die Freundin unserer Mutter früher für uns kochte, die Empfindung von kaltem Wasser, als wir an einem heißen Sommertag ins Schwimmbecken sprangen, die Berührung einer Hand auf unserem Kopf oder der Geruch des feuchten Waldes nach einem Regenschauer. Diese Erinnerungen bereichern uns.

Sie sind ein Teil von uns und von unserem bisherigen Leben. Vielleicht ist ein schlechtes Gedächtnis gar nicht notwendig fürs Glück, vorausgesetzt, wir vertrauen darauf, daß es uns im rechten Moment die passenden Erinnerungen beschert. Wenn wir dieser inneren Stimme vertrauen, brauchen wir sowieso keine Sorgen mehr zu haben.

**Möglicherweise besteht Glück in einer guten Gesundheit und einem *selektiven* Gedächtnis.**

## 31. Mai

### EINANDER KENNENLERNEN

*Manchmal muß man den anderen richtig kennenlernen, um zu merken, daß man einander völlig fremd ist.*

Mary Tyler Moore

Kann man eine andere Person wirklich kennen? Was verstehen wir überhaupt unter einer »Person«? Oft vertreten wir die Auffassung, daß sie einfach identisch sei mit sich selbst und völlig statisch. Da wir von ihr keinerlei Veränderung erwarten, glauben wir, sie ein für allemal zu kennen. Dabei lassen wir es dann bewenden, denn es gibt ja noch andere Dinge zu tun.

Aber was ist eine Person? Wenn wir sie als »Schauplatz« wechselnder Prozesse begreifen, die sich gegenseitig beeinflussen, sich verflechten und überschneiden, dann haben wir eine ganz andere Vorstellung davon, wie wir sie näher kennenlernen.

So gesehen ist eine Person eine Verbindung unaufhörlicher und immer neuer Entwicklungsprozesse, an welchen wir teilhaben können. Dadurch verändern sich diese natürlich genauso wie unsere eigenen Entwicklungsprozesse. Man stelle sich zwei ständig im Wandel begriffene Bilder im Kaleidoskop vor, die miteinander verschmelzen und wieder auseinander hervorgehen – dann ahnt man, wie eine Beziehung aussehen mag, die von gegenseitigem Vertrauen geprägt ist.

**Wahrscheinlich ist die Annäherung an einen anderen Menschen keine einmalige Aufgabe, sondern ein lebenslanger Prozeß.**

Urlaub - Hambachtal - 17.7.2006

## Menschen, die sich keine Sorgen machen

*Ich weiß nicht mehr, wann ich das letzte Mal besorgt war.*
Roddy

Klingt großartig! Entweder hat er ein schlechtes Gedächtnis, oder er macht sich keine großen Sorgen – oder beides.

Gibt es in dieser Welt wirklich Personen, die nicht besorgt sind? Was machen die den ganzen Tag? Verantwortungsbewußte Menschen aber haben gewiß auch Sorgen. Denn wie könnten sie ohne Sorgen Verantwortung tragen?

Wie sehen denn unbesorgte Menschen aus ? Wohnen sie etwa im gleichen Block oder weiter oben in der Straße? Ganz bestimmt gehören sie nicht zu unserem Bekanntenkreis.

Einmal ehrlich: Ärgern wir uns nicht ein bißchen über Leute, die keine Sorgen haben? Es sieht fast so aus, als würden sie ihren »Lastenanteil« nicht tragen, stimmt's? Als würden sie alle Verpflichtungen auf uns abwälzen, ohne dafür zur Rechenschaft gezogen zu werden, und sich ein schönes Leben machen. Ja sie nutzen es vielleicht sogar aus, daß wir besorgt sind. Das ist einfach unfair. Wie können sie uns derlei nur antun? Da sollten Gesetze her! Diese Leute müßte man irgendwo einsperren, damit so gute und zuverlässige Menschen wie wir nicht mehr auf sie achtzugeben brauchen.

**Im Grunde sollte Sorglosigkeit als Verbrechen gelten. Meinen Sie nicht auch?**

## 2. Juni

### Aufmerksamkeit

*Die Energie fließt dorthin, wo die Aufmerksamkeit sich konzentriert.* Sprichwort

Gewöhnlich lenken wir unsere Energie in die gleiche Richtung wie unsere Aufmerksamkeit. Leider ist diese Energie jedoch nicht immer positiv. Das heißt: Wenn wir negative Energie ausstrahlen, beeinflußt sie geliebte Menschen, ohne daß uns dies überhaupt bewußt wäre.

Wir mögen sie als Fürsorge, Sorge oder Rücksicht bezeichnen, doch wenn unsere Aufmerksamkeit negativ geladen ist, erfüllt sie nicht den gewünschten Zweck. Zum Beispiel haben Kinder von Eltern, die sich ihretwegen ständig Sorgen machen, nicht das Gefühl, vertrauenswürdig zu sein – und dementsprechend ist dann auch ihr Verhalten. Angestellte, die oft mit dem Mißtrauen und den Bedenken ihres Chefs konfrontiert sind, fühlen sich beobachtet und verlieren womöglich jedes Interesse an der Arbeit. Die Aufmerksamkeit, die diesen Menschen geschenkt wird, zeitigt nicht den ersehnten Effekt.

Im Grunde nützt es nicht viel, die Energie, die man anderen sendet, durch den eigenen Willen zu verändern. Aber wir können unsere Aufmerksamkeit auch auf all das Positive richten, das die anderen zuwege bringen. Sobald wir Ausschau halten nach den Dingen, die unsere Zustimmung finden, sehen wir sie vielleicht erst wirklich.

**Vergessen Sie nicht: Unsere Aufmerksamkeit beeinflußt jene, auf die sie sich richtet.**

## Vorbereitung

*Leute, die sich keine Sorgen machen, tun mir leid. Wie bereiten sie sich auf das Kommende vor?* Anonym

Wogegen wollen wir uns eigentlich wappnen? Wenn wir die Sorge als eine Art Vorbereitung betrachten, so bereiten wir uns vielleicht auf das Schlimmste vor. Möglicherweise glauben wir sogar, durch genügend Sorgen das Unheil abwenden zu können. Und selbst wenn uns das nicht gelingen sollte – immerhin sind wir gerüstet!

Dieses Vorbereitetsein kann man aber auch aus einem ganz anderen Blickwinkel betrachten. Was geschähe, wenn wir auf erfreuliche Dinge vorbereitet wären? Wir können uns zum Beispiel ausmalen, einen geliebten Menschen wiederzutreffen, den wir lange nicht mehr gesehen haben. Unter Umständen kommt es dann tatsächlich zu dieser Begegnung. Oder wir können uns innerlich darauf einstellen, daß unser Leben eine ganz neue Richtung nimmt, die bisher undenkbar schien – und darauf vertrauen, daß diese Lösung die beste ist.

**Wir sollten uns für den Glauben entscheiden, denn durch ihn sind wir auf alles vorbereitet.**

## 4. Juni

### Über die eigenen Schwächen sprechen

*Ich bin total erschöpft von all den Problemen bei meiner Arbeit, die allerdings erst nächsten Montag beginnt.*

Pete

Sind wir nicht komisch? Niemand wird je erfahren, wie komisch wir eigentlich sind, wenn wir keine Witze über uns selbst machen. Nur wir besitzen die nötigen Informationen, um ausführlich Bericht zu erstatten über die seltsamen Funktionsweisen unseres Geistes und die neuesten Pläne, die er wieder einmal ausgeheckt hat. Welch wunderbares Erlebnis, diese kleinen Geheimnisse mit den uns nahestehenden Menschen zu teilen und gemeinsam darüber zu lachen!

Wenn wir einander unsere täglichen Verrücktheiten erzählen, so ist das eine großartige Methode, Intimität herzustellen. Nichts ist liebenswerter als ein Satz, der mit den Worten beginnt: »Stell dir vor, was ich heute gemacht hab' … das wirst du nie glauben … ich konnte nicht …« – und auf den dann eine heitere Episode folgt.

So oft schon zögerten wir, »Geheimnisse« weiterzugeben, weil wir irgendein eingebildetes Selbstbild aufrechterhalten wollten, und übersahen dabei, daß dieses Beharren eine Flucht vor der Intimität darstellt.

Diejenigen, denen wir etwas bedeuten, möchten gerne die Wahrheit über uns wissen …, zumal dann, wenn sie lustig ist.

**Mein Herz aufzuschließen fällt mir leichter, als ich dachte; außerdem ist es gut, wenn ich der erste bin, der dann lacht.**

## Gefühle bewusst empfinden

*Die Sorge ist der »denkende Teil« der Angst.*
Amy H. Berger

Ich frage mich, was wohl geschehen würde, wenn wir die Angst einfach zuließen? Sie ist ein Gefühl, und im allgemeinen sind Gefühle unsere Freunde. Sie zeigen an, in welchem Zustand wir uns gerade befinden, und geben oft den einzigen Hinweis darauf, wer wir eigentlich sind.

Es gibt keine »negativen Gefühle«. Erst durch die Art und Weise, wie wir mit ihnen umgehen, erscheinen sie uns unerfreulich oder gar lästig.

Zum Beispiel haben wir oft Angst um unsere Kinder – eben weil sie uns am Herzen liegen. Schwierig wird die Sache, sobald dieses Gefühl mit Gedanken vermischt wird. Wenn wir jedoch die beklemmenden Regungen in den Eingeweiden und im Herzen bewußt empfinden, stellen wir wahrscheinlich fest, daß sie zwar durch unsere Kinder hervorgerufen werden, in vielen Fällen aber mit unseren eigenen ungelösten Problemen zu tun haben. Die Kinder und ihre Probleme bilden quasi das Tor, das wir durchschreiten müssen in Richtung Selbstheilung.

**Sobald ich mich auf andere fixiere, versuche ich damit vielleicht, vor mir selbst wegzulaufen.**

# 6. Juni

## Nicht stehenbleiben!

*Ich finde, daß es in dieser Welt weniger darauf ankommt, wo wir gerade stehen, als darauf, in welcher Richtung wir weitergehen.* Oliver Wendell Holmes

Wenn wir uns zwanghaft auf unseren momentanen Zustand konzentrieren, kommen wir vielleicht überhaupt nicht mehr von der Stelle. Viele der heute weit verbreiteten Selbsthilfebücher ermutigen uns, das eigene Wesen kennenzulernen und herauszufinden, woran man glaubt und warum man das tut. Da zahlreiche Menschen in dieser Kultur gelernt haben, sich von außen zu definieren und die Innenwelt samt Bedürfnissen und Wünschen weitgehend zu ignorieren, stellt diese Selbstbestimmung einen wichtigen Prozeß dar. Aufgrund klarer Unterscheidungen und Einsichten können wir zum Beispiel die nötigen Grenzen setzen.

Aber was passiert dann? Genau jene Eigenschaften, die unsere persönliche Freiheit markieren, entwickeln ein Eigenleben und ballen sich derart zusammen, daß Grenzen entstehen – und nicht nur das ..., sondern dicke, stahlgepanzerte Wände, die einem Gefängnis gleichen. Wir betrachten und erkennen uns selbst, zugleich aber errichten wir Mauern, die nicht einmal wir überwinden können. Wir sind bewegungsunfähig, weil wir ringsum eine Starre erzeugt haben, die uns tatsächlich genauso isoliert und hemmt wie *nicht* vorhandene Grenzen.

**Eine Veränderung an der Oberfläche ist im Grunde keine Veränderung.**

## Probleme lösen

*Besorgte Eltern wissen nicht, wie sie ihren Kindern beibringen sollen, Probleme selbst zu lösen.*

Sue Whitaker

Das Leben ist ein Wagnis. Daran gibt es keinen Zweifel. Und wenn der Sinn des Lebens darin besteht, es zu leben, dann ist alles, was wir dagegen unternehmen, zugleich ein Verstoß gegen den Sinn selbst.

Die meisten von uns lernen ihre großen Lektionen durch Tun. Wir können uns zwar mögliche Ereignisse ausmalen (und dabei natürlich auch sämtliche Notfälle berücksichtigen!), und wir können versuchen, all das zu antizipieren, was unsere Kinder später wissen müssen, um ein perfektes Leben zu führen (das von dem unseren meistens sehr verschieden ist!). Doch bei näherer Betrachtung müssen wir feststellen, daß uns die entscheidenden Lektionen durch Erfahrung zuteil werden.

Sobald wir um jemanden besorgt sind, verhalten wir uns oft so, als wollten wir die eigenen Ängste und Sorgen irgendwie »verringern«. Diese Verhaltensweise führt dann dazu, daß wir die geliebten Menschen ständig vor etwas zu bewahren gedenken – und daß sie nicht richtig auf das Leben vorbereitet sind, unfähig, ihre Probleme selbst zu lösen.

**Die Erziehung ist gerade deshalb eine so große Herausforderung, weil Eltern ihre Sache eigentlich immer nur falsch machen können. Deshalb sollten sie, wie ich meine, einfach loslassen und mit ihren Kindern *gemeinsam leben.***

## 8. Juni

### Überraschungen

*Als ich sechs war, habe ich meiner Mutter einen kleinen Hut gemacht – und zwar aus ihrer neuen Bluse.*
Lilly Daché

Das Leben ist vor allem auch dadurch gekennzeichnet, daß wir nur selten sofort wissen, was ein bestimmtes Ereignis zu bedeuten hat. Vielleicht liegt dessen Sinn gerade in der Einstellung, mit der wir ihm begegnen.

Oft versäumen wir es, das eigene Leben wirklich kennenzulernen, weil wir zu ungeduldig sind und nicht warten können, bis sich der Kern einer Erfahrung allmählich von selbst offenbart. Zwar haben wir die Möglichkeit, ihr unsere Deutung »aufzupfropfen«, aber wir können ihre wesentliche Aussage ganz gewiß nicht durch das Denken manipulieren.

Letztlich kommt es darauf an, wie empfänglich wir sind für die tieferen, plötzlich aufblitzenden Wahrheiten, die den Lektionen des Lebens innewohnen.

Schließlich begreifen wir erst mit der Zeit, was aus einem Hut alles werden kann, der aus einer neuen Bluse gemacht wurde!

**Die Katastrophen der Vergangenheit bedingen manchmal die Erfolge der Zukunft.**

## Definitionen

*Als ich Dolly zum Flughafen fuhr, hielten wir vor einem Geschäft, um ihr Wasser zu kaufen für den Flug. Aber es war geschlossen. Mir wurde angst und bange, weil ich kein weiteres Geschäft vor dem Flughafen wußte und wir auch keine Zeit mehr hatten, einen Umweg zu fahren. Ich betete: »Gott hilf uns, Wasser für Dolly zu finden.« In diesem Augenblick sah Dolly mich an und fragte, ob sie etwas Wasser aus meiner Flasche haben könne. Ich sagte ja – aber ich hatte oft daraus getrunken und jedesmal wieder nachgefüllt. Dann griff Dolly plötzlich unter den Sitz und zog eine große Wasserflasche hervor, die ich total vergessen hatte! Mein Gebet war also sofort erhört worden, und ich sagte: »Wir brauchten uns eigentlich gar keine Sorgen zu machen …«* Connie

Es gibt Situationen, in denen uns allmählich bewußt wird, auf welch seltsame Weise wir das eigene Leben definieren: »Das bereitet mir zwangsläufig große Sorgen.« … »Es lohnt sich nicht, deswegen besorgt zu sein.« … »Darüber brauche ich mir keine Sorgen zu machen.« … »Wenn ich nicht besorgt bin, passiert es auch nicht.« … »Meine Sorge ist ein Beweis dafür, daß ich mich um andere kümmere.« … »Ich habe keine Zeit, mir darum Sorgen zu machen.«

Daneben definieren wir das Leben im Sinne von Streß oder Selbstbeschränkung: »Das kann ich nicht …« Vor allem jedoch operieren wir mit der Sorge.

**Wir sollten auf jene Definitionen des Lebens achtgeben, die uns völlig einengen.**

# 10. Juni

## STÄRKE

*Wir täuschen uns, wenn wir glauben, daß nur die Schwäche Unterstützung brauche. Stärke braucht sie noch mehr. Ein Strohhalm oder eine Feder hält sich lange allein in der Luft.* Anne Sophie Swetchine

Oft verweigern wir vertrauten und geliebten Menschen unsere Unterstützung, weil wir meinen, sie seien stark genug und könnten gut für sich selbst sorgen. Häufig sind es aber gerade die Starken und Tüchtigen, die viel abkriegen und leiden müssen. Die Leute betrachten sie kurz und nehmen an, »daß die das schon überstehen werden«.

Tatsächlich denken wir oft, daß diejenigen, die wir bewundern und die uns helfen, bestimmt nicht auf die Unterstützung von »solchen wie uns« angewiesen seien.

Wie sehr wir da irren!

**Die Menschen, auf die wir uns stützen, wären so dankbar für ein klein wenig Unterstützung von uns. Die können wir ihnen auch gewähren.**

## Fähigkeiten

*Die Sorge nimmt dem Morgen nicht die Trauer; sie raubt dem Heute nur die Kraft.* A. J. Cronin

Wir können die Zukunft nicht durch Sorgen »herbeizitieren«. Sie nähert sich in ihrem eigenen Tempo und beschert uns oft Überraschungen, welche die Vorstellungskraft übersteigen. Wenn sie traurige Ereignisse birgt, so werden wir zu gegebener Zeit damit fertig werden müssen. Wenn wir jedoch schon heute versuchen, Katastrophen zu bewältigen, die morgen vielleicht geschehen werden, dann entwickeln wir dabei weder nützliche Fähigkeiten, noch nehmen wir die Gegenwart bewußt wahr.

Wie oft versagen wir uns jene täglichen Aktivitäten, durch die wir innerlich stärker würden, weil uns das Morgen ganz in seinen Bann zieht. Sollten tatsächlich Kummer und Schmerz uns erwarten, so brauchen wir gerade die hier und jetzt gesammelten Kräfte, um damit zurechtzukommen.

Energie ist transferierbar, das Heute nicht. Man kann sich derart auf das Morgen fixieren, daß man gerade solche Fähigkeiten vernachlässigt, die später verlangt werden. Das Leben aber beruht auf dem Prinzip, daß sich unsere Investitionen irgendwann einmal auszahlen.

**Sorgentraining hat noch nie etwas gebracht.**

## 12. Juni

### Zank

*Es braucht zwei, um einen Streit anzufangen, aber nur einen, um ihn zu beenden.* Sprichwort

Vor Jahren, als ich noch in der Psychotherapie arbeitete, hörte ich Paaren zu, die ihre Streitigkeiten beizulegen versuchten. Oft gab es zunächst jene »Ich habe gesagt ..., du hast gesagt«-Phase, auf welche dann die bevorzugten Spielarten unschöner Anschuldigungen folgten. Ich leitete die Sitzung und unterstützte die Partner bei ihrer Suche nach Lösungen.

Doch mit der Zeit wurde mir klar, wie fruchtlos alle meine Bemühungen waren. Ich fand heraus, daß Streit meistens deshalb entsteht, weil der andere etwas gesagt oder getan hat, das einen ärgert und dazu bringt, sich im Brustton der tiefsten Überzeugung auf ihn »einzuschießen«. Wir haben nie gelernt, auch für unsere *Reaktionen* die Verantwortung zu übernehmen.

Selbst wenn der andere in der betreffenden Situation gemein und unfair ist, geht uns das im Grunde nichts an. Damit muß er fertig werden, nicht wir!

Die eigene Reaktion aber betrifft uns sehr wohl. Sie ist in diesem Szenario das einzige, was wir unmittelbar beeinflussen können.

**Nicht nur das Wasser verdampft: Es ist erstaunlich, wie Streitereien sich verflüchtigen, sobald jeder der beiden Partner an sich selbst arbeitet.**

## Zur Sorge »berufen«

*Meine Tante Rea sorgt sich für die ganze Familie, also brauche ich mir um Sorgen keine Sorgen zu machen.*
Barb

Das Problem ist nur, daß wir nicht für jede Familie auf der Welt eine Tante Rea haben!

Man stelle sich einmal vor, daß in ferner Zukunft jede Familie eines ihrer Mitglieder auswählt, das eigens dazu erzogen wird, sich Sorgen zu machen, und auf diesem Gebiet dann auch als Experte gilt. Derlei Fähigkeiten würde die Gesellschaft so hoch einschätzen, daß sie den sorgenvollen Menschen von all seinen üblichen Aufgaben und Pflichten entbände, denn er trüge ja zum reibungslosen Funktionieren der Gesellschaft bei.

Die für diesen Zweck bestimmte Person würde also die Sorgen einer bestimmten Anzahl von Leuten übernehmen. Wenn die Familien zu groß wären – was nur selten vorkäme, weil man von vornherein Beschränkungen auferlegte –, gäbe es mehrere ausgebildete »Sorgenmacher«.

Sobald die Sorgenlast jeweils auf einem oder wenigen Menschen ruhte, wäre es den anderen gesetzlich verboten, sich Sorgen zu machen, weil dadurch ihre Produktivität sinken würde. Ertappte man sie trotzdem dabei, daß sie besorgt sind, könnte man sie einsperren und eine hohe Geldstrafe verhängen. Auf den dritten Verstoß stünde vielleicht sogar die Todesstrafe.

**Mach dir keine Sorgen! (Es sei denn, du bist dazu ausersehen!)**

## 14. Juni

### Wer hält hier die Fäden in der Hand?

*Wir kommen und gehen, aber das Land ist immer hier.*
*Die Menschen, die es lieben, verstehen das.*
Stammesältester der Maori

Ureinwohner haben immer eine enge Beziehung zum Land. Ihre Identität, ihr Lebenssinn, ihre Spiritualität und ihre Sicherheit sind nicht zu trennen von der Erde.

Nachdem ich viel Zeit mit Ureinwohnern verbracht habe, ist mir klar, daß diejenigen, die der Erde näher sind und sich den Naturprozessen unterordnen, ein gelassenes Leben führen.

Oft frage ich mich, ob unsere heutigen Ängste und Sorgen nicht zum großen Teil daher rühren, daß wir vom kosmischen Geschehen abgetrennt sind. Wenn wir einmal zur Ruhe kämen und uns wirklich bewußtmachten, daß wir zu einem größeren Ganzen gehören, über das wir nicht bestimmen, an dem wir aber teilhaben können, wären wir vielleicht entspannter, gelassener.

**Wenn ich weiß, daß nicht ich die Fäden in der Hand halte, kann ich einer qualifizierteren Person das Kommando überlassen.**

## Das tun, was man gut kann

*Sich sorgen ist eine ernste Angelegenheit. Man sollte sie nicht irgendwelchen Anfängern überlassen.* Anonym

In diesem Leben besteht eine der wichtigsten Entdeckungen darin, zu erkennen, wo unsere Begabungen liegen.

Die meisten von uns betrachten das Mittelmaß nicht als Herausforderung, sondern geben sich damit zufrieden. Aber selbst wenn wir die täglichen Aufgaben einfach hinnehmen, muß uns doch klar sein, was wir gut können.

Jede(r) von uns hat bestimmte Fähigkeiten. Einige ignorieren sie ..., aber an deren Existenz besteht kein Zweifel. Auch wenn wir mit unseren besonderen Fähigkeiten nicht den Lebensunterhalt bestreiten können, müssen wir sie wahrnehmen, sie als solche schätzen und sie nach Möglichkeit einsetzen. Falls wir sie wirklich beherrschen, werden sie uns und unserer Gemeinschaft in irgendeiner Weise förderlich sein.

**Ich selbst bin ein Laie in Sachen Sorge; ich sollte sie am besten den Experten überlassen.**

## 16. Juni

### Loslassen

*Nimm die Dinge so, wie sie kommen.* Sprichwort

Also wirklich! Ist das nicht banal? Sprichwörter gelten als prägnante Weisheiten einer Kultur. Dieses hier ähnelt der Maxime vieler Selbsthilfegruppen: »Einen Schritt nach dem anderen«. Haben Sie schon einmal probiert, zwei Schritte gleichzeitig zu machen? ... Oder drei? ... Oder vier? Nun, Sie sehen ein, daß das töricht wäre, nicht wahr?

Wie sollten wir also die Dinge *nicht* so nehmen, wie sie kommen? Können wir sie etwa nehmen, *bevor* sie kommen? Wohl kaum. Können wir sie *nicht* nehmen, wenn sie kommen? Einige versuchen es und programmieren so ihre nächsten Fehlschläge vor, was natürlich der Selbstachtung nicht gerade förderlich ist. Und können wir uns darum bemühen, die Dinge so geschehen zu lassen, wie es dem eigenen Terminplan entspricht? Dergleichen erfordert meistens mehr Macht und Kontrolle, als gewöhnliche Sterbliche sie besitzen.

Also wirklich! Was soll man denn anderes machen, als die Dinge so zu nehmen, wie sie kommen?

**Könnte es wirklich sein, daß wir nichts anderes tun müssen, als an der Selbstentfaltung unseres Lebens Anteil zu nehmen?**

## Sich zum Narren machen

*Man muß versuchen, sich um die unwichtigen Dinge zu sorgen, damit man sich nicht allzusehr um die wichtigen sorgt.*
Jack Smith

Sich zum Narren zu machen scheint ein nationaler Zeitvertreib zu sein. Für wie blöd halten wir uns eigentlich?

Wir verbringen so viel Zeit damit, uns hinter irgendwelchen Ausreden zu verstecken, daß wir gar nichts dabei finden, wenn andere das gleiche tun ..., und beteuern, sie würden die Wahrheit sagen. Wir haben uns angewöhnt, weder bei uns noch bei anderen die Illusionen zu zerstören. Aber wir müssen einsehen, daß niemand uns zum Narren machen kann, es sei denn, wir lassen es zu. Allerdings hat unsere »Vorliebe« für Selbsttäuschung dazu geführt, daß wir uns schnell von anderen täuschen lassen. Und so sind wir eine leichte Beute.

**Wir selbst sind die einzigen, die verhindern können, daß man uns hereinlegt.**

# 18. Juni

## Interpretationen

*Einige Männer fürchten sich deshalb vor älteren Frauen, weil sie die eigene Sterblichkeit fürchten.*

Frances Lear

Anstatt unsere eigenen Gefühle in bezug auf jemand anders zu thematisieren, benutzen wir oft Interpretationen, um der Intimität zu entfliehen. Was empfinden wir älteren Frauen, wenn wir merken, daß einige Männer sich vor uns fürchten? Wenn ich das obige Zitat lese und auf meine inneren Regungen achte, fühle ich eine Traurigkeit – darüber, daß ich von manchen nicht als Individuum, sondern nur als »ältere Frau« betrachtet werde. Und ich bin frustriert – weil ich wahrscheinlich nichts tun kann, um die Engstirnigkeit meines Gegenübers zu durchbrechen, damit wir, zwei erwachsene Menschen, uns wirklich begegnen. Außerdem steigt eine Wut in mir auf – denn man ordnet mich einer bestimmten Kategorie unter, die ich nicht ersonnen habe und die ich kaum zu beeinflussen vermag. Da ich mich selbst achte, kann es leicht passieren, daß sich hinter der Wut ein Gefühl von Hilflosigkeit bemerkbar macht, eben weil ich andere Menschen weder kontrollieren noch ändern kann. Ah, schon leuchtet die rote Warnlampe auf!

Sobald ich mich machtlos fühle, trete ich automatisch den Rückzug an, um so die Fassung zurückzugewinnen und ein wenig Wut abzulassen. Die Interpretation eignet sich dafür vorzüglich. Leider zerstört sie auch die Möglichkeit, Intimität herzustellen.

**Wenn ich einmal innehalte und mich frage, ob ich der Intimität tatsächlich entfliehen möchte, so lautet die Antwort fast immer »Nein«.**

## Das Leben durch Sorgen beeinträchtigen

*Ich erinnerte mich sofort an die Antwort in Deinem letzten Brief: »Paß auf, daß Du nicht abhängig wirst von Problemen.« Ich habe mich gefragt, wie ich so viele Sorgen und zugleich ein wunderbares Leben haben kann!*

Charleen

Das Sichsorgen kann wie viele andere Verhaltensweisen zur Gewohnheit werden, die sich dann in eine Obsession verwandelt.

Warum können wir Menschen die Dinge nicht einfach auf sich beruhen lassen? Selbst wenn unser Leben und das der Menschen ringsum reibungslos verläuft, können wir offenbar nicht umhin, es durch Sorgen zu beeinträchtigen. Wir behandeln es so wie die winzigen Löcher, die wir als Kinder in unseren Kleidungsstücken hatten. Erinnern Sie sich daran, als Sie in Ihrer Lieblingshose einen losen Faden entdeckten? Noch war da kein richtiges Loch ..., nur ein loser Faden. Aber wir konnten ihn einfach nicht lassen. Wir zogen daran, fummelten herum. Immer wieder beschäftigten wir uns mit ihm, zupften und zerrten, bis tatsächlich ein großes Loch klaffte. Dann rannten wir zu unserer Mama und erzählten ihr unter Tränen, daß unsere Lieblingshose »schon fast kaputt« sei.

**Die Fähigkeit, aus einem losen Faden ein großes Loch zu machen, ist im Leben nicht unbedingt hilfreich.**

## 20. Juni

### Fehler

*Ein Fehler ist ein Vorkommnis, dessen voller Nutzen dir noch nicht zuteil geworden ist.* Ed Land

Fehler unterlaufen uns nicht zufällig. Wir machen sie. Bisweilen werden die mit ihnen verbundenen Herausforderungen erst lange nach dem Mißgeschick deutlich. Es liegt an uns, die darin enthaltenen Lektionen zu entdecken.

Tatsächlich bergen Fehler oft mehrere Lernerfahrungen, und diesen nachzuspüren mag viele Jahre dauern, in denen wir immer neue Entwicklungsprozesse durchlaufen. Dabei schlagen wir vielleicht mehrmals eine falsche Richtung ein und ziehen dann auch falsche Schlußfolgerungen. Das macht gar nichts. Außerdem sind einige Freunde vielleicht ganz darauf erpicht, uns vorzuschreiben, wie wir den jeweiligen Irrtum gedanklich und gefühlsmäßig »einstufen« sollen; oder sie tadeln uns dafür, daß wir Dinge lernen, die sie strikt ablehnen. Am Ende jedoch bleibt es allein uns überlassen, jene Arbeit zu tun, die den vollen Nutzen der Lektion in unseren Vorteil verwandelt.

**Wichtige Lernerfahrungen brauchen Zeit.**

## Entscheidungen

*Sobald eine Entscheidung getroffen war, machte ich mir ihretwegen keine Sorgen mehr.* Harry S. Truman

Guter alter Harry! ... Und er hat ja so manchen Bock geschossen!

Vielleicht kommt es letztlich gar nicht so sehr darauf an, welche Entscheidungen wir treffen, sondern darauf, wie wir mit ihren *Konsequenzen* fertig werden. Das ist die eigentliche Aufgabe. Getroffene Entscheidungen kann man normalerweise nicht mehr rückgängig machen. Wenn wir ihretwegen besorgt sind, so wird deutlich, daß wir sie im Grunde anzweifeln.

Leider berauben wir uns damit der Gelegenheit, mit den Konsequenzen einer Entscheidung und den Auswirkungen unserer Standhaftigkeit zu leben. Indem wir uns im nachhinein kritisieren, begeben wir uns in eine Art Gefängnis, wo wir nicht weiterkommen, wo wir einen statischen Zustand aufrechterhalten, der all unsere Zeit und Energie beansprucht.

**Wenn wir zu unseren Entscheidungen stehen, kommt das unseren Lernprozessen nur zugute.**

## 22. Juni

### Nebensachen

*Die schwierigsten Jahre im Leben sind die zwischen zehn und siebzig.* Helen Hayes

Manchmal sind gerade die Nebensachen in unserem Leben von Bedeutung. Diese entgehen uns nur allzuleicht, weil wir unsere Aufmerksamkeit gerne auf das »Wichtige« und »Schwierige« richten. Vielleicht ist eine Sache nur deshalb so wichtig, weil wir uns ihr widmen. Und je mehr wir mit schwierigen Angelegenheiten beschäftigt sind, desto weniger Zeit und Energie bleibt uns, von der Würze des Lebens zu kosten.

Betrachten wir einmal die Jahre zwischen eins und zehn. Wahrscheinlich eignen wir uns in dieser Phase mehr Kenntnisse an als in jeder anderen ... Vielleicht deshalb, weil wir uns noch nicht so sehr fixieren, weil wir die Fähigkeit besitzen, das Unscheinbare zum Gegenstand der Phantasie und der Neugier zu machen. Möglicherweise wird nach dem siebzigsten Lebensjahr alles wieder einfacher, da wir dann um einiges klüger sind.

**Gerade was mir als Nebensache erscheint, mag als »das gewisse Etwas« für mein Leben notwendig sein.**

## Nur die eigenen Gedanken gehen uns etwas an

> *Die Sorge verstärkt das Abhängigkeitssystem. Wenn ich mich darum sorge, wie andere mein Verhalten beurteilen, so laden meine krankhaften Gedanken sie ausdrücklich dazu ein, sich krankhafte Gedanken über mich zu machen. Was für eine Überraschung, dann festzustellen, daß sie sich um ihre eigenen Angelegenheiten kümmern!*
>
> Dolly

Wie oft laden wir andere ausdrücklich dazu ein, uns eins auszuwischen? Beschwören wir mehr oder minder bewußt gerade das herauf, was wir am meisten fürchten? Auch wenn wir die Gedanken der anderen nicht manipulieren können, so gewähren wir ihnen doch vielleicht Zugang zu *unserem* Kopf und *unserem* Herzen.

Wir sollten einmal darüber nachdenken, was das eigentlich bedeutet ... Denn sobald sie in uns sind, haben wir keinen oder nur einen sehr geringen Einfluß auf ihr Treiben. Sie können sich in Kopf und Herz regelrecht niederlassen, eine Art Haushalt gründen und ihre Verwandten mitbringen – all das auf unsere Einladung hin.

Im Grunde geht es uns überhaupt nichts an, was andere über uns denken oder über uns sagen. Wir haben keine Möglichkeit, derlei zu unterbinden.

Doch es liegt bei uns, ob wir sie explizit dazu auffordern, sich unserer Gedanken und Gefühle zu bemächtigen.

**Wenn ich darüber besorgt bin, was andere über mich denken oder sagen, drucke ich quasi die Einladungskarten, die sie berechtigen, in meinem Innern »zu residieren«.**

## 24. Juni

### Segen und Fluch

*Jeder nicht beachtete Segen wird zu einem Fluch.*
Paul Coelho

Das Leben ist eine Folge segensreicher Wirkungen. Sie werden uns jeden Tag im Überfluß und in einer solchen Vielfalt zuteil, daß uns ganz schwindlig ist. Und vielleicht nehmen wir sie eben deshalb nicht wahr, weil wir derart überwältigt sind.

Kann es sein, daß wir die Macht besitzen, die Segnungen der Welt in Flüche zu verwandeln? Daß wir jeden Tag zu beschäftigt sind und dadurch eine Wohltat nach der anderen übersehen?

Heute ist es vielleicht dunkel draußen, bewölkt, regnerisch. Wir sind enttäuscht, weil wir uns Sonnenschein erhofft haben. Verwandeln wir so einen Segen in einen Fluch? Trübe Tage bieten uns nämlich die Gelegenheit, ein wenig langsamer zu machen. Brauchen wir das nicht gerade heute?

Ein Angebot, an dem wir lange und hart gearbeitet haben, wurde kürzlich abgelehnt. Möglicherweise sind damit Vorteile verbunden, die wir einfach noch nicht erkennen … Es ist wichtig, stets empfänglich zu sein für den *verborgenen* Segen.

**Wahrscheinlich verfüge ich nicht immer über den Weitblick und die Gunst der Stunde, um die jeweiligen Wohltaten wahrzunehmen, aber ich sollte nie vergessen, daß sie *möglich* sind.**

## VORBEREITUNG

*Wenn du dir genug Sorgen machst über all die schrecklichen Dinge, die passieren können, dann bist du wenigstens auf sie vorbereitet.* Anonym

Viel Zeit verbringen wir damit, uns vorzubereiten. Wir sind zu der Überzeugung gelangt, daß nichts Schlimmes passieren wird oder daß *wir* es abwenden können, wenn wir uns gegen alles mögliche wappnen. »Sei auf alles gefaßt« ist ein weit verbreiteter Wahlspruch. Auf einer tieferen Ebene jedoch müssen wir uns klarmachen, daß wir hierbei dem Wunschdenken verfallen sind. Wir glauben, es sei das *Vorbereitetsein*, das Unheil verhindert.

Da fällt mir eine alte afrikanische Geschichte ein. Ein Tourist ging durch ein Dorf und fragte einen der Bewohner: »Warum hängen am Eingang jeder Hütte rote Stofftücher?« Der andere erwiderte: »Um die Tiger fernzuhalten.« – »Aber in dieser Gegend gibt es doch gar keine Tiger«, meinte der Tourist. »Eben!« sagte der Dorfbewohner.

**Wer weiß schon, was wirklich hilft? Eines ist jedenfalls sicher: Wenn wir unsere Energien auf die Vorbereitung konzentrieren, dann sind wir auch gerüstet. Aber wofür eigentlich?**

## 26. Juni

### Anständigkeit/Schwindeleien

*Je mehr Dinge einen Menschen mit Scham erfüllen, desto anständiger ist er.* George Bernard Shaw

Werden die nachfolgenden Generationen einmal über uns sagen, daß wir stets so lebten, als wollten wir nicht erwischt werden?

An irgendeinem Punkt unseres Lebens müssen wir innehalten und die Frage stellen: »Worauf kann ich mich bei mir wirklich verlassen?« Bin ich tatsächlich der Mensch, für den ich (die andern) mich halte(n)? Wieweit gehen meine Schwindeleien? Bin ich bereit, sie zu thematisieren und dann zu unterbinden? Bin ich bereit, ehrlich zu sein gegen mich selbst?

Unehrlichkeit sich selbst gegenüber ist mit das Schlimmste, was wir uns und dem anderen antun können. Sie beraubt uns der Möglichkeit, eine echte Beziehung einzugehen – und darunter leiden *wir* am meisten.

Ja, durch Lügen legen wir im Grunde immer uns selbst herein, denn sie verhindern, daß wir das eigene Ich erkennen – und das ist ein nicht wiedergutzumachender Verlust.

**Es ist besser, sich mit seinen Schamgefühlen auseinanderzusetzen, anstatt sie hinter einer falschen Anständigkeit zu verbergen.**

## Spiritualität

*Die Sorge ist ein dünnes Rinnsal aus Angst, das durch den Kopf sickert. Verstärkt sich die Angst, so entsteht eine breite Rinne, in die alle anderen Gedanken münden.*

Arthur Somers Roche

Die Sorge bewegt sich durch unseren Kopf und durch unser Herz wie Wasser auf Sandstein – sie gräbt Täler, in die wir vielleicht hinabstürzen, ohne es überhaupt zu merken.

Wir sollten uns selbst als »spirituelle Bauingenieure« sehen, welche die gewaltige Aufgabe übernehmen, die großen Täler im Geiste auszufüllen.

Das Wunderbare an der Spiritualität ist, daß sie nicht auf die materielle Welt und ihre Mechanismen beschränkt bleibt, die wir »Realität« nennen. Sie dehnt sich aus oder zieht sich zusammen, je nachdem, was die Situation gerade verlangt, sie weht um Ecken, nimmt jede Gestalt an und dringt bis in die letzten Winkel unseres Wesens vor.

Unsere Spiritualität brauchen wir nicht zu suchen – und noch nicht einmal zu verstehen. Sie ist immer da, sie schlummert im Innern und wartet darauf, daß wir ihr Beachtung schenken.

**Die Spiritualität ähnelt jenen kleinen Suppenbechern, auf denen »Wasser dazugeben« steht und die eine volle Mahlzeit enthalten. Wir müssen ihr nur unsere Aufmerksamkeit »beigeben«.**

# 28. Juni

## Gefühle

*Es gibt für mich nichts Geistigeres, als meine Gefühle zu empfinden.* Karen

In dieser modernen Welt werden Gefühle oft als unwichtig und lästig abgetan. Der Versuch, sie zu ignorieren und zu unterdrücken, kostet uns ziemlich viel Zeit und Kraft. Wenn sie dann nicht, wie gewünscht, klammheimlich verschwinden, sind wir beleidigt und erbost.

Wie anders wir sie beurteilen würden, wenn wir davon ausgingen, daß es nichts Geistigeres gibt, als die eigenen Gefühle zu empfinden! Gehört es vielleicht doch mit zum göttlichen Plan, daß wir Menschen unsere innersten Regungen nie ganz unter Kontrolle haben? Und was wäre, wenn sie tatsächlich jene Verbindung zu unserem Geist herstellten, ohne die wir uns verirren würden?

Sobald wir in unsere Innenwelt hinabsteigen, umgehen wir die Illusion des Verstandes, Kontrolle ausüben zu können, und begeben uns in unbekanntes Gebiet, wo die üblichen Methoden, den eigentlichen Schöpfungsprozessen auszuweichen, einfach nicht funktionieren. Das heißt, Gefühle zeigen uns den Weg zurück in die Sphären jenseits des bloßen Denkens.

**Die eigenen Gefühle zu empfinden bedeutet nicht, sie auszuagieren, sondern sich dem Geistigen wieder zuzuwenden.**

## Denken

*Um dem Denken eine Grenze zu setzen, müßten wir fähig sein, beide Seiten dieser Grenze zu denken.*
Ludwig Wittgenstein

Genau! Erst im Nachdenken über das Denken erfahren wir etwas über das Denken selbst. Aber diese Erfahrung ist keinesfalls das *wahre* Denken, denn das darf durch Erfahrung eben gerade nicht »verunstaltet« werden. Dann verlöre es ja seine Reinheit. (Ach du liebe Güte!)

Wenn wir also über die beiden Seiten nachdenken, die aus einer dem Denken gesetzten Grenze entstehen, so stellen wir fest, daß wir dabei gedanklich in ein dualistisches Schema gerutscht sind. Unser Verstand gibt uns zu verstehen, daß wir ein solches aus zweierlei Gründen aufstellen: Erstens, um weiterhin illusionären Vorstellungen von Kontrolle nachzuhängen, die sich unmittelbar aus einem so grob vereinfachten, ebenso unwirklichen System ergeben – und zweitens, um auf der Stelle zu treten.

Wenn wir demnach dem Denken eine Grenze setzen möchten, indem wir einen trügerischen Denkprozeß in Gang bringen, der zwei Seiten voraussetzt, dann müssen wir auch viel Gehirnschmalz darauf verwenden herauszufinden, welches denn die *richtigen* zwei Seiten der Grenze seien. Und so weiter, und so weiter. Also, was soll's?

**Das Denken zeichnet sich dadurch aus, daß es keine Möglichkeit gibt, es zu begrenzen.**

WASSERLIED

Ein Wasserfall
Ist ein schöner Ort
Um zu verweilen
Gottes Gnade zu spür'n

Heimwärts stürzend
In Richtung Meer
Kennst du dich nicht
Beachtest mich nicht

Das Wasser weiß
Den einzigen Weg
Der hinführt zum Meer
So muß es sein

Zu schwierig ist's nicht
Dies Wasserlied
Nur weiter bewegt sich's
Dem Fließen entlang

Kein Denken an dieses
An jenes, keine Sorge
Das Leben ist einfach
Wir haben's vergessen

Ich frage mich manchmal
Wo und wann
Uns Menschen entging
Daß Leben gleich Freiheit

Wie Wasser zu fließen
Zu unserem Ziel
Schaffen wir leicht
Weil nicht allein

Des Schöpfers Gnade
Begleitet uns
Läßt nie im Stich
Dem können wir trau'n

Die Sorge ist nur
Wie jeder weiß
Ein Mangel an Glauben
An das, was ist

Wie Wasser zu fließen
Gewaltig doch sanft
Wird uns bescheren
Erhofften Frieden

Anne Wilson Schaef, 1994

**Unsere Lehrmeister sind überall um uns.**

## ZUFRIEDENHEIT

*Gib acht und leiste weiterhin behutsam und zufrieden gute Arbeit.* John Casteel

»Gute Arbeit leisten« – das wirkt inzwischen ziemlich altmodisch, nicht wahr? Nun, John Casteel war auch ein altmodischer Mensch. Er gehörte zu den kultiviertesten, feinsinnigsten Individuen, die ich je kannte, und starb kürzlich im Alter von über neunzig Jahren. Sein ganzes Leben lang hatte er »behutsam und zufrieden« seine Aufgaben erledigt.

Was fällt uns ein, wenn wir an Begriffe wie »behutsam« und »zufrieden« denken? Behutsamkeit assoziiere ich immer mit den Älteren. Es ist, als ob sie begriffen hätten, daß es im Leben nicht darum geht, ohne jedes Gefühl, aber mit um so mehr Karacho durch die Gegend zu jagen. Behutsamkeit dagegen erzeugt noch mehr Behutsamkeit und lädt uns dazu ein, mit dem eigenen Ich, mit den anderen und mit dem Planeten einträchtig zusammenzuleben.

Zufriedenheit – dieses Wort wird in der heutigen Gesellschaft kaum mehr benutzt. Jeden Augenblick mit der eigenen Existenz zufrieden zu sein ..., sie so zu akzeptieren, wie sie ist. Schon wenn wir jenen endlosen äußeren Kampf nur kurzzeitig aufgeben, fühlen wir uns ausgeglichen, gelassen, heiter. Zufriedenheit ist so etwas wie ein himmlischer Seufzer, der unser Leben neu ordnet und die Dinge ins richtige Verhältnis rückt.

Schließlich die »gute Arbeit«: Unser Selbstwertgefühl ist viel ausgeprägter, wenn wir etwas tun, das für uns und für den Planeten eine Bedeutung hat.

**Eine Arbeit, die ich behutsam und voller Zufriedenheit verrichte, gibt mir irgendwie ein besseres Gefühl.**

# 2. Juli

## ISOLATION

*Sorge ist Liebe. Wie sollen deine Kinder wissen, daß du sie liebst, wenn du ihretwegen nicht besorgt bist?*
Anonym

Unser tiefster Wunsch ist, unsere Kinder zu lieben und sie wissen zu lassen, daß wir sie lieben.

So oft fürchten wir uns vorm Lieben. Wir haben Angst, es nicht richtig zu machen oder zurückgewiesen zu werden. Viele von uns glauben, in Sachen Liebe keine guten Vorbilder gehabt zu haben, und so ist uns schleierhaft, wie wir dieses leidenschaftliche Gefühl zum Ausdruck bringen sollen. Wer läßt sich schon auf etwas ein, das er nicht beherrscht?

Doch wir haben immer die Möglichkeit, ehrlich zu sein. Wir können unseren Kindern die Wahrheit sagen: nämlich daß wir ihnen Liebe entgegenbringen möchten, aber nicht genau wissen, wie das geht. Diese Aufrichtigkeit wird ihre Wirkung nicht verfehlen.

**Schließlich ist es doch so: Wer nichts wagt, gewinnt auch nichts.**

## Negatives Denken

*Leider, mein Freund, scheint es in der menschlichen Natur die seltsame Neigung zu geben, sich selbst zu quälen, und als ob die körperlichen Unannehmlichkeiten, von denen wir in dieser unserer Welt umgeben sind, noch nicht genug wären, suchen wir ständig nach geistigen und imaginären Übeln. Dies wird nirgendwo deutlicher als bei jenen Menschen, die im sogenannten Überfluß oder Wohlstand leben ...*
Charlotte Smith

Bereitet uns die Freizeit Sorgen? Ich weiß es nicht. Sind wir umgeben von »körperlichen Unannehmlichkeiten«? Auch darauf weiß ich keine Antwort. Mit der eigenen physischen Existenz und einer materiellen Welt fertig werden zu müssen, ist vielleicht lästig. Keine Ahnung. Ich persönlich mag das eigentlich ganz gerne. Mich erstaunt es immer wieder, welche Selbstheilungskräfte der menschliche Körper besitzt und wie er auch nach schrecklichen Traumata sich aufrappelt. Haben wir je bewußt wahrgenommen, daß er allerlei Mißhandlungen aushält und dennoch weiter funktioniert?

Und haben wir je bemerkt, daß es Vögel gibt, die immer noch singen, und Pflanzen, die immer noch gedeihen, obwohl wir nichts unversucht lassen, unseren Planeten zu verschmutzen?

**Vielleicht müssen wir uns nur mit *einer* Unannehmlichkeit auseinandersetzen: mit unserem negativen Denken.**

# 4. Juli

## Geistige Freiheit

*Heute ersehnen viele nicht die Freiheit, sich zu entfalten und Wagnisse einzugehen, sondern das Befreitsein von Kummer und Sorge.* James Truslow Adams

Freiheit! Allein schon das Wort erweckt den Wunsch, sich gerade hinzustellen, den Kopf hoch zu tragen und zu einem patriotischen Lied loszumarschieren. Doch welche Art von Freiheit schätzen wir ganz besonders? Politische Freiheit? Ja, gewiß. In mancher Hinsicht ist sie die »eingängigste«, die oft am meisten Aufmerksamkeit erregt – heute und zu jeder anderen Zeit.

Doch unser Sein an sich gründet in geistiger Freiheit, die noch wichtiger ist als politische oder religiöse Freiheit.

Geistige Freiheit besteht darin, gemäß den eigenen Wertvorstellungen und Überzeugungen zu leben. Sie gibt uns die Möglichkeit, unsere Seele zu nähren, der »leisen, sanften Stimme« im Innern zu vertrauen und Erfahrungen zu machen, die dem Geist förderlich sind. Sie bekundet sich in der stillen Gewißheit, daß wir nicht über alles bestimmen können und daß dazu auch keine Notwendigkeit besteht. Sie läßt uns voll und ganz teilhaben am Wirken des Schöpfers und macht uns zugleich empfänglich für die Gaben des eigenen Lebens.

**Durch geistige Freiheit sind wir wirklich befreit von Kummer und Sorge.**

## Schuldzuweisungen

*Durch Vorwürfe bleiben Wunden offen. Nur Versöhnlichkeit heilt.* Willa Cather

Schuldzuweisungen sind vor allem deshalb so problematisch, weil wir sie oft als eine Art Schlußpunkt benutzen, wo sie doch, wenn überhaupt, nur am Anfang einer Auseinandersetzung stehen sollten. Die Neigung, andere für alles mögliche verantwortlich zu machen, ist wohl ein Warnsignal, daß wir unser Inneres einmal unter die Lupe nehmen müssen. Viele von uns suchen nämlich schon ganz automatisch nach einem Schuldigen. Vielleicht sehen wir sogar uns selbst als geeignetes »Schuld-Objekt« und abstrahieren dabei von der eigenen Person genauso wie von der der anderen.

Hoffentlich wird uns bald klar, daß derlei Vorwürfe überflüssig sind, daß es nicht darum geht, wer oder was die Schuld trägt. Vielmehr müssen wir innehalten und die eigenen Empfindungen und Bedürfnisse bewußt wahrnehmen. Sobald wir erkennen, daß wir gerade dann jemanden zur Verantwortung ziehen, wenn unsere damit verbundenen Gefühle unklar sind oder nicht richtig ausgelebt werden, halten wir uns auch mehr zurück, merken wir, was uns fehlt.

**Nur wenn wir die eigenen Bedürfnisse achten, finden wir zu einer versöhnlichen Einstellung.**

## 6. Juli

### REISEN

> *Ich versuche, schon* sehr früh *am Flughafen zu sein, damit ich mich nicht darum sorgen muß, zu spät zu kommen.*
> Anonym

Das Reisen bietet unzählige Gelegenheiten, besorgt zu sein! Jene von uns, die dazu neigen, sind irgendwie überzeugt, daß ein direkter Zusammenhang besteht zwischen der frühen Ankunft, dem Gefühl von Sicherheit und dem Befreitsein von Sorgen. Wenn wir also nur eine Stunde vor dem Abflug am Flughafen eintreffen, werden wir uns mindestens eine Stunde lang sorgen, um damit zu kompensieren, daß wir durch eine *zwei* Stunden frühere Ankunft weniger Sorgen gehabt hätten.

Natürlich hängt dieses spezielle Verhalten nur damit zusammen, daß wir das Flugzeug nicht verpassen wollen (das ja früher abfliegen *könnte*, obwohl dergleichen in der Geschichte der Luftfahrt noch nie geschehen ist). Wenn wir sehr frühzeitig am Flughafen sind, können wir herumsitzen und über andere Dinge nachdenken, die uns Sorgen bereiten. Wird unser Gepäck auch in die richtige Maschine verfrachtet? Wird es vielleicht zwischen Check-in und Flugzeug gestohlen? Wird es beschädigt? Wird jemand anders auf unserem Platz sitzen? Bekommen wir den Platz, den wir uns wünschen? Sitzen wir dann neben einem totalen Langweiler? Wird das Flugzeug etwa abstürzen?

**Das Reisen läßt Raum für so viele Mißgeschicke, daß wir genausogut loslassen und dieses heillose Durcheinander unserer Höheren Macht anvertrauen können.**

## Wahlmöglichkeiten

*Ich kann zwar entscheiden, wie ich reagiere, aber ich kann nicht kontrollieren, was dann geschieht.* Mia

Die eigenen Reaktionen sorgfältig abzuwägen und gleichzeitig zu wissen, daß ihre Folgen letzthin nicht kontrollierbar sind, ist eine jener kleinen, wertvollen Lektionen, die möglicherweise darüber entscheiden, ob wir in chaotischem Streß oder in heiterer Gelassenheit leben.

Der kleine Schlüssel, der die große Tür öffnet, wird uns oft schon durch eine leicht veränderte Wahrnehmung zuteil. Es ist tröstlich zu wissen, daß diese Änderung nirgendwo sonst als in unserem Innern geschieht.

Letzten Endes tun die Leute immer, was sie wollen. Dagegen können wir gar nichts machen. Bestimmte Dinge werden passieren. Auch darauf haben wir keinen Einfluß. Institutionen sind nur selten so, wie wir es uns wünschen. Sie entziehen sich unserer Kontrolle. Das Leben verläuft – Gott sei Dank – fast nie gemäß unseren hochtrabenden Vorstellungen. Wir können nichts erzwingen.

Allerdings haben wir die Wahl, wie wir auf diese »unkontrollierbaren« Ereignisse reagieren. Und wir können entscheiden, wie wir auf unsere ursprüngliche Reaktion reagieren.

**Wenn ich mich für eine bestimmte Reaktion entscheide, heißt das nicht, daß ich Kontrolle ausübe. Ich mache nur von meinen Möglichkeiten Gebrauch.**

## 8. Juli

### Normalität

*Verkehrsstaus, platte Reifen, Kopfschmerzen, Krämpfe, Hausarbeiten, Bläschenausschläge, schmutzige Windeln und graue Tage – solche und andere Probleme werden durch die Gewohnheit, sich Sorgen zu machen, nur noch schlimmer.* Sue Whitaker

Mit Verkehrsstaus und anderen Widrigkeiten kommen wir vor allem deshalb nicht zurecht, weil wir sie als etwas Ungewöhnliches betrachten. Irgendwann haben wir vergessen, daß sie Teil des Lebens sind.

Aufgrund unserer realitätsfernen Einstellung haben wir uns eingeredet, daß alles »reibungslos« klappen sollte ..., und damit verbinden wir ja ganz bestimmte Vorstellungen. Wir glauben, daß das Leichte, Unproblematische, Lustige »normal« sei und alles übrige »unnormal« oder schlecht. Wir haben schon im voraus festgelegt, was Leben ist oder sein sollte, und erwarten, daß es sich ausschließlich innerhalb dieses Rahmens abspielt.

Zu unserer großen Überraschung nimmt das Leben seinen Lauf. Wenn Familienmitglieder oder Freunde sterben oder wenn wir eine schlimme Phase durchmachen, wollen wir nur eines: daß alles wieder so ist wie vorher. Nun, derlei Geschehnisse sind »normal«, insofern sie zum Leben dazugehören. Und so können wir daran auch ganz normal teilnehmen.

**Unsere Vorstellungen hinsichtlich dessen, was »normal« und was »unnormal« ist, haben uns schon viel Kummer bereitet.**

## Meditation

*Eine halbe Stunde Meditation ist absolut notwendig – außer wenn man sehr beschäftigt ist. Dann braucht man eine ganze Stunde.* Frances de Sales

Wenn einmal die Meditation nicht mehr als Luxus, sondern als Notwendigkeit betrachtet wird, dann sind wir wirklich auf dem Weg zurück zu uns selbst und zu unserer Spiritualität.

In bezug auf Meditation haben die meisten von uns etwas seltsame Vorstellungen. Wir glauben, daß man dafür ein kahlköpfiger Mönch sein müsse, der mit gekreuzten Beinen in einem Kloster sitzt, fernab der lärmenden Menge. Dieses Bild mag ganz nett sein, aber es entspricht wohl kaum der Lebensart des westlichen Menschen. Damit die Meditation zu einer alltäglichen Übung wird, müssen wir herausfinden, inwieweit sie bereits in unserem Leben vorhanden ist.

Einige sehen ihre Meditation vielleicht darin, Klavier zu spielen oder gute Musik zu hören. Andere erfahren sie in Gestalt eines Spaziergangs oder indem sie einfach nur sitzen und den Blick schweifen lassen. Wieder andere brauchen da etwas praktischere Aufgaben – sie reinigen den Herd, waschen und polieren das Auto, restaurieren Möbel oder gehen zum Angeln.

Viele von uns finden Mittel und Wege, sich in einen meditativen Zustand zu versetzen, der heilt und erdet, ohne daß wir uns dessen bewußt sind. Aber unser Inneres weiß es sehr wohl.

**Können wir je zuviel meditieren?**

## 10. Juli

### Hilfe empfangen

*Der Umzug macht mich schier wahnsinnig. In ein paar Tagen müssen wir draußen sein. Aber niemand kann uns helfen, weil wir alle Sachen aussortieren müssen, bevor wir sie einpacken; außerdem wissen nur wir, wo sie dann hinkommen.* J.

Hilfe anzunehmen ist eine besondere Kunst, die nur von wenigen Menschen gepflegt und von noch weniger Menschen anerkannt wird.

Oft sind da Freunde, die uns gerne unterstützen würden, denen es sogar eine Ehre wäre, als Helfer in der Not zu fungieren – aber wir geben ihnen keine Gelegenheit dazu.

Wir sind völlig außer uns wegen der zu erledigenden Aufgaben und hetzen dann durch die Gegend, weil wir ja immer alles alleine, ganz aus eigener Kraft, machen müssen. (Hand aufs Herz: Im Grunde genießen wir die Hektik doch auch ein bißchen, nicht wahr?!)

Wie schade, daß wir jenen, die uns Fürsorge und Liebe entgegenbringen, das Vergnügen vorenthalten, uns Beistand zu leisten und Dinge zu tun, die ihre Zuneigung zum Ausdruck bringen.

Sie haben uns sehr gern, müssen aber tatenlos zusehen, wie wir uns allmählich zugrunde richten.

**Wenn ich überzeugt bin, alles alleine machen zu müssen, so habe ich vergessen, wie man Liebe empfängt.**

## Gefühle

*Das Besorgtsein ist eine meiner besten Methoden, Gefühle zu verdrängen.* Anonym

Nur wenige von uns sind wirklich darin geübt, mit den eigenen Gefühlen umzugehen. Wir lernen zwar Lesen, Schreiben und mathematische Formeln, wir mehren unsere Kenntnisse in geschäftlichen Angelegenheiten und in der Kochkunst – aber niemand scheint fähig oder daran interessiert zu sein, uns etwas über Gefühle beizubringen. Oft wird uns nur gesagt, daß sie gefährlich seien und bei der geringsten Nachgiebigkeit regelrecht explodierten, so daß wir in entsetzliche Schwierigkeiten kämen. Schließlich hätten Gefühle nichts mit Vernunft und Logik zu tun, und nur diese könnten für Sicherheit sorgen.

Was für eine traurige Einstellung! Hätte uns der Schöpfer mit Gefühlen ausgestattet, wenn sie derart schlecht wären? Wohl kaum!

Gefühle geben uns zu verstehen, wer wir sind, wo wir gerade stehen. Sie warnen uns vor bedrohlichen Situationen und weisen uns darauf hin, ob jemand uns anlügt.

Durch Gefühle erleben wir Liebe und Glück, Einsamkeit und Angst. So wissen wir, wann wir unsere Sache gut machen – und wann wir achtgeben und einige Änderungen herbeiführen müssen.

**Wenn wir unsere Gefühle unterdrücken, unterdrücken wir uns selbst.**

## 12. Juli

### Irrtümer/Weisheit

*Ein Mensch sollte sich nie schämen zuzugeben, daß er im Unrecht war, wobei er im Grunde nur mit anderen Worten ausdrückt, daß er heute klüger ist als gestern.*

Alexander Pope

Wie viele Gelegenheiten haben wir tatsächlich im Laufe eines Tages, um zu zeigen, daß wir klüger sind als am Tag zuvor? Nicht viele.

Wir sind schon so gewöhnt an unsere starre Verteidigungshaltung, die wir aufgrund erwiesener Fehler einnehmen, daß es uns fast immer erschreckt, wenn andere ihr Unrecht zugeben.

Einigen genügt es nicht, daß wir unseren Irrtum gestehen. Sie wollen, daß wir uns schrecklich fühlen. Ein Schuldgeständnis ohne schlechtes Gewissen, ohne Selbstkasteiung gilt als »undeutsch«. Ja manche haben ein so starkes Bedürfnis, uns nach einem Fehlgriff leiden zu sehen, daß sie uns gerne zur Schnecke machen, wenn wir es nicht selbst tun.

Es wäre gewiß viel einfacher, sich zu den eigenen Patzern zu bekennen und aus ihnen zu lernen, damit man schließlich klüger wird, wenn nur die Leute nicht ihren Tribut forderten.

**Wir können immer bei uns anfangen und die Leute dazu bewegen, ihre Fehler zuzugeben, indem wir selbst es tun. Der Lohn der Weisheit ist Weisheit.**

## Veränderte Wahrnehmung

*Sorge und Angst können unsere Wahrnehmung derart verändern, daß wir irgendwann jeglichen Sinn für die Wirklichkeit verlieren und neutrale Situationen in Alpträume verwandeln.* Aus: *The Courage to Change*

Nur selten denken wir in Ruhe darüber nach, daß einige der Gefühle, denen wir uns überlassen, tatsächlich die Wahrnehmung verändern und die Wirklichkeit verzerren. Wenn wir ständig in Sorge und Angst leben, verlieren wir ironischerweise sogar die Fähigkeit, zwischen Faktum und Fiktion zu unterscheiden. Und da wir die Dinge nicht im richtigen Verhältnis sehen, klammern wir uns noch mehr an unsere verzerrten Wahrnehmungen und versuchen, uns selbst und andere von deren »Stichhaltigkeit« zu überzeugen. Das alles kann sehr strapaziös sein.

Wir brauchen vertrauenswürdige Freunde, die uns helfen, wieder zu einer gesunden Einstellung zu finden, und die uns aus der »Sorge-Angst-Spirale« befreien.

Außerdem müssen wir erkennen, daß es im Universum Kräfte gibt, die stärker sind als wir und denen wir uns letztlich beugen müssen.

**Seltsam, nicht wahr, wie Freunde und Höhere Mächte unsere Alpträume neutralisieren können?**

## 14. Juli

### Der Stimme des Herzens folgen

*Achte sorgfältig darauf, wohin dein Herz dich zieht, und dann entscheide dich für diesen Weg mit all deiner Kraft.*
Chassidisches Sprichwort

In diesen Tagen hören wir oft, daß man seinem Glück folgen soll. Leichter gesagt als getan!

Man muß schon genau auf die Stimme des Herzens achten, um zu merken, in welche Richtung sie einen zieht. In der Familie und in der Schule wird uns dieses Verhalten kaum beigebracht. Im Grunde wissen wir viel mehr darüber, was wir tun sollten, was wir nach Meinung der anderen tun müssen und was wir tatsächlich zu tun haben, als darüber, wohin das Herz uns führt.

Falls wir in diesem Bereich einiges nachzuholen haben, müssen wir erst ein paar kleine Schritte machen, ehe wir uns dann ganz jenen Weisungen widmen, die von tief innen kommen. Wir können mit leichten Fragen beginnen … Zum Beispiel: Welche Farben stehen mir besonders gut? Welche Nahrungsmittel bevorzuge ich? Welche Art von Büchern und von Musik möchte ich demnächst lesen und hören?

Nachdem wir so ein wenig trainiert haben, halten wir inne und fragen uns: Mit wem würde ich gerne meine Zeit verbringen? Welche Menschen tun meiner Seele gut? Dann und nur dann sind wir vielleicht bereit, zu größeren, lohnenderen Aufgaben überzugehen.

**Der Stimme des Herzens zu folgen mag einige vorbereitende Maßnahmen erforderlich machen – sowie die Abkehr von einigen eingefleischten Gewohnheiten.**

## Engagement

*Die Sorge ist ein Gebet für das, was man nicht will.*
Jesse Spinnler

Häufig haben wir eher eine Vorstellung davon, was wir *nicht* mögen, als davon, was wir mögen. Nachdem wir nun jahrelang auf unsere Abneigungen fixiert waren, fällt es uns zunehmend schwerer, die eigenen Wünsche in den Vordergrund zu rücken.

Damit zu beginnen hat vor allem einen großen Haken: die Angst, sich festlegen zu müssen. Sobald wir nämlich in das Reich unserer Sehnsüchte vordringen, geben wir uns zu erkennen, engagieren wir uns in eigener Sache, übernehmen wir Verantwortung für das, was uns treibt. Derlei Verpflichtungen sind uns erst einmal unheimlich. Denn was passiert, wenn wir uns geirrt haben? Was, wenn wir einen Fehler machen?

Es ist viel einfacher, in der trüben, grauen Zone der Negativität umherzutappen, als mutig voranzuschreiten und eigenverantwortlich zu handeln. Durch die Sorge halten wir uns nur eine Hintertür offen.

**Wenn ich mich verantwortungsbewußt dafür einsetze, daß meine Wünsche in Erfüllung gehen, dann werde ich schließlich erwachsen, nicht wahr?**

## 16. Juli

### Dankbarkeit

*Dankbarkeit ist eine Erinnerung des Herzens.*
Lydia M. Child

Eine meiner Freundinnen sagt, sie habe »Anfälle von Dankbarkeit«. Ich mag das. Und auch die Vorstellung, Dankbarkeit sei »eine Erinnerung des Herzens«, gefällt mir.

Unser Verstand kann, wenn wir seinen Neigungen nicht Einhalt gebieten, alle möglichen Schreckensvisionen heraufbeschwören, sie ausschmücken, ihnen eine prächtige Gestalt verleihen und eine Art Schloß erbauen, in welchem sie residieren. Er kann uns sogar davon überzeugen, daß unser Leben furchtbar sei – und einfach zu kompliziert.

Glücklicherweise folgen die Energien des Herzens geraderen Bahnen. Wenn wir ihm die Möglichkeit geben, sich zu entsinnen, steigen viele wunderbare Erinnerungen auf. Uns wird bewußt, daß da immer das Versprechen eines neuen Tages ist und daß die Sonne aufgehen wird, auch wenn wir sie nicht sehen. Wir denken daran, daß es das Wetter sowie unterschiedliche Witterungen gibt, welche die Erde nähren. Wir erinnern uns an ein vergessenes Lächeln oder an ein freundliches Wort, als wir völlig verzweifelt waren. Wir wissen plötzlich wieder, daß wir nach jemandem die Hand ausstrecken konnten, der Hilfe brauchte, obwohl wir selbst ihrer bedurft hätten.

**Dankbarkeit ist alles.**

## 17. Juli

### Andere benutzen

*Als ich aufhörte, über meine Kinder ständig besorgt zu sein, wurde mir klar, daß ich in eine völlig neue Phase eintreten und mir erneut die Frage stellen mußte: Was fange ich mit meinem Leben an? Das war mir unheimlich.*

Patti

Oft benutzen wir andere, ohne uns dessen auch nur im geringsten bewußt zu sein. Allein schon die Vorstellung, dergleichen zu tun, erfüllt die meisten von uns mit Verachtung; wir könnten schwören, daß das bei uns niemals passieren wird.

Wie sehr uns wohl die Einsicht überraschen würde, daß wir nicht nur irgendwelche anderen Leute benutzen, sondern gerade jene, die uns am nächsten und am liebsten sind …, unsere Kinder …, unseren Ehepartner …, unsere besten Freunde! Sie eignen sich dafür besonders gut und sind ja immer in Reichweite. Mühelos können wir uns auf sie fixieren und diese geballte Aufmerksamkeit benutzen, um uns selbst zu entfliehen. Solange wir besorgt und mit den Gedanken woanders sind, müssen wir uns nicht mit der beängstigenden Aufgabe beschäftigen, das eigene Leben in die Hand zu nehmen und wirklich offen zu sein gegenüber den geliebten Wesen.

**Es entspricht nicht meinem Selbstverständnis, andere zu benutzen …, also warum tue ich es dann trotzdem?**

40 Vogelgezwitscher Hunsrück, Hambachtal

## 18. Juli

BEZIEHUNGEN

*Eine alte Jungfer zu sein ist wie der Tod durch Ertrinken – ein wirklich wunderbares Gefühl, nachdem man den Kampf aufgegeben hat.* Edna Ferber

Die Angst vor dem Alleinsein im Alter gab schon oft Anlaß zu Sorgen und hat viele genauso überstürzte wie verkehrte Eheschließungen zur Folge gehabt.

Kürzlich sah ich das Thema »Zweierbeziehung« in einem völlig neuen Licht. Was wäre, wenn wir nicht schon von Geburt an glaubten, daß wir einen Partner finden sollten und finden müssen? Was, wenn wir unseren Kindern beibrächten, daß sie deshalb hier auf Erden sind, um ihr eigenes Leben zu führen, und daß sie das in Verbindung mit jemand anders oder auch alleine tun können? Was, wenn jeder die reine und einfache Aufgabe, das uns zuteil gewordene Leben auszukosten, annähme und darauf alle Aufmerksamkeit richtete? Was, wenn wir überzeugt wären, daß der Schöpfer, falls er einen Partner für uns vorgesehen hat, diesen dann auswählt und ohne Wenn und Aber auf unseren Weg führt?

Aufgrund derartiger Einsichten bräuchten wir nicht ständig nach dem geeigneten Partner zu suchen, so daß viele Fehlstarts von vornherein vermieden wären. Außerdem müßten wir Beziehungen nicht »managen«. Es gäbe keine »alten Jungfern« und keine »Junggesellen« mehr. Man würde das Leben nehmen, wie es kommt.

**Sobald wir aufhören, gegen unsere Lebensumstände anzukämpfen, haben wir es leichter.**

## Experten

*Ich vertraue den Experten. Warum also sollte ich mir Sorgen machen!* Mary Jane

Manchmal denke ich, daß die Sorgen gerade dann beginnen, wenn ich den sogenannten »Experten« vertraue. Im Normalfall handelt es sich hierbei um Leute, die – definitionsgemäß – mehr über mich und mein Leben wissen als ich selbst. Das ist in der Tat eine gefährliche Situation.

Wir sind schon so darauf trainiert, die persönlichen Angelegenheiten irgendwelchen Experten zu überlassen, daß wir die Fähigkeit verloren haben, unsere Bedürfnisse bewußt wahrzunehmen und nach lieben Menschen Ausschau zu halten, die helfen könnten, sie zu befriedigen. Wir machen uns selbst zu Opfern, wenn wir uns Personen ausliefern, die sich als Experten bezeichnen.

Einmal hörte ich eine Definition des Begriffs »expert«, die mich amüsierte: »X« steht für eine unbekannte Größe, und »spurt« ist ein Strahl, ein Tropf(en), der unter Druck steht. Wollen wir uns also wirklich einer unbekannten Größe anvertrauen, einem Tropf(en), der unter Druck steht? Das sollten wir uns doch noch einmal überlegen.

**Die Art und Weise, wie ich »Experte« definiere, entscheidet vielleicht über Leben und Tod.**

## 20. Juli

### Widrigkeiten

*Ein Poet in Not findet weder Verse noch Brot.*

Sprichwort

Manchmal verfallen wir in die Gewohnheit, zu hohe Ansprüche an uns selbst zu stellen. Das Leben ist so angelegt, daß wir immer wieder schwierige Zeiten durchleben. Diese ereignen sich nicht zufällig; sie gehören genauso dazu wie glückliche, friedliche, stille oder produktive Zeiten. Das Leben entfaltet sich in Zyklen, Höhen und Tiefen wechseln einander ab.

Leider verschlimmern wir schwierige Zeiten oft dadurch, daß wir so tun, als existierten sie eigentlich gar nicht. Sobald wir derlei Widrigkeiten ignorieren, neigen wir dazu, uns selbst unter großen Druck zu setzen. Wir müssen nämlich nicht nur die Fassade wahren und den »Normalbetrieb« aufrechterhalten, sondern daneben auch noch mit den Erfordernissen der jeweiligen Notlage fertig werden.

**Wenn wir von uns verlangen, in einer verzwickten Situation genauso weiterzumachen wie bisher, so ist das eine grausame, unverdiente Strafe.**

## Entspannung

*Es gibt zwei Tage in der Woche, über die ich mir nie Sorgen mache. Zwei unbeschwerte Tage, mit fast religiösem Eifer bewahren vor Unruhe und Angst. Einer der beiden ist der gestrige Tag – und der andere der morgige.*

Robert James Burdette

Wenn heute das Morgen ist, woran ich gestern dachte, und wenn gestern und morgen jene beiden Tage der Woche sind, über die ich mir keine Sorgen zu machen brauche, dann kann ich mich entspannen. Dieses innere Loslassen beginnt, sobald ich einsehe, daß ich nicht die ganze Welt unter Kontrolle habe. Es macht sich bemerkbar, nachdem das ständige Gerede im Kopf aufgehört hat, die dort herrschende Instanz sozusagen in Urlaub geschickt wurde und der Geist die Freiheit des Hier und Jetzt erfährt.

Oft gestehen wir uns erst dann ein, wie verspannt wir eigentlich sind, wenn wir uns entspannen. Bisweilen haben wir dann zunächst einmal Kopfschmerzen, denn die Belastung währte derart lange, daß die Entlastung tatsächlich Schmerz verursacht. Ertragen wir ihn, so erholen wir uns allmählich.

**Ein verspannter Körper und ein angestrengter Geist regenerieren sich täglich neu – in kleinen Schritten.**

## 22. Juli

### Erwartungen

*Nichts ist so erbärmlich oder töricht, als Unheil zu erwarten. Welch ein Wahnsinn, mit dem Schlimmsten zu rechnen, bevor es eintritt.* Seneca

Seneca erinnert uns daran, daß es ein Wahnsinn ist, Schicksalsschläge zu antizipieren. Allerdings geht er nicht so weit zu sagen, daß Erwartungen an sich schon ein Gran Wahnsinn enthalten. Wenn das alte Sprichwort stimmt: »Erwartungen sind vorsätzlich geplante Ärgernisse«, dann bringen uns eben diese Erwartungen in eine äußerst ungünstige Position.

Oft sind wir dann derart verkrampft, daß wir gar nicht mehr merken, was um uns herum vorgeht. Wir fixieren uns auf Wunschvorstellungen und Illusionen und haben dadurch weder die Zeit noch die Kraft, auf das tatsächliche Geschehen zu reagieren.

Das Leben ist kein Konglomerat starr festgelegter, zusammenhangloser Ereignisse, sondern ein Entwicklungsprozeß, an welchem wir teilhaben können. Was wir erwarten, ist vielleicht nicht annähernd so wunderbar oder heilsam wie das, was uns dann wirklich zuteil wird.

**Wenn ich zu wissen glaube, was passieren wird oder passieren sollte, werde ich immer wieder enttäuscht sein.**

## Unser Körper

*Die Sorge kann uns nicht nur anfällig machen für Krankheiten, sondern auch alle Kräfte aufzehren und das Leben schließlich in eine unerträgliche Qual verwandeln.*
Reverend Lee Truman

Welch ein Wunderwerk unser Körper doch ist! Wenn wir uns einmal überlegen, was wir ihm jeden Tag alles antun, dann erscheint es um so erstaunlicher, daß wir überhaupt einigermaßen gesund sind. Wir belasten uns ständig mit Sorgen und Streß, ohne je daran zu denken, was wir dem Körper zumuten (natürlich können wir uns auch noch darum sorgen). Wir atmen verschmutzte Luft und krebserregende Substanzen ein. Wir füllen ihn mit Nahrungsmitteln, Medikamenten, Tabakrauch, Alkohol und Drogen – machen uns aber die Folgen unseres Handelns nicht bewußt. Trotzdem »funktioniert« er weiterhin.

Wie lange ist es her, daß wir innehielten, uns Rechenschaft ablegten und die wahren Bedürfnisse unseres Körpers registrierten? Wie oft gelangen wir zu der Einsicht, daß in unserem Innern die großartigsten Heilungsprozesse stattfinden, die man sich überhaupt vorstellen kann? Wann gönnen wir dem Körper einen Augenblick der Ruhe, um ihm einfach zu danken?

**Sobald uns die Wunder des eigenen Körpers deutlich werden, erkennen wir vielleicht auch das Wunder unseres Lebens.**

## 24. Juli

### Kontrolle

*Echte Neurotiker sind meiner Meinung nach Menschen, die lieber an illusionären Kontrollmechanismen festhalten, als das Risiko einzugehen, ihre Träume zu verwirklichen.* Anne Wilson Schaef

Unser Bedürfnis, Kontrolle auszuüben, ist so tief verwurzelt, so subtil, daß wir es manchmal überhaupt nicht wahrnehmen. Die meisten von uns sehen sich keinesfalls als »Kontrolleure«, und selbst wenn wir unsere diesbezüglichen Neigungen erahnen, sagen wir schnell: »Nun, so schlimm ist's auch wieder nicht.«

Einmal sah ich eine alte Henne mit vielen Küken. Sie war eine gute Mutter und gluckte und pickte unablässig, um Nahrung zu finden für ihre Kleinen. Sie gestattete ihnen nicht, sich weiter zu entfernen, und behielt sie ständig im Auge. Irgendwann scharrte sie wieder in der Erde, ohne wirklich fündig zu werden. Trotzdem zwang sie die Küken, in ihrer Nähe zu bleiben. Eines von ihnen streifte nur ein wenig umher, fand ein verstecktes Korn und pickte danach. Als die Henne merkte, daß das Kleine sich selbständig gemacht hatte, war sie ganz aufgeregt und rief es zurück. Ihr entging völlig, daß das Küken die Nahrung gefunden hatte, nach der sie suchte.

**Wir glauben, keinerlei unangenehme Überraschung zu erleben, wenn wir die Zügel in der Hand halten. Aber die eigenen Träume zu verwirklichen kann sehr wohl mit Überraschungen verbunden sein.**

## Angst/Vertrauen

*Je mehr ich in der Welt herumkam, desto mehr wurde mir klar, daß die Angst Fremde macht aus Menschen, die eigentlich Freunde sein sollten.* Shirley Maclaine

Inwieweit ist unser Leben von Angst beherrscht? Wenn wir reisen, trauen wir uns aus Angst oft nicht, auf andere Leute zuzugehen, und so schließen wir von vornherein Beziehungen aus, die sich vielleicht zu Freundschaften entwickelt hätten.

Das Thema »Vertrauen« verdient einige Aufmerksamkeit, gerade weil wir ihm zwiespältig gegenüberstehen. Einerseits haben wir das Gefühl, daß wir vertrauensvoll und offen sein sollten, und dementsprechend verhalten wir uns dann auch, selbst wenn der andere nicht vertrauenswürdig ist. Infolge unserer Überheblichkeit fordern wir sogar von ihm Zuverlässigkeit und weigern uns, seinen wahren Charakter zu erkennen. Wer er wirklich ist, spielt keine Rolle – Hauptsache, wir können uns ein Bild von ihm machen und uns selbst als vertrauenswürdig hinstellen.

Oder wir verfallen ins andere Extrem und trauen überhaupt niemandem. Erneut soll unsere Definition von Menschen die einzig gültige sein. Auch hier nähern wir uns dem Thema »Vertrauen« von der egoistischen Seite.

Es gibt aber noch eine dritte Möglichkeit. Wir haben die Pflicht, auf unsere innere Stimme zu hören, klarsichtig zu sein und herauszufinden, wem nur bedingt und wem vollkommen vertraut werden kann. Diese Fähigkeit besitzen wir. Wir müssen sie bloß noch einsetzen.

**Vertrauen ist keine Frage von Entweder-Oder. Wer es verdient, kann ich feststellen, sobald mein Blick nicht mehr getrübt ist.**

# 26. Juli

## Sorge/Spiritualität

*Begriffe und Redewendungen zum Thema »Sorge«:*
*Sorgenvoller Mensch*
*Was wäre, wenn …*
*Sorge dich bis zum Überdruß*
*Sorge dich, bis du tot umfällst*
*Mach dir um mich keine Sorgen*
*Hacke mit deinen Sorgen so lange auf einer Sache herum, bis der Schaden nicht wiedergutzumachen ist*
*Sorgenlitanei*
*Sorgenstein*

Captain Queeg in »*Die Caine war ihr Schicksal*«

Solche Ausdrücke vermitteln uns nicht gerade ein gutes Gefühl in bezug auf uns selbst, oder? Warum also verhalten wir uns oft – zumal in stressigen Phasen – so, daß wir uns am Ende noch schlechter fühlen? Die Sorgen und die dadurch hervorgerufenen negativen Gedanken, die um die eigene Person kreisen, erzeugen im Innern eine spiralförmige, immer schnellere Abwärtsbewegung.

Vielleicht haben wir in der direkten Auseinandersetzung mit unseren Sorgen wenigstens gelernt, daß wir sie weder kontrollieren noch durch Willenskraft einfach loswerden können.

Nur eines hilft wirklich, nämlich das Eingeständnis, daß wir gegen Sorgen machtlos sind und daß es eine Höhere Macht gibt, der wir sie anvertrauen sollten.

**Wie oft wir doch vergessen, uns in alltäglichen Angelegenheiten auf die eigene Spiritualität zu besinnen.**

## Lebensstadien

*Vergessen Sie nicht: Als Teenager haben Sie zum letzten Mal in Ihrem Leben das Gefühl, ganz glücklich zu sein, wenn das Telefon klingelt und das Gespräch für Sie ist.*
Fran Lebowitz

Wie tröstlich zu wissen, daß das Leben ein Prozeß ist, der in Phasen verläuft. Was uns im einen Abschnitt erfreut – etwa im Schlamm zu spielen –, wäre im anderen Abschnitt äußerst unerfreulich (vor allem, wenn man einen guten Anzug anhat).

Die unterschiedlichen Lebensphasen geben uns die Möglichkeit, bestimmte Dinge auszuprobieren. Nehmen wir nur einmal das Telefon. Fast alle Teenager betrachten es als absolut notwendiges Requisit, ja als Teil ihrer selbst. Der Gedanke, ohne diesen Apparat auskommen zu müssen, ist für sie das Schlimmste überhaupt. Doch mit zunehmendem Alter bereitet uns das Telefon eher Verdruß.

Das Leben selbst ist der beste Lehrmeister, durch welchen wir unsere falschen Vorstellungen in bezug auf Extreme hinterfragen können. Wir sind zum Beispiel außerstande, uns in einen statischen Zustand zu zwingen, sosehr wir dergleichen auch versuchen mögen. Wie traurig es doch ist, wenn wir uns hartnäckig weigern, die einzelnen Stadien bewußt zu durchlaufen, und an jenen Menschen festhalten wollen, die für uns gar nicht mehr wichtig sind.

**Die Stadien des Lebens stellen unser Bedürfnis nach absoluten Kategorien in Frage.**

# 28. Juli

## Wahrheitsebenen

*Sobald es nichts gibt, worüber ich mir Sorgen machen kann, mache ich mir eben darum Sorgen.*

Walter Kelly

Der Tüchtige läßt sich nicht unterkriegen, stimmt's? Ich meine: Ehre, wem Ehre gebührt. Einige Leute sind wirklich sehr erfinderisch, wenn es darum geht, sich immer wieder neue Sorgen auszudenken ...

Eine der wichtigsten Aufgaben im Leben ist, genau herauszufinden, was man gut kann, und diese Fähigkeit auch zu schätzen. Offensichtlich versteht sich Walter Kelly aufs »Sorgenmachen«. Nach reiflicher Überlegung gelangte er zu der Einsicht, daß die Sorge auf vielen Ebenen gedeihen kann und daß, falls eine davon ausfällt, immer die Möglichkeit besteht, sofort auf die andere »umzusteigen« und mit der Arbeit fortzufahren.

Das Leben kann man doch etwa so beschreiben: Es spielt sich auf mehreren Wahrheitsebenen gleichzeitig ab. Wenn wir versuchen, auf der einen zu operieren, und die uns nahestehenden Menschen auf einer anderen operieren, herrscht so lange Verwirrung vor, bis wir alle die jeweiligen Wahrheitsebenen sehen und auch achten. Konflikte entstehen immer dann, wenn jemand, der sich der verschiedenen Wahrheitsebenen eines Problems kaum bewußt ist, von den anderen verlangt, seine Wahrheitsebene als die einzig gültige zu betrachten.

**Das Leben findet auf vielerlei Ebenen statt. Wenn jemand nicht auf der meinen ist, so heißt das noch lange nicht, daß einer von uns beiden unrecht hat.**

## Glaube und Zweifel

*Glaube und Zweifel sind gleichermaßen notwendig – nicht als Gegensätze, sondern als gegenseitige Ergänzung –, damit wir hinter die unbekannte Kurve gelangen.*
Lillian Smith

Erik Erikson, der bekannte deutsche Psychologe, der in die USA emigrierte, entwarf die Theorie der psychosozialen Wachstumsphasen. Für jede Phase benannte er zwei scheinbar gegensätzliche Eigenschaften, die sich, wenn miteinander in Einklang gebracht, zu einer sogenannten »Tugend« verbinden. Die beiden grundlegenden Eigenschaften der ersten Lebensphase zum Beispiel waren für ihn »Urvertrauen« und »Urmißtrauen«. In ihrem Zusammenwirken und Sichausgleichen bildet sich die Tugend der Hoffnung aus.

Aufgrund unserer dualistischen Denkweise neigen wir dazu, den einen Pol als gut, den anderen als schlecht zu bezeichnen. Um zu wachsen und zu gedeihen, müssen wir aber sowohl ein grundsätzliches Vertrauen gegenüber allem Vertrauenswürdigen als auch ein grundsätzliches Mißtrauen gegenüber allem nicht Vertrauenswürdigen entwickeln. Sonst bleibt uns verborgen, was Hoffnung eigentlich ist.

Bei Glaube und Zweifel verhält es sich ebenso. Der Glaube ist ein wesentlicher Bestandteil unseres Wesens, der anzeigt, welche Stelle wir in Raum und Zeit einnehmen. Und der Zweifel ist das einzige Gegenmittel gegen die Leichtgläubigkeit. Zusammen helfen sie uns, das Unbekannte zu bestehen.

**Das ganze Leben ist schließlich nichts anderes als eine »unbekannte Kurve«.**

## 30. Juli

### Beziehungen

*Wer immer mit dir tratscht, wird auch über dich tratschen.* Spanisches Sprichwort

Warum sind wir so überheblich zu glauben, daß die vertrauten Menschen uns besser behandeln werden, als sie in unserem Beisein andere behandelt haben?

Gerne reden wir uns ein, dieser Mensch sei »ganz anders« als die anderen. Wir sagen: »Ich habe zwar miterlebt, wie mein Partner seine frühere Partnerin malträtiert hat, aber mir würde er so etwas nie antun, eben weil er mich liebt.« Irrtum!

Der zwanghafte Wunsch zu glauben, daß es »diesmal völlig anders« sei, bezeugt nur unsere unverbesserliche Leichtgläubigkeit. Wir wollen glauben, daß unsere Beziehung eine Sonderstellung einnehme und daß wir die Menschen durch unsere Liebe »heilen« können. Achtung! Vor solch einer Naivität müssen wir uns in acht nehmen!

Wenn die andere Person nicht wirklich an sich gearbeitet, ihr Leben nicht grundlegend geändert und nicht einige Methoden entwickelt hat, um mit Streßsituationen fertig zu werden, dann wird sie die gleichen alten Verhaltensmuster ständig wiederholen. Das können wir nicht verhindern. Aber wir brauchen nicht jedesmal so überrascht zu sein, wenn dergleichen passiert.

**Ein Tiger kann seine Streifen nicht ändern – es sei denn, er legt sich ein neues Fell zu!**

## Chaos

*Ich habe keine Zeit für Leute, die tun, was ihnen paßt, und dann abkratzen – die also uns Hinterbliebenen all das zurücklassen, was sie eigentlich hätten tun sollen.*
Aus der australischen Fernsehshow *Keep It in the Family*

Einige von uns rasen mit starrem Blick durchs Leben und hinterlassen eine Spur der Verwüstung. Sie merken kaum, welch heilloses Durcheinander sie angerichtet haben.

Vielleicht besteht das Erwachsenwerden vor allem darin, das zu tun, wozu man Lust hat, während man zugleich die Verantwortung trägt für all die kleinen und großen Katastrophen, die sich daraus ergeben. Beide Verhaltensweisen sind möglich.

Es gab Zeiten, als ich den ganzen seelischen Müll der anderen einfach nehmen und vor deren Haustür kippen wollte. Doch muß ich mich auch verantwortlich dafür fühlen, daß sie ihn überhaupt auf mich häuften. Wenn ich mir nur angewöhnt hätte, diesen Kram jeden Tag zu beseitigen, dann wäre da jetzt nicht ein großer Müllhaufen. Und wenn ich angefangen hätte, meinen eigenen Kram täglich zu beseitigen, wäre da nicht auch noch mein Müllhaufen.

**Ehrlich gesagt habe ich mich nie verpflichtet, bei der Müllabfuhr zu arbeiten.**

## 1. August

### Sich mit den Gegebenheiten abfinden

*Wir wurden geboren, um mit dem Gegebenen auszukommen, nicht mit dem Genommenen.* Bert White

Haben Sie, nachdem unerwarteter Besuch kam, schon einmal Kühlschrank und Speisekammer durchstöbert, um dann festzustellen, daß beide ziemlich leer aussahen ..., und doch noch ein Feinschmeckermahl zubereitet? Oder ist Ihnen je am Wochenende ein Haushaltsgerät kaputtgegangen, ohne daß jemand für die Reparatur zur Verfügung stand, weshalb Sie sich mittels Ersatzteilen selbst behelfen mußten – und das Problem in den Griff bekamen? Dieses Erfolgserlebnis hat Ihnen doch gutgetan, nicht wahr?

Das Leben ähnelt manchmal einem fast leeren Kühlschrank. Das Problem ist nur: Wir haben uns so sehr daran gewöhnt, immer nur zu nehmen und noch mehr zu erwarten, daß wir dabei die Ressourcen, die uns zur Verfügung stehen, einfach ignorieren.

Wir verstehen uns vielleicht darauf, unsere Gesundheit zu erhalten und zu fördern, oder bringen es fertig, Essensreste so zu verwerten, daß daraus eine ungewöhnliche Kombination entsteht. Möglicherweise entfalten wir gerade dann besondere Kräfte, wenn alle anderen erschöpft am Boden liegen, oder wir besitzen die Fähigkeit, einer größeren Gruppe von Leuten beim Brainstorming zuzuhören und die Fäden zu bündeln, so daß ein Organisationsplan daraus wird.

Worin unsere Gaben auch bestehen mögen – sobald wir sie erkennen und schätzen, erscheint uns das Leben leichter.

**Ich kann das, was ich fürs Leben brauche, eigentlich nie nehmen. Es wird mir gegeben.**

## Nichts zu tun haben

*Manchmal mache ich mir einfach Sorgen, wenn es sonst nichts zu tun gibt.* Betty

Nun, Betty ist ein Mensch, der an Sprichwörter glaubt: »Ein untätiger Geist ist ein Werkzeug des Teufels.« Sie kann nicht anders, als ständig auf Trab zu sein.

Ist uns noch gegenwärtig, wie wir als Kinder herausfanden, daß es in der Schule kaum Probleme gab, wenn wir so taten, als seien wir beschäftigt (egal womit)? Seltsam, wie diese Lektionen der Kindheit fortwirken im Erwachsenenalter.

Wir müssen zugeben, daß wir vor dem Nichtstun tatsächlich ein wenig Angst haben. Ohne direkte Aufgabe fühlen wir uns so unbedeutend... Wenn wir untätig herumsitzen, könnten ja jene Empfindungen und Erinnerungen zum Vorschein kommen, die wir jahrelang so mühsam zu unterdrücken versuchten... Angesichts unserer Inaktivität denken die anderen vielleicht, wir seien faul. Gott sei Dank haben wir ja noch die Sorgen, um jede Lücke auszufüllen!

**Nichts zu tun zu haben kann ein Geschenk sein und muß nicht als anstößig gelten.**

## 3. August

### Das Unvermeidliche

*Ich hasse die Hausarbeit! Man macht die Betten, man wäscht das Geschirr ab, tut alles mögliche – und spätestens sechs Monate später beginnt das Ganze wieder von vorn.* Joan Rivers

Wenn Tod und Steuern als unvermeidlich gelten, warum dann nicht auch die Hausarbeit? Ich liebe den Ausspruch von Quentin Crisp: »Es bestand keinerlei Notwendigkeit zur Hausarbeit: Nach den ersten vier Jahren wird der Schmutz nicht mehr schlimmer.«

Es ist an der Zeit, sich einmal hinzusetzen und das Unvermeidliche in seinen verschiedenen Ausprägungen näher zu betrachten. Das Leben setzt sich wohl hauptsächlich aus Grundtatsachen zusammen, an denen wir nichts ändern können. Aber nicht sie sind das Problem, sondern die Art und Weise, wie wir damit umgehen. Es könnte unsere innere Weigerung sein, das Unvermeidliche hinzunehmen, die für Kopfschmerzen, Beulen und einen steifen Hals sorgt.

Können wir zum Beispiel darüber bestimmen, was unsere Kinder mit ihrem Leben anfangen? ... Wahrscheinlich nicht. Können wir anderen Leuten vorschreiben, wie sie über uns denken? ... Wahrscheinlich nicht. Können wir Katastrophen verhindern? ... Wahrscheinlich nicht. Können wir uns damit abfinden, daß wir keine Kontrollfunktion innehaben? ... Wahrscheinlich.

**Möglicherweise besteht der Sinn des Lebens darin zu lernen, mit dem Unvermeidlichen kreativ umzugehen.**

## Wahlmöglichkeiten

*Es gibt Fragen, die Öl ins Sorgenfeuer gießen, sobald man sie stellt.*
Chuck

Wissen Sie noch, wie Sie einmal außer sich waren vor Sorge um den geliebten Menschen? Und vielleicht auch überrascht darüber, daß Sie selbst in höchster Verzweiflung die Wahl hatten, anders zu reagieren?

Wir können unseren Kummer noch vergrößern, indem wir uns fragen: »Was ist, wenn dieses und jenes passiert?« Folglich sind wir besorgter und ängstlicher denn je. Dafür aber werden wir mit enormen Adrenalinstößen und vielen guten Krisenenergien »belohnt«, von denen wir uns dann nähren.

Wir können uns aber auch Fragen stellen wie: »Was würde ich in diesem Augenblick tun, wenn ich nicht so sehr aufs Unglück fixiert wäre?« Vielleicht lassen wir es dadurch los und beschäftigen uns anderweitig. Oder wir fragen: »Welche Gefühle verdränge ich eigentlich, wenn ich mich derart verrückt mache?« – und setzen uns mit eben diesen Gefühlen auseinander.

**Ich darf nicht vergessen, daß es an mir liegt, die entsprechenden Fragen zu stellen. »Was ist, wenn ...« ist nicht unbedingt die beste Wahl.**

## 5. August

### Die Sonnenseite des Lebens

> *E tutaki ana nga kapua o te rangi, kei runga te Mangoroa e kopae pu ana.*
> *Die Wolken am Himmel ziehen sich zusammen, doch über ihnen breitet sich die Milchstraße aus.*
>
> Sprichwort der Maori

Wahrscheinlich kann keiner von uns ernsthaft behaupten, nie einen sonnigen Tag oder einen schönen Augenblick erlebt zu haben.

Mein ganzes Leben lang wurde mir vorgeworfen, ich sei ein Optimist. Seltsamerweise haftet dieser Bezeichnung häufig etwas Negatives an. Einerseits betrachten wir den Optimismus als das Gegenteil von Negativität, andererseits aber halten wir ihn für unrealistisch und naiv. Diese letztere Ansicht geht am Kern der Sache völlig vorbei.

Optimismus ist eine Art Gedächtnisübung: Wir erinnern uns daran, daß über den Wolken die Sterne der Milchstraße glänzen; daß sich die Katastrophe vom letzten Jahr als eine unserer wichtigsten Lernerfahrungen erwies; daß uns, als wir nicht das bekamen, was wir haben wollten, sogar noch etwas Besseres zuteil wurde.

**Denken Sie daran: Ähnlich wie die Wolken sich in der Sonne auflösen, kann die Negativität dem Optimismus kaum widerstehen.**

## Kummerkästen

*Ich mache mir keine Sorgen mehr. Die Leute rufen mich an, weil sie besorgt sind, und ich höre ihnen jeden Tag drei Stunden zu. Dadurch vergesse ich meine eigenen Sorgen. Außerdem: Es ist immer genau das eingetreten, worum ich mir Sorgen gemacht habe. Ich hatte Angst, entlassen zu werden, und das ist mir dann auch achtzehnmal passiert.* Sally Jessy Raphael

Es gibt einerseits Leute, die glauben, daß sie durch ihre Sorge das Unheil abwenden können, und andererseits jene nicht weniger bedrückten Menschen, die meinen, daß ihre Sorge »eine gewisse Energie« ausstrahle, durch die das gewünschte Ereignis dann auch eintrete. Ach du lieber Himmel! Was man mit seiner freien Zeit so alles anfangen kann!

Es heißt, eine der besten Arten der Geburtenkontrolle sei es, seine Kinder eine Weile den Freunden zu überlassen. Sally Jessy Raphael scheint sich von der Sorge »kuriert« zu haben, indem sie sich drei Stunden täglich mit sorgenvollen Personen umgab. Vielleicht hat diese Methode bei ihr funktioniert, aber das ist ungefähr so, als müßte man, um die Angst vor Schlangen zu überwinden, mehrmals von ihnen gebissen werden. Es muß ein einfacheres, sanfteres Mittel geben!

Möglicherweise besteht das Problem ja darin, daß wir allzusehr auf die Sorge fixiert sind. Und wer weiß, vielleicht können wir unsere Zeit mit sinnvolleren Tätigkeiten verbringen.

**Was halten Sie von einem Kummerkasten? Schreiben Sie Ihre Sorgen auf, legen Sie den Zettel dort hinein, und lassen Sie innerlich los. (Es ist bestimmt lustig, den Kasten dann ein Jahr später auszuräumen.)**

## 7. August

### Eintauchen

*Das Leben ist ein Entwicklungsprozeß, und je weiter wir kommen, desto besser begreifen wir die Wahrheit. Die nächsten Dinge zu verstehen ist die optimale Vorbereitung, um die fernen Dinge zu verstehen.* Hypatia

Stellen Sie sich das vor! Hypatia gelangte zu solch tiefen Einsichten schon vor zweitausend Jahren. Wann aber haben wir vergessen, daß das Leben ein Entwicklungsprozeß ist und daß wir seine Wahrheiten nur erkennen, wenn wir es bewußt leben? Die Reflexion ersetzt nicht die unmittelbare Erfahrung. Manchmal denken wir so viel nach, daß wir von der Außenwelt gar nichts mehr mitbekommen. Sobald wir uns dann auf etwas Neues, Ungewohntes einlassen sollen, sind wir darauf gar nicht vorbereitet, weil wir das Nächste, Einfachste nicht wirklich erlebt haben.

Die wichtigsten Lektionen lernt man nicht durch Abstraktion. Diese ist keine Vorbereitung auf das Leben, sondern eher eine Ablenkung.

Ins Leben einzutauchen ist vielleicht nichts anderes als ein Sprung ins eisige Wasser. Wenn wir springen, *erfahren* wir wenigstens, daß es kalt ist.

**Ins kalte Wasser zu springen ist die einzig sichere Methode, um herauszufinden, daß wir *so etwas* nie wieder tun werden.**

## Aufregung

*Welche Beziehung besteht zwischen Sorge und Adrenalin?*
Anonym

Kann es sein, daß wir die Sorge nur als Vorwand benutzen, um das so wichtige, heißgeliebte Adrenalin zu bekommen, von dem wir abhängig sind? Adrenalin ist unsere angenehmste und verfügbarste »Droge«. Ihr ist es zu verdanken, daß wir weder besondere Substanzen noch irgendwelches Zubehör wie Flaschen oder Nadeln mit uns herumzutragen brauchen. Wir können uns einfach mal schnell einen Adrenalinstoß geben und dann das daraus resultierende Hochgefühl auskosten.

Die Sorge ist dafür einer unserer bevorzugten »Auslöser«. Tatsächlich empfinden sorgenvolle Menschen, die adrenalinsüchtig sind, das »normale«, ganz alltägliche Leben oft als langweilig.

Ich erinnere mich an eine Freundin, die vom Alkohol wegkommen wollte. Nach mehreren Jahren Heilungsprozeß sagte sie zu mir: »Weißt du, ich fühle mich ziemlich ruhig und friedlich. Es passiert nicht viel. Das Leben nimmt seinen Lauf. Meinst du, daß es das ist, was die ›normalen‹ Leute ›glücklich und zufrieden‹ nennen?« ... Vielleicht.

**Wenn wir eine Krise heraufbeschwören müssen, um froh und lebendig zu sein, sollten wir lieber einen Rückzieher machen und uns selbst unter die Lupe nehmen.**

## 9. August

### Kummer

*Traurig kann man sein, wenn es soweit ist.* Sprichwort

Der Kummer ist Teil des Lebens. Er ist weder »unnormal« noch »Bestrafung durch die Götter«. Ihn zu bewältigen, gehört zu unseren grundlegenden Lernerfahrungen. Aber wir werden nicht besser mit ihm fertig, wenn wir schon im voraus trübselig sind. Und meistens wissen wir erst dann, wie wir die Trauerarbeit leisten, wenn sie tatsächlich ansteht.

Unsere Erfahrungen, unsere Bereitschaft, sie in ihrer ganzen Bandbreite zu verinnerlichen, und unsere Verbindung zum Geistigen werden uns hoffentlich mit all dem versorgen, was wir für die Leidensphase brauchen.

Manchmal versuchen wir sie schnell hinter uns zu bringen, weil wir meinen, später vielleicht besser auf sie vorbereitet zu sein. Oder wir üben uns darin, den Tod eines Elternteils zu betrauern, bevor er überhaupt eingetreten ist. Dennoch können wir nie voraussehen, wie wir mit einem bestimmten Ereignis umgehen werden. So ist das Leben.

**Die Trauer ist dazu da, daß man sie empfindet – und eben nicht verdrängt.**

## Selbstmisshandlung/Vernachlässigung

*Sorgenvolle Menschen wissen nicht, daß sie jeden Tag sich selbst mißhandeln und vernachlässigen.*
Sue Whitaker

Halten wir je einmal inne, um darauf zu achten, auf welch subtile Weise wir uns täglich vernachlässigen und mißhandeln? Ist uns zum Beispiel klar, daß dies auch dann der Fall ist, wenn wir trotz dringendem Bedürfnis nicht auf die Toilette gehen? Und wenn unser Körper schnell ermüdet oder kränkelt, so hat auch das bestimmte Gründe. Ihn und seine Bedürfnisse zu ignorieren ist Ausdruck von Gleichgültigkeit und Grausamkeit.

Die Sorge kostet viel Kraft. Sie belastet den Körper genauso wie die Angst; beide Regungen erhöhen den Blutdruck.

Die meisten Menschen haben nicht das Gefühl, daß sie durch Sorgen sich selbst vernachlässigen und mißhandeln. Und doch besteht daran kein Zweifel. Sich der Sorge hinzugeben ist eine einsame Beschäftigung. Wenn wir sie verschweigen, isolieren wir uns immer mehr. Wenn wir ständig über sie reden, vertreiben wir die Menschen … und sind dann ebenfalls allein. Sich die Unterstützung der anderen zu versagen zeugt von Selbsthaß.

**Mißhandlung und Vernachlässigung der eigenen Person sind Neigungen, die ich unterbinden kann; allerdings muß ich mir ihrer zuerst einmal bewußt sein, dann sind Änderungen möglich.**

## 11. August

### UNTERSCHIEDE

*Allein sein heißt, anders zu sein. Anders sein heißt, allein zu sein.* Suzanne Gordon

Genau! Suzanne Gordon hat eine unserer größten Ängste zum Ausdruck gebracht – allein zu sein!

Wir leben in einer Kultur, die sich vor dem Alleinsein fürchtet. Dieses wird als eine Art Versagen angesehen. Es zeigt eindeutig, daß wir nicht akzeptabel sind. Alleinsein ist genauso unerträglich wie beklagenswert... und muß um jeden Preis vermieden werden.

Wenn jeder von uns anders ist: ein einzigartiges Geschöpf, und wenn Anderssein zugleich Alleinsein bedeutet und das Alleinsein ein schlimmeres Verhängnis darstellt als der Tod, dann nimmt es nicht wunder, daß nur ganz wenige Menschen so sind, wie sie wirklich sind.

Wenn die Welt ein großes Puzzle ist und jeder von uns ein Teil davon; wenn wir uns weigern, so zu sein, wie wir sind, und jemand anders sein wollen, dann klafft in dieser Welt ein Loch. Offensichtlich leben wir heute in einer Zeit mit vielen solcher Löcher.

**Wenn ich nicht der Mensch sein will, der ich bin, reiße ich ein Loch in die Welt, anstatt meinen Beitrag zum großen Puzzle zu leisten.**

# Hilflosigkeit

*Besorgt sein bedeutet, informiert zu sein. Informiert sein bedeutet, besorgt zu sein und darüber zu sprechen. Ich verfolgte die »Operation Wüstensturm« rund um die Uhr am Bildschirm und zitierte die Kommentatoren. Damit war ich informiert und zugleich fürsorglich.* Beth

Einen »Vorteil« hat unser heutiges Leben: Wenn wir informiert sind, ergeben sich unzählige Gelegenheiten, besorgt zu sein. Durch den Überfluß an Informationen verspüren wir ein immer stärkeres Bedürfnis nach »Sorgenspezialisten«. Denn niemand, nicht einmal ein an Sorgen gewöhnter Mensch, kann all das verarbeiten, was ständig passiert: zu Hause, in den Städten, in unserem Land, in der Welt überhaupt.

Wir sind zu der Überzeugung gelangt, unsere Fürsorglichkeit resultiere daraus, daß wir informiert und besorgt sind und über alle möglichen Ereignisse reden. Aber dieses fatale Zusammenwirken von Information – Sorge – Reden – Fürsorge – weiterer Information ist bestimmt nicht der Weisheit letzter Schluß. Deshalb müssen wir uns zunächst mit unserer Hilflosigkeit auseinandersetzen. So vieles, was ringsum geschieht, entzieht sich unserem Einfluß. Wenn es uns gelingt, die eigene Ohnmacht zu thematisieren und zu akzeptieren, sind wir auf dem Weg in Richtung geistiger Existenz.

**Die eigene Hilflosigkeit bewußt wahrzunehmen ist wohl der Schlüssel zur Spiritualität, den ich gesucht habe.**

## 13. August

### INNERER AUFSTAND

*PERSONALISIERTES GEBET UM GELASSENHEIT*

*Gib mir, Gott,*
*Die Gelassenheit, diejenigen zu akzeptieren, die ich nicht ändern kann,*
*Den Mut, denjenigen zu ändern, den ich ändern kann,*
*Und die Weisheit, zu erkennen, daß ich derjenige bin.*

Anonym

Man kann nur einen Menschen ändern: sich selbst. Die meisten von uns gelangen zu dieser Einsicht mit einem zustimmenden Nicken. Unser Blick wird glasig, und ein wissendes Lächeln huscht über unser Gesicht. Natürlich weiß jeder, daß es im Grunde unmöglich ist, jemand anders zu ändern.

Dann geschieht etwas Seltsames ... Eine Stimme in unserem Kopf schreit: DAS IST DOCH VÖLLIGER UNSINN! Uns dreht sich der Magen um, das Innere bebt, und mit jeder Faser unseres Wesens proben wir den gewaltsamen Aufstand!

Dieser Kampf ist deshalb so interessant, weil Wissen und Tun einander widersprechen. Unsere Vernunft erkennt sehr wohl, daß wir den anderen nicht umkrempeln können, aber die innere Stimme schreit: »Das wollen wir doch mal sehen!«

**Sobald sich innerlich etwas auflehnt, ist es gut zu warten, bis die Schreie verstummt sind, und erst dann zu handeln.**

## Erwartungen

*Im voraus sieht alles immer rosiger aus, als es tatsächlich ist.*
George Eliot

Die Erwartung gleicht einem herrlichen Spielzeug! Wir können sie offen zeigen und mit ihr spielen – oder sie geheimhalten und zärtlich im Innern bewahren, damit keiner sie sieht.

Geschmacksknospen etwa beherrschen die Kunst der Erwartung geradezu perfekt. Sobald der Geruch von geröstetem Knoblauch aus der Küche weht und unsere Lieblingsspeise ankündigt, läuft uns das Wasser im Mund zusammen. Wie genußvoll ist diese Absonderung von Speichel!

Unser Körper erinnert sich an das genauso wohlige wie tröstliche Gefühl, den geliebten Menschen zu umarmen und zu liebkosen, so daß wir uns in Zeiten der Abwesenheit voll prickelnder Erwartung danach zurücksehnen können.

Die Erwartung selbst ist gar nicht das Problem. Vielmehr stellt sie eines jener Mittel dar, die der Schöpfer uns zuteil werden ließ, damit wir es spielerisch einsetzen.

Schwierig wird es erst dann, wenn wir unsere Phantasievorstellungen dem tatsächlichen Geschehen »überzustülpen« versuchen. Sobald wir dem jeweiligen Moment unsere Erwartungen aufzwingen, verlieren wir ihn aus den Augen. Denn er ist vielleicht ganz anders, als wir es uns ausgemalt haben. Außerdem kann er eine ganze Reihe ungeahnter Überraschungen beinhalten.

**Warum sollten wir uns der Erwartung und des Augenblicks berauben, wenn wir doch beide haben können!**

## 15. August

### Verantwortung übernehmen

*Wir haben nicht die Wahl, sondern die Pflicht, besorgt zu sein.* Nan

Für das eigene Leben die Verantwortung zu übernehmen ist heutzutage eine besondere, ja heikle Angelegenheit. In bezug auf »Verantwortung« haben wir anscheinend ziemlich verworrene Vorstellungen. Denn leider setzen wir »Verantwortung« oft mit »Schuld« gleich, und niemand von uns möchte als Schuldiger zur Verantwortung gezogen werden.

Doch zwischen beiden Begriffen besteht ein wesentlicher Unterschied. Verantwortlichkeit zeichnet sich dadurch aus, daß man zu seinen Entscheidungen steht und bereit ist, deren Konsequenzen zu tragen.

Allerdings sind wir manchmal versucht, eine andere Person oder irgendeine Sache zu finden, die für unsere Entscheidung verantwortlich ist. Wir brauchen jemanden, den wir für die getroffene Wahl – und für unsere Mißgeschicke im allgemeinen – verantwortlich machen können. Dadurch verzichten wir auf die Möglichkeit, unsere ureigene Kraft ins Leben mit einfließen zu lassen. Wir koppeln uns von ihm ab und werden zu hilflosen Opfern.

Das andere Extrem birgt auch seine Tücken: Wenn wir, wie Nan, für *alles* die Verantwortung übernehmen, fühlen wir uns ebenso ohnmächtig.

**Das eigene Leben in die Hand zu nehmen ist schwierig; deshalb sollten wir unbedingt lernen, wie das geht – sonst versäumen wir es nämlich.**

## Anständigkeit

*Da ich nun über sechzig bin, neige ich mehr zur Anständigkeit.*
Shelley Winters

Junge Menschen lassen sich von Eigenschaften wie Anständigkeit oder Achtbarkeit nicht beeindrucken. Zum Glück können sie damit auch nicht viel anfangen, deshalb ergibt sich hier kein größeres Problem.

Bei »Achtbarkeit« denken wir sofort daran, wie andere uns sehen, und an unsere Versuche, ihre diesbezüglichen Reaktionen zu beeinflussen oder gar zu manipulieren... Auch das ist vergebliche Liebesmüh.

Die Achtbarkeit geht über diesen enggesteckten Rahmen hinaus. Im Grunde genommen ist sie eine Aufforderung, sich selbst Achtung entgegenzubringen.

Respektieren wir die von uns getroffenen Entscheidungen? Verhalten wir uns so, wie es unseren ureigensten Wertvorstellungen entspricht? Und wenn wir dies nicht in der gewünschten Weise tun – sind wir dann bereit, einfühlsam und fürsorglich mit uns selbst zu sein?

**Achtbarkeit ist ein Schatz – und in jedem Alter möglich.**

## 17. August

### Illusionäre Vorstellungen von Kontrolle

*Man ist immer nur deshalb besorgt, weil man seine Welt und seine Gefühle begreifen und kontrollieren will. Wie wunderbar, daß ich jetzt andere Alternativen habe.*

Paul

Warum vertun wir so viel Zeit und Energie damit, alles ganz genau verstehen zu wollen? Man lausche nur irgendeinem Gespräch – ob am Flughafen, in einem Restaurant oder zu Hause. Jeder versucht, das Warum und Weshalb zu erfahren. Aber was haben wir davon, wenn wir ständig nach Begründungen suchen und diese dann nach eigenem Ermessen interpretieren? Verstärken sie nicht nur unsere Illusion, Kontrolle ausüben zu können? Aha! Darum geht es also! Schon sind wir wieder bei unserem raffinierten kleinen Wunschtraum.

Alles mögliche herausfinden und bestimmen zu wollen – darauf läuft die Sorge letztlich hinaus. Wie gut, daß sie hier auf ihre »Grundbestandteile« zurückgeführt wird. Vielleicht bekommen wir sie jetzt in den Griff.

**Mir einzureden, daß ich das Kommando führe, ist doch sehr schlau. Aber wie immer ich es drehe und wende: Kontrolle bleibt Kontrolle.**

## Perspektive

*Auch das geht vorbei.* Abraham Lincoln

Welch tröstlicher Satz: »Auch das geht vorbei.«

Wenn wir uns in einer Krise befinden und zutiefst verängstigt sind, setzt unser Denken oft aus: Wir merken nicht mehr, was in uns und außerhalb von uns vorgeht. Alle Kräfte richten sich darauf, die schwierige Situation zu bewältigen. Wir sind außerstande, etwas Abstand zu gewinnen und einen klaren Gedanken zu fassen. Das Problem beschäftigt uns derart, daß es unser ganzes Leben ausfüllt. Wer bräuchte da noch zu essen, zu schlafen, zu entspannen oder körperlich fit zu bleiben?

In solchen Phasen sind wir angewiesen auf Menschen, die uns neue Perspektiven eröffnen. Gerade dann müssen wir uns um den Trost eines anderen bemühen, der es ehrlich meint, wenn er sagt: »Auch das geht vorbei.«

**Sobald ich in einem immer dichter werdenden Netz gefangen bin, kann ich mich oft daraus befreien, indem ich zum Telefonhörer greife und einen lieben Menschen anrufe.**

## 19. August

### Sich von den Eltern loslösen

*Ich habe keine Sorgen, weil meine Mutter sie mir abnimmt.* Adona

Endlich haben wir die richtige Definition von »Mutterschaft« gefunden. Eine gute Mutter nimmt ihren Kindern nicht nur alle Sorgen ab – sie sorgt auch dafür, daß die Sorgenlast insgesamt konstant bleibt.

Viele von uns verbringen viel Zeit damit, die Unzulänglichkeiten der eigenen Eltern genau zu bestimmen und ständig im Auge zu behalten. Nun also können wir eine weitere Schwäche in unsere Liste aufnehmen... Unsere Mutter hat die Fähigkeit, besorgt zu sein, noch nicht soweit perfektioniert, daß wir jeglicher Sorge enthoben wären. Wann wird sie (und unser Vater) auf diesem Gebiet Fortschritte machen?!

Natürlich müssen wir zugeben, daß wir, wenn sich unsere Eltern tatsächlich weiterentwickeln, jener bevorzugten Sorgen verlustig gehen, die gerade aus der Beziehung zu ihnen resultieren.

Menschliche Reife basiert auch auf der Einsicht, die Eltern so sein zu lassen, wie sie sind. Im Grunde lernt man dabei, diese Freiheit jedem Menschen zuzugestehen.

**Sobald meine bevorzugten Ablenkungsmanöver nicht mehr funktionieren, muß ich mich mit mir selbst auseinandersetzen.**

## Sich selbst unter die Lupe nehmen

*Ich kann unmöglich wissen, was die Zukunft bringen wird. Meine größte Hoffnung mag sich genauso bewahrheiten wie meine schlimmste Angst, folglich gibt es keinen Grund, meinen negativen Erwartungen mehr Gewicht beizumessen. Mir bleibt nichts anderes übrig, als aus diesem Tag das Beste zu machen.*

Aus: *The Courage to Change*

Heute ist heute. Dieser Tag ist ein Geschenk des Schöpfers; eher begrenze ich ihn, als daß er mich begrenzt.

Oft denken wir, es sei zu einfach zu sagen, daß wir nicht wissen, was die Zukunft bringen wird. Aber wir wissen es wirklich nicht. Allerdings können wir ihre angenehmen Überraschungen schon im voraus zunichte machen, wenn wir einzig und allein mit unerfreulichen Ereignissen rechnen. Diese negative Einstellung kann dazu führen, daß wir die Möglichkeiten, die sich entlang unseres Weges auftun, überhaupt nicht mehr wahrnehmen. Ja, dann fühlen wir uns derart gelähmt, daß wir uns nicht einmal gestatten, dorthin zu gehen, wo etwas Wunderbares geschehen könnte.

**Wenn ich lieber meinen Tag kaputtmache, als darauf zu vertrauen, daß meine »größte Hoffnung« sich bewahrheitet, bin ich im Negativen gefangen. Um dem zu entkommen, sollte ich mich auf meine Geistigkeit besinnen.**

## 21. August

### Den Verstand gebrauchen

*Ich glaube nicht, daß alle Sorgen schlecht sind. Und Sie? Ich sehe die Sorge als eine Art Vorbereitung oder Planung, die durchaus nützlich sein kann.* Betsy Martin

Erinnern Sie sich noch an diesen letzten Eisbecher mit heißer Schokolade? Sie sagten: »Er ist nicht wirklich ungesund; *einer* schadet nicht.« Welchen Vorwand benutzten Sie gerade neulich, um das Fitneßtraining abzusagen? »Keine Zeit. Ich fang' morgen damit an.«

Und ist Ihnen noch bewußt, mit welch fadenscheinigen Ausreden Sie sich um eine Entschuldigung drückten, obwohl Sie wußten, daß Ihnen ein Fehler unterlaufen war? »Was kann ich dafür? Hat wahrscheinlich sowieso keiner gemerkt.«

Unser Verstand ist ein wunderbares Instrument. Er kann jeden Gedanken in der Weise verdrehen, wie wir es uns wünschen. Häufig jedoch legen wir damit niemand anderen herein als uns selbst.

**Den Verstand zu gebrauchen ist großartig. Leider droht auch hier der Mißbrauch.**

## Schlechte Stimmung

*Borg dir Probleme, wenn es dich danach drängt; aber leihe sie nicht deinen Mitmenschen.* Rudyard Kipling

Haben Sie je daran gedacht, daß die Sorge einer ansteckenden Krankheit gleicht? Niemand ist dagegen immun, und es gibt keinen Impfstoff.

Nur selten machen wir uns klar, wie sehr unsere Stimmung die Menschen ringsum beeinflußt. Selbst wenn sie vernünftige Grenzen setzen und in geistiger Hinsicht soweit gesund sind, daß sie sich von uns nicht vereinnahmen lassen, bieten wir doch bestimmt keinen erfreulichen Anblick, wenn wir ständig Sorgen haben und trübsinnig durchs Leben gehen.

Schlecht gelaunt zu sein ist durchaus in Ordnung. Wir alle sind manchmal »down«; Hochgefühle sind eben nur von kurzer Dauer. Und wir brauchen nicht wie Pollyanna (Hauptfigur in den Romanen von Eleanor H. Porter) jeden Menschen aufzuheitern. Wenn wir aber bedrückt sind, so müssen wir es zugeben und akzeptieren. Dann können wir die Personen in unserer Umgebung darauf hinweisen, daß dies *unsere* Stimmung ist, daß wir uns mit ihr auseinandersetzen und daß sie nichts mit ihnen zu tun hat. Eine solche »Warnung« gibt ihnen die Möglichkeit, sich dezent zurückzuziehen, und uns genügend Spielraum, am eigenen Ich zu arbeiten. Diese Methode ist nicht nur sehr wirksam, sondern auch heilsam.

**Es liegt allein bei mir, meine schlechten Stimmungen auf gesunde Weise zu verarbeiten.**

## 23. August

### GEDULD

*Sobald ich darüber besorgt bin, ob eine Beziehung halten wird oder nicht, tue ich meistens etwas, um sie zu zerstören. Ich ertrage diese Spannung einfach nicht.* Sue

Warum ist die Ungewißheit, ob unsere Träume in Erfüllung gehen oder nicht, ein mit unerträglicher Spannung belastetes Risiko? Wir wollen zwar, daß unsere Beziehungen von Dauer sind, zugleich aber halten wir die quälende Frage nicht aus, ob sie tatsächlich halten. Wir möchten unbedingt wissen, »was Sache ist«, um dann sofort die entsprechenden Maßnahmen zu ergreifen.

Die Sorge und der Streß, die diesen Schwebezustand begleiten, in welchem nichts vereinbart oder festgesetzt ist, scheinen uns zu überfordern, nicht wahr? Wir kommen an den Punkt, wo wir lieber Schluß machen, anstatt darauf zu warten, daß sich die Beziehung in ihrem eigenen Tempo weiterentwickelt.

Bei welcher Gelegenheit wurde uns eingeredet, daß jede Beziehung eine Aufgabe darstelle, die »erledigt« werden müsse? Wann kam uns die Idee, daß wir, sobald die Verbindung endgültig »fixiert« sei, ihr keine weitere Beachtung mehr schenken müßten, um statt dessen vermeintlich größere und lohnendere Aufgaben anzupacken?

**Unser Bedürfnis, alles ganz genau wissen zu müssen, kann den Erkenntnisprozeß selbst zunichte machen.**

## Einfache Freuden

*Wir neigen dazu, den Wald der einfachen Freuden vor lauter »Problembäumen« nicht zu sehen.*

Christiane Collange

Dieser Tag eignet sich vielleicht besonders gut dafür, jene einfachen Freuden aufzulisten, die uns heute zuteil werden. Manchmal wollen wir unser Leben lieber mit anspruchsvollen Vergnügungen ausfüllen: also mit Geld, Besitz oder noch berühmteren Freunden; doch dabei vergessen wir ganz, einmal innezuhalten und die unbeschwerten, alltäglichen Freuden wahrzunehmen und wirklich auch zu genießen.

Zum Beispiel enthält jeder Tag das Versprechen eines neuen Tages. Möglicherweise war der gestrige eine einzige Katastrophe; fest steht, daß es so nicht weitergehen kann. Der morgige aber wird anders sein. Hoffentlich beeinflussen dann die gestern gelernten Lektionen das Heute in positiver Weise.

Unser Körper besitzt die wunderbare Kraft zur Selbstheilung. Wenn wir uns in den Finger schneiden, uns am Bein verletzen oder unter einer Sommergrippe leiden, verfügt der Körper über jenes Heilwissen, das unsere Fähigkeit, »der Sache auf den Grund zu gehen«, bei weitem übertrifft. Und es gibt das Wetter. Egal, was uns der Tag beschert: Wir sind unterschiedlichen Witterungen ausgesetzt.

**Vielleicht glaube ich deshalb so oft, daß auf nichts Verlaß sei, weil ich mich auf die falschen Dinge verlassen habe.**

## 25. August

TELEFON/SPONTANEITÄT

*Kürzlich rief mich mein Sohn am Arbeitsplatz an. Das tut er normalerweise nie, und so fragte ich ihn gleich: »Ist was passiert?« »Nein«, antwortete er, »ich wollte einfach nur mit dir reden.« Dann schossen mir folgende Gedanken durch den Kopf: Was will er? Braucht er etwa Geld? Und so hatte ich an unserem Gespräch gar keine rechte Freude.*

Patti

Telefongespräche! Noch dazu bei der Arbeit! Oder spätabends beziehungsweise früh morgens! Wer hat das Telefon eigentlich erfunden? Wissen unsere Kinder und unsere Freunde etwa nicht, daß sie uns nur dann anrufen sollen, wenn wir es von ihnen erwarten? Jeder Telefonanschluß müßte mit einer Art Detektor ausgestattet sein, der die eingehenden Anrufe überprüft und dann der anderen Person anzeigt, wann sie es erneut versuchen kann, nur damit wir nicht gestört werden, zumal von unseren Kindern. Denken Sie nicht auch so?

Inzwischen fürchten wir uns regelrecht vor Spontaneität. Selbst positive Überraschungen sind uns manchmal fast unerträglich. Zumindest vermitteln wir diesen Eindruck.

**Ist das zu fassen? Manchmal will ein Mensch, den wir besonders mögen, einfach nur mit uns reden.**

## FÜHRUNG

*Ich glaube nicht, daß die Ereignisse meines Lebens vorherbestimmt sind, aber sicherlich werden sie gesteuert. Das hoffe ich sehr, denn es würde mich irrsinnig viel Zeit kosten, alles allein herauskriegen zu müssen.*

Joan Baez

Vielleicht sind wir dann auf dem Weg der Weisheit, wenn wir in unserem Leben die leitende Kraft erkennen. Ich zum Beispiel gehöre zu den Menschen, die es hassen, während eines Fluges Gespräche zu führen. Sobald ich in der Maschine bin, will ich mich für ein paar Stunden gemütlich zurücklehnen und vor mich hindösen. Allerdings kam es schon vor, daß ich dem Redebedürfnis meines Sitznachbarn nachgab und dadurch einen Freund fürs Leben gewann.

Es gibt aber auch Phasen, in denen mir alles zuviel ist und ich mich völlig überfordert fühle. Ich werde gleichsam in die Knie gezwungen und habe den Eindruck, nichts mehr auf die Reihe zu bekommen. Ich kapituliere! Dann rastet ein anderer Mechanismus ein, der fortan über das Geschehen bestimmt. Und wie durch Zauberhand ergeben sich plötzlich ganz neue Möglichkeiten.

**Ich erkenne die leitende Kraft in meinem Leben nur, wenn ich wirklich geleitet werden möchte.**

## Veränderungen

*Mensch, wenn du kein Geld hast, fehlt's dir an Nahrung. Wenn du Geld hast, fehlt's dir an Sex. Wenn du beides hast, ist die Gesundheit das Problem: Du bist beunruhigt, weil du dir etwas brechen oder sonstwie erkranken könntest. Und wenn alles in Butter ist, fürchtest du dich vor dem Tod.* J. P. Donleavy

»Das ist einfach zu schön, um wahr zu sein.« Erinnern Sie sich an diese Redewendung? Was bedeutet sie eigentlich? Warum kriegen wir es mit der Angst zu tun, wenn alles reibungslos läuft? Denn es ist durchaus in Ordnung, keine Probleme zu haben und die Sonnenseite des Lebens zu genießen.

Wir scheinen zu übersehen, daß dieses Leben eine Reihe unterschiedlicher Veränderungen mit einschließt, die jeden Bereich betreffen. Wir stellen nur fest, daß das Schöne und Angenehme, das uns zuteil wird, sich schnell wieder verflüchtigt. Das liegt in der Natur der Sache. Alles ist dem Wechsel unterworfen.

Offenbar haben wir vergessen, daß auch das Schlimme, Unangenehme sich ändert. *Alles* ist dem Wechsel unterworfen.

**Man kann sich weder an das Gute noch an das Schlechte klammern. Beides ändert sich.**

## Menschliche Natur/Göttlichkeit

*Nur aufgrund unserer Angst und unseres mangelnden Glaubens verspüren wir das Bedürfnis, so etwas wie Kontrolle auszuüben. Doch Selbstaufgabe und Loslassen in liebendem Vertrauen bringen in jedem von uns das Menschlichste und damit das Göttlichste zum Vorschein.*

Bert White

Das Menschlichste ist zugleich das Göttlichste. Aber wie schwer fällt es uns, das eigene Menschsein zu akzeptieren! Irgendwann gelangten wir zu der Überzeugung, daß es nicht ausreiche, Mensch zu sein – daß es zu minderwertig, zu uninteressant sei. Wir hatten den Wunsch, übermenschlich, ja göttlich zu sein.

Der Gedanke, daß der Weg zur Göttlichkeit mitten durch unsere menschliche Natur führt, erscheint uns zunächst seltsam. Aber schließlich kamen wir als Menschen auf die Welt. Die Aufgabe besteht demnach darin, unsere charakteristischen Eigenschaften und Gaben soweit wie möglich zu entfalten.

Was heißt das? Es heißt, daß wir uns als menschliche Wesen achten. Wir haben Gefühle. Das ist nicht verkehrt, sondern, im Gegenteil, ganz natürlich. Durch Gefühle können wir zu unserer Göttlichkeit vordringen. Wir machen Fehler. Auch das ist völlig normal. Fehler helfen uns manchmal, die eigene Göttlichkeit zu erfahren. Oder wir sind konfus und wissen nicht, wie es weitergehen soll. Aufgrund dieser Verwirrung halten wir vielleicht inne und warten ab – und genau das mag sich als dringend notwendig erweisen.

**Mein Menschsein widerspricht nicht meiner Natur, sondern ist identisch mit ihr.**

## 29. August

### Lügen

*Wenn du mich anlügen würdest, könnte ich dir das nie verzeihen. Wenn ich dich anlügen würde und du mir auf die Schliche kämst, könnte ich dir auch das nie verzeihen.*
Anonym

Wir haben uns so sehr ans Lügen gewöhnt, daß wir manchmal gar nicht merken, wie verletzend es ist. Lügen gehört zu den schlimmsten Mißhandlungen, die ein Mensch dem anderen antun kann. Auch die Ehrlichkeit tut manchmal weh, aber im Gegensatz zur Lüge ist sie kein gewaltsamer Akt. Wie viele Freundschaften sind aufgrund von Lügen schon zerbrochen?!

Um uns mit der eigenen Unaufrichtigkeit nicht auseinandersetzen zu müssen, geben wir dem anderen mehr oder weniger offen zu verstehen (und das ist eine Drohung): »Wenn du mich je bei der Lüge ertappen würdest, könnte ich dir das nie verzeihen.« Wir versuchen, unser Leben so einzurichten, daß wir mit unserem eigenen Verhalten keinesfalls konfrontiert werden. Wie schade!

Wenn ein Freund von uns verlangt, über all sein Tun hinwegzusehen, hört er auf, unser Freund zu sein. Eine Freundschaft kann durch Lügen Risse bekommen, und sie wird immer zerstört, wenn der andere einen dazu zwingt, diese Lügen zu ignorieren.

**Nur wahre Freunde können auf unsere Äußerungen und Verhaltensweisen liebevoll reagieren. Wir alle brauchen solche Menschen.**

## Panik

*Wir erleben Augenblicke, da wir überhaupt keine Sorgen mehr haben. Diese kurzen Verschnaufpausen bezeichnet man auch als »Panik«.* Cullen Hightower

Wir haben uns so lange mit dem Thema »Sorge« beschäftigt, daß wir ihm endlich auch eine wirklich positive Seite abgewonnen haben! Die Sorge vertreibt die panische Angst. Welch eine Erleichterung!

Die Panik haben wir nicht im Griff. Sie kann uns bestimmte Handlungen aufzwingen und jene Gefühle entfesseln, die wir unbedingt unterdrücken wollten. Sie ergreift von Seele und Körper in einer Weise Besitz, die keinerlei Ausweichmanöver zuläßt. Sie drängt uns auf neue Bewußtseinsebenen und bringt vielleicht Probleme zum Vorschein, von denen wir überhaupt nichts wußten. Sie stellt gewisse Anforderungen an uns. Wir können die Panik nicht ignorieren.

**Gott sei Dank haben wir Sorgen!**

## 31. August

### STICHELEIEN

*Fürchte dich nicht vor einem Scherz. Streut jemand Salz gegen dich, so tut es dir nur dann weh, wenn du wunde Stellen hast.* Lateinisches Sprichwort

Sticheleien sind für viele von uns ein ernstes Problem. In nicht intakten Familien wird oft gehänselt und getriezt, um den anderen zu beleidigen oder herabzusetzen. In der heutigen Gesellschaft gibt es nur wenige, die solche Neckereien als liebevolles Spiel erfahren haben.

Dennoch kann beides durchaus zusammengehen. Die meisten Menschen ziehen nur diejenigen auf, die sie lieben, und der Scherz ist dann ein zärtlicher Ausdruck ihres vertraulichen Umgangs. Auf diese Weise geben sie dem Gegenüber zu verstehen: »Ich bemerke diese Eigenschaft bei dir, und dafür liebe ich dich.«

Wenn wir vorbehaltlos lieben, sehen wir die andere Person in ihrer Ganzheit und nehmen sie ganz in uns auf. Wir gewähren ihr gerade auch dadurch Zugang in unser Innerstes, daß wir sie ein bißchen verspotten.

Wenn wir liebevoll geneckt werden und trotzdem das Gefühl haben, als sei uns Salz in eine Wunde gestreut worden, dann ist das nicht unbedingt aufs Necken zurückzuführen. Vielleicht bedurfte es nur einer Gelegenheit, die »wunden Stellen« zu spüren und näher zu untersuchen.

**Zärtliche Neckereien zeugen von Liebe.**

## Gift

*Wenn du sie (die Sorge) verpacken könntest, wäre sie wie Gift in der Flasche. Sie gelangt in den Blutkreislauf, und du kannst sie durch Schütteln nicht auflösen.*

Corinne

Heute wollen wir einmal genauer betrachten, welche Gifte wir uns regelmäßig »verabreichen«.

Zunächst einmal gibt es Menschen, deren Gesellschaft sich äußerst negativ auf uns auswirkt. Sie schießen kleine, vergiftete Pfeile in unsere Richtung und machen uns das Leben zur Qual, sobald wir ihnen nur näherkommen. Dagegen sind wir machtlos; immerhin aber liegt es an uns zu entscheiden, wieviel Zeit wir mit ihnen verbringen. Wir können lernen, ihnen einfach aus dem Weg zu gehen.

Die meisten Gifte jedoch, die in unseren Blutkreislauf gelangen, haben weniger mit anderen Leuten als mit uns und unserem selbstzerstörerischen Verhalten zu tun. Nehmen wir als Beispiel den Groll. Wir tragen winzige selbstgefertigte Kapseln aus Groll in uns, die je nach Situation gerade genug Gift absondern, um uns für längere Zeit in Unglück und Verwirrung zu stürzen.

Oder das Gift der Enttäuschung, das nicht an den Zeitfaktor gebunden ist. Es kann jahrelang in unserem Innern schlummern und auf den passenden »Katalysator« warten, um die entsprechende toxische Reaktion hervorzurufen.

**Gegen unsere inneren Gifte gibt es kein anderes Gegengift als die Bereitschaft, loszulassen, zu verzeihen und weiter voranzuschreiten.**

## 2. September

### Ans Ziel gelangen, indem man schon dort ist

*Früher wußte ich, wo mein Ziel liegt, nicht aber, wie ich es erreichen sollte. Heute weiß ich, wie ich mein Ziel erreiche, nicht aber, wo es liegt.* Taylor

Wir glauben oft fälschlich, wir wüßten genau, wohin wir gehen. Es ist so verlockend, ein bestimmtes Ziel ins Auge zu fassen, selbst wenn wir keine Ahnung haben, wie es zu erreichen ist. Wir glauben, daß nur der Endpunkt zählt. Auch einige Religionen orientieren sich an den sogenannten Letzten Dingen und eifern damit ihrem Stifter nach, der dann oft all jene inneren Entwicklungsprozesse außer acht ließ, die er selbst durchlaufen mußte, um die Religion überhaupt begründen zu können.

Ironischerweise ist es gar nicht so wichtig, *wohin* wir gehen, wenn wir wissen, *wie* wir dorthin gelangen.

**Wenn ich einfach nur einen Fuß vor den anderen setze, komme ich immer an. Das Wunderbare dabei ist, daß ich gar nicht wissen muß, wo das Ziel genau liegt.**

## Tu etwas!

*Die Sorge macht das Kopfkissen steinhart. Wenn du also beunruhigt bist, dann notiere dir vor dem Schlafengehen drei Dinge, die du am nächsten Tag tun kannst, um das betreffende Problem zu lösen.*

Aus: *Life's Little Instruction Calendar, Band 2*

Schon oft haben wir gehört, daß man sich mit einer Wut im Bauch (brrrr, welch schreckliche Vorstellung!) nicht schlafen legen sollte. Auf einem »sorgenharten« Kopfkissen zu schlafen, klingt noch schlimmer. Man sieht sofort jene kleinen Holzklötze vor sich, die die Samurai in alten japanischen Filmen als Kopfstütze benutzten.

Vielleicht wäre es gut, eine Art »Gottesschachtel« neben dem Bett zu haben. (Als ich zum ersten Mal von dieser Schachtel hörte, biß ich die Zähne zusammen ..., aber als alle anderen Hilfsmittel versagten, wollte ich sie doch einmal ausprobieren.)

Vor dem Einschlafen halten Sie jede Ihrer Sorgen auf einem Zettel fest und stecken ihn in die »Gottesschachtel«.

Hört sich ziemlich »technisch« an, oder?

Aber für einen gesunden Nachtschlaf tue ich alles!

**Oft muß man nur überhaupt etwas tun – egal, was man tut.**

## 4. September

### Den »alten Kram« beseitigen

*Die Angst ist für die Liebe absolut tödlich. Sie gibt dem anderen das gleiche Gefühl, das man auch hätte, wenn ein Ertrinkender sich an einen klammert. Du willst ihn retten, aber du weißt, er wird dich mit seiner Panik erwürgen.*
Anaïs Nin

Wir sorgen uns aus Liebe, und wir erwürgen den anderen aus Liebe. Was ist an dieser Vorstellung verkehrt?

Oft vergessen wir, daß Sorge und Angst *unsere* Gefühle sind, und zwar unabhängig davon, wie sich die andere Person verhält.

Wenn wir in einer Beziehung besorgt und ängstlich sind, sollten wir, anstatt uns noch fester an das Objekt unserer Begierde zu klammern, genau das Gegenteil tun – nämlich auf Abstand gehen!

Wir können uns zurückziehen, in die eigene Innenwelt einkehren und herausfinden, welche Reaktionen die Beziehung bei uns auslöst. Meistens hat unsere Beklemmung wenig oder gar nichts mit der jeweiligen Situation zu tun. Dieses Gefühl ist wahrscheinlich nur ein Hinweis darauf, daß wir einige alte Probleme durcharbeiten müssen, die nun endlich aus der Welt zu schaffen sind.

**Gefühle führen uns in Bereiche, die dem Verstand immer unzugänglich sind – und eben dorthin, wo wir einiges klären müssen.**

4.4.06 Hunsrück

## Unsere Kinder (und wir selbst)

*Ich sorgte mich darum, was ich meinen Kindern alles angetan und immer schon bereut hatte. Als ich davon die Nase total voll hatte, mußte ich mich ändern.* Betty

Keiner von uns hat je Eltern kennengelernt, die ihren Kindern nicht irgendwann Schaden zugefügt hätten – und auch wir selbst sind da keine Ausnahme. Die Vorstellung, Erziehung könne ohne derartige Versehen und Fehler vonstatten gehen, entbehrt jeglicher Grundlage. Schließlich sind wir Menschen – genauso wie unsere Kinder. Deshalb bergen diese zwischenmenschlichen Beziehungen vielerlei Gefahren, und die meisten von uns lernen durch Fehler dazu.

Wir sind es uns und unseren Kindern schuldig, immer wieder loszulassen. Das beste Beispiel geben wir ihnen dadurch, daß wir unsere Schwächen und Irrtümer eingestehen, uns selbst verzeihen, wiedergutmachen, was wir ihnen angetan oder vorenthalten haben, und für sie ein reiferer, vollkommenerer Erwachsener sind, als es gegenüber dem Kleinkind je möglich gewesen wäre.

**In der Erziehung handeln wir nach bestem Wissen und Gewissen. Indem wir den Kindern als innerlich gefestigte Erwachsene begegnen, ergeben sich neue Möglichkeiten fürs Zusammenleben.**

## 6. September

### Heimtückische Gedanken, die sich durchs Gehirn schlängeln

*Es war eine Schlange, die in meinem Gehirn Eier legte.*
Faith Sullivan

Unser Gehirn eignet sich gut als Nest für Schlangeneier. Die Windungen und Spalten bieten der dunklen, feuchten Brut unzählige Verstecke. Man hat das auch schon mit anderen Worten ausgedrückt: »Mein Geist ist eine gefährliche Gegend. Ich sollte mich nie allein dorthin wagen.«

Oft unterschätzen wir das kreative Potential unseres Gehirns. Wir vergessen, daß es eine harmlose Idee in eine Schlange verwandeln kann, die Eier legt. Und ähnlich wie die braune Schlange im Südpazifik pflanzen sich diese Gedanken ungeschlechtlich fort. Sie brauchen sich nicht mit »artgleichen« Gedanken zu paaren.

Seltsam, wenn wir uns solch heimtückischen Gedanken überlassen, halten wir oft Ausschau nach Menschen, die ebensolche Gedanken hegen und dadurch unseren Wahn noch verstärken.

**Wir alle haben manchmal das Gefühl, verrückt zu werden. Aber es liegt an uns, ob wir diesen Zustand noch verschlimmern oder nicht.**

## Kreativität

*Ich möchte mir über jeden einzelnen Aspekt eines Problems den Kopf zerbrechen. Es ist wichtig, nicht das geringste Detail auszulassen.* Nancy

Die eigene schöpferische Kraft zu ignorieren ist mit das Schlimmste, was wir uns in diesem Leben antun können. Jeder hat besondere Gaben, und im Laufe unseres Entwicklungsprozesses müssen wir vor allem lernen, sie zu schätzen und ernst zu nehmen.

Wie viele Menschen beherrschen zum Beispiel die Kunst, sich über jeden Aspekt eines Problems den Kopf zu zerbrechen? Normalerweise versteifen sich einfache, gramvolle Menschen auf einen Aspekt und kommen deshalb vor Sorgen schier um. Doch ein kreativer, ebenfalls zu Sorgen neigender Mensch kann an einem Problem unzählige Facetten ausmachen, die ihn immer wieder aufs neue beunruhigen. Also wenn das nichts ist!

Wir anderen übersehen wahrscheinlich alles mögliche ..., nicht aber der einfallsreiche, an Kummer gewöhnte Mensch. Er ist sogar fähig, Aspekte eines Problems zu entdecken, die gar nicht existieren oder bisher unberücksichtigt blieben ... Und dann entwickelt er aufgrund dieser neu erfundenen Aspekte noch ausgefeiltere Strukturen aus lauter Sorgenaspekten ...

**Wer sich auf kreative Weise Sorgen macht, ist jederzeit imstande, aus einer Mücke einen Elefanten zu machen. Ein Hoch der Kreativität, wie immer sie sich äußern mag!**

## 8. September

### SICH DEM LEBENSPROZESS ANPASSEN

*Alles zu seiner Zeit.* Sprichwort

Ist das nicht ein bißchen albern, daß wir ein Sprichwort erfunden haben, das uns auffordert, das zu tun, was wir sowieso nicht unterlassen können?!

Natürlich können wir viel Zeit und Energie damit vergeuden, die Dinge nicht so zu nehmen, wie sie kommen, oder den natürlichen Ablauf des Geschehens nach unseren Vorstellungen zu ändern, aber dann werden wir am Ende nur frustriert sein.

Wenn wir dagegen unser Leben als einen Prozeß begreifen, so gelangen wir auch zu der Einsicht, daß das Leben als solches ein Prozeß ist, an welchem wir einfach bloß teilnehmen müssen. Wir brauchen nicht zu versuchen, das Leben zu kontrollieren, das ja auch uns nicht kontrollieren will. Wir sollten vielmehr eng zusammenarbeiten.

Sobald wir den Fluß der Dinge bejahen, wird uns bewußt, daß wir nicht gleich alles verstehen, daß sich das Verständnis oft erst während oder nach unserer Mitwirkung an einer bestimmten Sache einstellt. Offensichtlich aber hält uns das Bedürfnis, alles zu wissen, immer wieder davon ab, die notwendigen Schritte in Richtung Wissen überhaupt zu machen.

**Gott bestimmt über die Zeit – nicht wir.**

## Organisation

*Ich versuche, meine Sorgen zu systematisieren, und habe inzwischen mehr als hundert Hauptgruppen und Untergruppen.* Louise

Was brachte uns auf die Idee, daß wir durch eine straffe Planung Kontrolle ausüben können? Wir sehnen uns danach, das eigene Leben »durchzuorganisieren«, eben weil wir so oft zerstreut und außer uns sind. Wir glauben, daß alles o. k. ist, wenn wir unseren Tagesablauf nur ein wenig strukturieren.

Die eigentliche Frage aber lautet: Wer organisiert? Ist es nicht so, daß unser Leben bereits eine Ordnung aufweist, die wir aufgrund mangelnder Reife bloß noch nicht erkennen? Versuchen wir nicht hartnäckig, alles auf so simple Weise zu arrangieren, daß wir den viel größeren, göttlichen Entwurf, an welchem wir teilhaben können, völlig übersehen? Was ist, wenn wir gar nicht die Zeit erübrigen, um einmal innezuhalten und aufmerksam der Stimme des Lebens zu lauschen? Und was, wenn wir die Sorge dazu benutzen, den »Geräuschpegel« gerade so hoch zu halten, daß wir nichts hören?

Ich frage ja nur!

**Vielleicht sind wir organisierter, als wir dachten.**

# 10. September

## Ratschläge

*Der gute Rat, wie man glücklich wird, ist ungefähr so leicht zu befolgen wie der Rat, gesund zu werden, wenn man krank ist.* Anne Sophie Swetchine

Wollen Sie Worte verschwenden? Dann geben Sie den andern Leuten Ratschläge!

Ratschläge haben es in sich. Meistens bitten wir darum, wenn wir nicht die geringste Absicht haben, sie zu befolgen. Und wir erteilen sie oft gerade dann, wenn wir selbst sie am dringendsten bräuchten.

Vielleicht spielen Ratschläge eine wichtige Rolle fürs menschliche Zusammenleben. Sobald wir sie geben und empfangen, haben wir das Gefühl, der anderen Person nah und vertraut zu sein. Denn indem wir sie um Rat fragen, geben wir ihr doch indirekt auch zu verstehen: »Ich schätze dich; dein Wissen nötigt mir Achtung ab; du bedeutest mir viel« – selbst wenn wir ihren Rat gar nicht befolgen wollen. Wir bringen also all diese Nettigkeiten zum Ausdruck und haben zugleich die Möglichkeit, der unerträglichen Intimität zu entfliehen, die sich daraus ergeben könnte.

Wenn wir selbst die Ratgeber sind, teilen wir unserem Gegenüber im Grunde folgendes mit: »Du liegst mir am Herzen. Ich wäre gerne derjenige, der dir genau den Hinweis gibt, den du brauchst. Ich will für dich unentbehrlich sein.« Dabei bräuchten wir doch nur zu sagen: »Ich bin sicher, daß du dich selbst am besten kennst.«

**Ratschläge zu geben und zu empfangen scheint eine so komplizierte Angelegenheit zu sein, daß man sich darüber nicht lustig machen sollte, oder?**

## DIE SORGE HAT NICHTS MIT PLANUNG ZU TUN

*Die Gewohnheit, sich Sorgen zu machen, wird oft als eine Art Planung gesehen. Die Leute sind jedenfalls davon überzeugt, daß sie das Richtige tun. Außerdem können sie nicht aufhören damit, denn man kann Sorgen genausowenig entfernen wie Sommersprossen. Die Leute summen und schwirren von einer bedrückenden Sorge zur nächsten – wie Bienen um den Bienenkorb.*

Sue Whitaker

Es ist nicht schwer, sich selbst weiszumachen, daß man keine Sorgen habe ..., sondern nur vorausplane.

Nehmen wir nur einmal das sogenannte »Kleiderproblem« ... Wir sind nervös, rätseln herum, was wir zu einem wichtigen Ereignis tragen sollen. Wir versuchen herauszufinden, was die anderen wohl anhaben, weil wir ja »dazupassen« möchten. Trotzdem erschreckt uns der Gedanke, im gleichen Outfit zu erscheinen wie jemand anders. Wir wollen »auffallen« und »etwas darstellen«, ohne exotisch zu wirken. Wir regen uns auf, verzweifeln, sind wie besessen. Wir entscheiden uns für ein bestimmtes Kleidungsstück, legen es wieder weg. Wir quälen uns selbst und die Menschen ringsum. Was ist, wenn das Wetter umschlägt? Und was, wenn wir überhaupt keine passende Kombination finden?

Es käme uns nie in den Sinn, daß wir besorgt sind. Wir würden nie denken, daß wir die Wahl haben und dann dem vertrauen, was sich im rechten Augenblick gut »anfühlt«.

**Wenn wir uns in bezug auf unsere Sorgen etwas vormachen, tun wir das wahrscheinlich in anderen Dingen auch.**

## 12. September

### Negatives Denken/Hoffnung/Glaube

*Wie doch die Schritte der Hoffnung immer wieder in Enttäuschung enden.* Letitia E. Landon

Ich finde es interessant, daß viele unserer bekannten Zitate in negativem Denken wurzeln. Es durchdringt und kontrolliert unser Leben so sehr, daß positiv eingestellte, hoffnungsfrohe Menschen gleich als »unrealistisch« und »naiv« abgestempelt werden. In Wahrheit aber unterscheiden sie sich von den griesgrämigen Leuten nur dadurch, daß sie die gleichen Informationen anders verarbeiten.

Untersuchen wir die Hoffnung einmal etwas näher. Wenn wir sie nur auf ein oder höchstens zwei Dinge richten, programmieren wir die große Enttäuschung schon vor. Wir reduzieren unsere Wünsche auf ein Minimum, und damit erhöht sich die Wahrscheinlichkeit, daß uns nichts Gutes widerfährt, um ein Vielfaches.

Wenn sich jedoch in die Hoffnung der Glaube mischt, daß alles glattgehen wird, obwohl uns einige Zusammenhänge noch nicht ganz klar sind, so haben wir eine optimistische, von Vertrauen geprägte Einstellung entwickelt. Diese starke Verbindung von Hoffnung und Glaube läßt kaum Platz für Enttäuschung.

**Hoffnung ist wunderbar. Gesellt sich dann noch der Glaube hinzu, entsteht ein unschlagbares Tandem.**

## LÖSUNGEN

*Nicht daß sie (Gesundheit und Arbeit) unwichtige Probleme wären. Wenn ich innerlich klar bin, kann ich sie haben und trotzdem ohne weiteres loslassen. Wenn ich besorgt bin, bekommen sie einen Beigeschmack von Angst, Kontrolle und Abhängigkeit. Und wenn ich mit meiner Höheren Macht verbunden bin, kann ich sie ebenfalls haben und dennoch sicher sein, daß sie gelöst werden aufgrund des Zeitplans und der Methoden, die Gott dafür vorgesehen hat. Wenn ich jedoch besorgt bin, will ich, daß sie gelöst werden, will ich wissen, wie das geschehen soll, ohne eine Antwort zu finden…* Jim

Wie schwer es uns doch manchmal fällt einzusehen, daß *wir* das Problem sind. Nicht, daß wir schlechte Menschen wären oder etwas falsch gemacht hätten. Nicht unser Charakter ist das Problem – wir *bereiten* uns Probleme durch die Art und Weise, wie wir heikle Dinge anpacken.

Wir alle haben Sorgen, besonders wegen der Gesundheit und der Arbeit. Offenbar sind sie inzwischen Bestandteil unseres modernen Lebens. Die Frage ist nur: Wie gehen wir mit ihnen um? Wenn wir unsere Probleme erkennen, darüber nachdenken und einsehen, daß sie, obwohl uns vielleicht nicht alle notwendigen Informationen zur Verfügung stehen, bestimmt gelöst werden, dann können wir innerlich loslassen. Wenn wir aber versuchen, eine Lösung zu erzwingen, bevor uns das eigentliche Problem klar ist, befinden wir uns in Schwierigkeiten.

**Man denkt sich Lösungen nicht aus, sondern findet sie.**

## 14. September

### VERSTEHEN

*Wenn du verstehst, sind die Dinge so, wie sie sind; wenn du nicht verstehst, sind die Dinge ebenfalls so, wie sie sind.* Zen-Spruch

Wieviel Wert wir darauf legen, zu »verstehen«! Wir sind chaotisch und verwirrt und haben den Eindruck, daß alles wieder in Ordnung käme, wenn wir nur genau *verstünden*, was da eigentlich abläuft. Wir suchen nach Gründen, klammern uns an Erklärungsversuche und denken, daß unsere Beziehungen intakt wären, wenn wir bloß *wüßten*, warum die Menschen sich so und nicht anders verhalten. Doch selbst wenn wir in bezug auf uns oder sie eine Antwort finden, ändert diese Interpretation unseren Gefühlszustand kaum.

Sobald wir nun das eigene Verhalten unter die Lupe nehmen, stellen wir fest, daß das »Verständnis« oft dazu führte, von unserer Person und unseren Empfindungen zu abstrahieren. Ja, infolge der Einsicht entsagten wir gleichsam dem Ich. Erinnern Sie sich doch nur daran, wie Sie einmal gekränkt oder wütend waren; irgendwann glaubten Sie dann nachträglich, diese Gefühle »zu durchschauen« und hielten sie für »übertrieben« oder »ungerechtfertigt«. Gefühle aber existieren einfach. Sie weisen uns den Weg, den wir gehen müssen.

**Noch niemand ist durch rationales Verstehen geheilt worden.**

## Beruhigung

*Mach dir keine Sorgen –* Brian

»Mach dir keine Sorgen« ist ein Ausdruck, den ich oft von einem befreundeten australischen Ureinwohner höre. Er hat einen wunderbaren Sinn für Humor, lächelt oft scheu und geht fröhlich seiner täglichen Arbeit nach. Die Leichtigkeit, mit der er die Dinge in Angriff nimmt, spiegelt sich in seiner ungezwungenen Art gegenüber anderen Menschen, und deshalb bin ich so oft wie möglich bei ihm.

Wann immer wir über Pläne sprechen oder ein Problem zu lösen versuchen, wirft er immer wieder ein: »Mach dir keine Sorgen!« Es ist, als würde er hier einen Schuß Beruhigung, da eine Prise Leichtigkeit dazutun. Ich finde es höchst interessant, daß ich bei allem, was ich mit Brian plane, ein Gefühl von *Beruhigung* verspüre. Ich weiß, daß die betreffende Sache auf jeden Fall klappen wird.

Seine große Gelassenheit zwingt mich automatisch dazu, innezuhalten und mir die Frage zu stellen, wie oft wir eigentlich eine so tiefe Sicherheit empfinden. Diese »Bestätigungsformeln« sind fürwahr ein großes Geschenk! Sie scheinen vom Himmel gesandt zu sein, um uns vom negativen Denken zu befreien. Sie entheben uns nicht der Aufgabe, das Leben zu meistern, sondern lassen uns einfach wissen, daß wir dazu imstande sind.

**Ich könnte zu einer Verbreiterin von Bestätigungsformeln werden.**

## 16. September

### Eine Pause machen

*Es war einer dieser Tage, so klar, so still, so ruhig, daß man fast meinen konnte, die Erde habe ihre Bewegung unterbrochen, um sich über die eigene Schönheit zu wundern.*
Katherine Mansfield

Sorgenvolle Menschen erinnern sich kaum an einen Tag, der »so klar, so still, so ruhig« war, daß sie einmal völlig abschalten und zur Ruhe kommen konnten. Aber solche Tage gibt es tatsächlich.

Sobald wir einmal innehalten, wird uns klar, daß vor allem wir diejenigen sind, die ständig herumhetzen. Wir sehen, daß die Rosen, die Bäume, ja selbst die Wolken im Raum zu schweben scheinen, so als ob die Welt eine Atempause eingelegt hätte. Das Leben findet Zeit und Muße, sich selbst zu erfahren.

Wenn wir uns zurücklehnen und die Schönheit ringsumher in uns aufnehmen, erkennen wir, daß sie noch viel reichlicher vorhanden ist, als wir zunächst dachten. Unsere Augen spüren sie auf in den Rissen des Bürgersteigs, in der Krümmung der Äste, in den Falten der Gesichter und sogar in den Farben der Autos.

Wir müssen nicht in die Ferne ziehen, um Schönheit zu sehen. Sie ist überall.

**Wie lebendig wir doch sind, wenn wir jene Augenblicke bewußt wahrnehmen, da »die Erde ... ihre Bewegung unterbricht, um sich über die eigene Schönheit zu wundern«.**

## Prahlerei/Ehrlichkeit

*Ich befürchte, daß keine dieser Lobhudeleien dir guttun wird.* Betsy Martin

Weshalb können sorgenvolle Menschen nicht begreifen, daß sie ihre Sache manchmal wirklich gut machen? Betsy Martin hat für das vorliegende Buch wunderbare Zitate zusammengetragen..., sich darum aber auch Sorgen gemacht. Doppelter Aufwand also.

Es ist immer irgendwie wohltuend, sich selbst herabzusetzen und den eigenen Erfolg zu leugnen: »Oh, das war doch gar nichts«; »Jeder andere hätte das genausogut gekonnt«; »Ich hätte noch mehr Zeit dafür investieren müssen.« ... Und so weiter und so fort.

Wie lange ist es her (wenn dergleichen überhaupt je geschah), daß wir aufstanden, unserem Gegenüber direkt in die Augen sahen und sagten: »Ja! Da hab' ich mich echt selbst übertroffen«?

Wir sehen uns als ehrliche Menschen. Doch wie ehrlich sind wir hinsichtlich dessen, was wir gut und richtig gemacht haben?

Häufig verwechseln wir die Wahrheit mit Prahlerei. Wenn wir eine besondere Leistung vollbracht haben und sie auch offen zugeben, dann sagen wir damit die Wahrheit. Wenn wir eine besondere Leistung vollbracht haben, sie aber auf jede erdenkliche Weise verschleiern, dann ist das eine Lüge.

**Wahrscheinlich ist die Unehrlichkeit für mich ein größeres Problem als die Prahlerei.**

## 18. September

### Demut

*Man erreicht alle großen Dinge des Lebens in jungfräulichem Zustand.* Marguerite Yourcenar

Unsere »Jungfräulichkeit« neuen Situationen gegenüber hat doch viel an Wert verloren!

Wir neigen zu der Auffassung, daß es am besten sei, stets gut vorbereitet zu sein, alles mögliche zu wissen und klug daherzureden. Wir wollen »cool« sein.

Doch was entgeht uns aufgrund dieser »verfeinerten« Lebensart? Wir verpassen die Gelegenheit, wahre Demut zu zeigen. Demut ist jene Empfänglichkeit, die uns die richtige Einstellung zu uns selbst, zu anderen Menschen und zu Gott finden läßt. Sie birgt jene geistige Frische, die uns hinführt zur Überraschung, zum Großen, zum Ungewöhnlichen. Wenn wir nur »cool« sind, übersehen wir wahrscheinlich all diese Geschenke.

**Demut ist die Wurzel jener »Jungfräulichkeit«, die es uns erlaubt, die wunderbarsten Augenblicke des Lebens zu erfahren.**

## Kinder

*Wie kannst du es wagen, noch lebendig zu sein, wo du mir so viele Sorgen bereitet hast.* Lynda

Manchmal fällt es unseren Kindern schwer, unsere Sorge als Fürsorge zu begreifen.

Wenn wir ihretwegen fast umkommen vor Sorgen und sie dann endlich zu Hause eintreffen, werfen wir uns regelrecht auf sie. Aber da sie seltsame kleine Geschöpfe sind, erscheint ihnen dieser Überfall nicht gerade als Ausdruck unserer Liebe!

Wir dürfen nicht vergessen, daß niemand uns dazu bringen kann, beunruhigt zu sein. Es liegt an uns, ob wir auf eine stressige Angelegenheit mit Sorgen reagieren. Dafür sind allein wir verantwortlich. Wenn zum Beispiel unsere Kinder etwas tun, das uns Kopfzerbrechen bereitet, können wir a) uns Sorgen machen – was oft auch als erstes geschieht; b) beten; c) beten und die ganze Sache Gott anvertrauen; d) einen Freund anrufen und ihn um Unterstützung bitten; e) zugeben, daß wir weder die Situation in der Hand haben noch über alle Informationen verfügen; f) versuchen, den Augenblick bewußt wahrzunehmen und die Dinge so zu nehmen, wie sie kommen; g) standhaft genug sein, um weder in eine Krise noch in eine Katastrophenstimmung zu geraten; h) uns auf die notwendigen Maßnahmen konzentrieren; i) wie gewohnt weitermachen und auf weitere Informationen warten; j) zu Bett gehen und die Decke über den Kopf ziehen; k) eine Arie aus unserer Lieblingsoper singen.

Man sieht: Wir haben unzählige Alternativen.

**Unsere Kinder tun bestimmte Dinge, und manchmal haben wir Angst um sie. Wie wir mit dieser Angst umgehen, bleibt allein uns überlassen.**

## 20. September

### Humor

*Humor ist emotionales Chaos, an das man sich in Ruhe erinnert.*
James Thurber

Wenn wir in einem emotionalen Chaos leben, merken wir oft gar nicht, wie komisch wir eigentlich sind und wie sehr die ganze Situation zum Lachen reizt. Wir Menschen haben eine Fähigkeit besonders gut entwickelt – nämlich das Leichte und Einfache in etwas Schweres und Ernstes zu verwandeln. Wir versuchen uns einzureden, daß die wirklich wichtigen Dinge alles andere als lustig seien. Und wir glauben, daß die Lage unangenehm oder zumindest *gespannt* sein muß, damit wir die Möglichkeit haben, unsere Lehren daraus zu ziehen oder unser Leben zu bewältigen.

In Zeiten innerer Verwirrung halten wir kaum einmal inne, um unser groteskes Verhalten bewußt wahrzunehmen. Und wehe, wenn jemand aus unserer Familie oder von unseren Freunden vorschlägt, das sogenannte Drama doch ein wenig leichter zu nehmen. Wie können sie es nur wagen, aus einer drohenden Tragödie ein Lustspiel zu machen!

Wir müssen uns immer wieder vor Augen halten, daß das Leben aus einer Reihe von Ereignissen besteht – und daß *wir* diejenigen sind, die daraus Katastrophen machen.

**Wenn ich einsehe, wie albern ich bisweilen bin, wird mir auch klar, wie reizend ich bin.**

## Gebet

*Warum beten, wenn du besorgt bist? Warum besorgt sein, wenn du betest?* June

Um richtig zu beten, bedarf es wahrscheinlich genauso der Übung wie bei anderen Tätigkeiten. Auf der Theologischen Hochschule lernte ich die Grundformen des Gebets kennen: Anrufung, Danksagung, Fürbitte, Lobpreisung und so weiter. Man legte großen Wert darauf, alle diese Bestandteile in der richtigen Reihenfolge in das große Gebet zu integrieren. Eben deshalb flößte es mir fast panische Angst ein: Ich konnte mir weder die Bestandteile noch die Reihenfolge merken.

Später erreichte ich eine neue Stufe des Gebets und bat behutsam nur um die notwendigen Dinge, wobei ich nichts Wichtiges ausließ. Und da mir das Fliegen Nervosität bereitet – ich will lieber beide Beine auf der Erde haben –, wünschte ich mir einen sicheren Start, einen sicheren Flug und eine sichere Landung (in der Kürze liegt die Würze – schließlich ist Gott ziemlich beschäftigt). Das funktionierte jahrelang ganz gut. Dann wurde mir plötzlich klar, daß ich etwas vergessen hatte: Bitte, keine technischen Probleme, keine Turbulenzen (ein bißchen Durchschütteln ginge ja noch an – aber nicht zuviel, oder?) und keine besonderen Vorkommnisse, keine Gefahren: nur einen angenehmen, unbeschwerten Flug. Auch das schien zu funktionieren. Daraufhin fand ich zu noch größerer Einfachheit. Ich sagte lediglich: Dein Wille geschehe (und ich tue mein Bestes, um ihn auszuführen).

**Das Gebet ist einfach. *Wir* machen es kompliziert.**

## 22. September

### Zeitverschwendung

*Hast du je versucht, die Wellen im Meer deinem Willen unterzuordnen? Wenn du dich sorgst, tust du genau das gleiche.* June

Wenn wir auf unser Leben zurückblicken, wird uns allmählich bewußt, daß wir oft dann unsere Zeit »vergeudeten«, wenn wir etwas zu kontrollieren versuchten, das sich unserer Kontrolle völlig entzog.

Überraschenderweise aber scheinen diese Augenblicke, Tage und Wochen, da wir tatsächlich mit einer schrecklichen Situation fertig werden mußten, rückblickend nicht wirklich verloren zu sein, obwohl wir sie bestimmt mit nützlicheren Tätigkeiten hätten verbringen können.

Selbst die Phasen, in denen wir nichts Konkretes unternahmen und alles einfach über uns ergehen ließen, haben offensichtlich einen Sinn, der erst im nachhinein erkennbar wird.

Der Eindruck, diese Zeit vertan zu haben, rührt daher, daß wir eher illusionäre Vorstellungen von Macht und Einfluß hegten, als der Wirklichkeit selbst zu vertrauen.

**Nur wir können die uns zur Verfügung stehende Zeit vergeuden.**

## Verstanden werden

*Einem blinden Pferd ist es gleich, ob du nickst oder zwinkerst.*
Irisches Sprichwort

Haben wir uns je einmal klargemacht, wieviel Zeit wir damit verbrachten, blinden Pferden zuzunicken und zuzuzwinkern?

Wir sind fest davon überzeugt, daß die anderen unbedingt hören und genau verstehen müssen, was wir ihnen sagen. Wenn sie offenbar schwer von Begriff sind, wollen wir ihnen unsere Botschaft dadurch näherbringen, daß wir langsamer sprechen, die Einzelheiten noch ausführlicher erklären und die Stimme hier und da leicht heben.

Allerdings dürfen wir nicht vergessen, daß meistens schon bei den ersten Bemerkungen ziemlich deutlich wird, ob sie überhaupt ein Interesse haben, Verständnis aufzubringen. Wenn nicht, ist der ganze Aufwand umsonst.

Wenn also unser Gegenüber wirklich verstehen will, aber noch nicht so ganz mitkommt, sollten wir drei Versuche unternehmen ... und dann unsere Bemühungen einstellen.

**Zu nicken, zu zwinkern und zu plappern, wenn jemand nichts sieht und nichts hört, ist einfach töricht.**

## 24. September

BEISCHLAF

*Wenn ich mir Sorgen mache, ob es im Bett mit uns klappen wird, dann wird nichts daraus.* Annie

Die körperliche Liebe ist eines der Geschenke, die uns Menschen zuteil wurden. Sie hat viele Varianten. Zum Beispiel können wir uns körperlich lieben, wenn wir nach einer Mahlzeit zusammen die Küche aufräumen.

Wir können uns sexuell vereinigen, indem wir freizügig und liebevoll einander das tun lassen, wonach uns gelüstet.

Wir können Liebe machen, da wir gemeinsam Pläne entwerfen für einen Tag oder für das ganze Leben. Und wir können »es« tun aus dem Gefühl tiefer, gegenseitiger Liebe.

Egal, wie, wo und wann wir zusammen schlafen – wir müssen vor allem völlig präsent sein und den Augenblick genießen. Wenn wir dagegen versuchen, den Liebesakt im voraus »zu organisieren«, damit ja alles klappt, dann findet er erst gar nicht statt!

Und wenn wir uns mitten im Liebesspiel darum sorgen, ob wir auch wirklich »gut« sind, hat das Ganze keinen Sinn. Wir sind bereits ausgestiegen.

**Wenn man mit den Gedanken woanders ist, kann man sich nicht körperlich hingeben.**

## Unzufriedenheit

*Das Fieber ihrer Unzufriedenheit zehrte sie innerlich auf, lastete auf ihren Klagen und Kümmernissen, bis diese aus ihr hervorbrachen mit der Gewalt physischen Ekels.*
Katharine Susannah Prichard

Die Unzufriedenheit ist heimtückisch. Sie beginnt als ein leichtes Unbehagen in den Eingeweiden, das wir oft bewußt zu ignorieren versuchen. Dann wird sie stärker, bewegt sich durch den Körper nach oben und betäubt das Herz. Ganz langsam dringt sie in den Kopf vor, verhält sich dort zunächst still und nistet sich ein – es sei denn, wir werden uns ihrer bewußt und befördern sie nach draußen.

Ja, heimlich dreht und wendet sie sich, bis sie in unseren Gedanken eine Art Zuhause findet und anfängt, »sich fortzupflanzen«. Dann sind wir Menschen, die immer unzufriedener werden und sich stets als Opfer fühlen.

**Vergessen Sie nicht: Das ist *Ihre* Unzufriedenheit. Sie können sich im richtigen Augenblick von ihr befreien.**

## 26. September

### Aussitzen

*Wir haben viele Sorgen, und sehr oft heben sie sich gegenseitig auf.* Winston Churchill

Die Lektion, in Ruhe abzuwarten, läßt junge Menschen meistens kalt. Doch gerade die Zeit ist eine unserer besten Heilerinnen und »Problemlöserinnen«. Wenn wir mit etwas nicht gleich zu Rande kommen, winden und sträuben wir uns gewöhnlich, werfen wir uns gleichsam gegen die gedanklichen und persönlichen Barrieren im Innern – davon überzeugt, daß wir die Sache schon »schaukeln« werden, indem wir uns wie verrückt den Kopf zerbrechen.

Dabei vergessen wir allerdings, daß Problem und Lösung häufig nicht gleichzeitig auftauchen. Außerdem sind wir im ersten Moment, da eine Frage uns überfordert, manchmal so verzweifelt, daß wir die sich bereits abzeichnende Antwort völlig übersehen.

Wir müssen das betreffende Problem aussitzen, es langsam in uns eindringen lassen, ohne zu verkrampfen, und trotzdem unserer täglichen Arbeit nachgehen – dann werden wir feststellen, daß Probleme sich tatsächlich gegenseitig aufheben können.

**Wenn ich außer Fassung gerate, ist es nicht leicht, jene »sanfte, leise Stimme« im Innern zu hören, die mir den richtigen Weg weist.**

## Singendes Herz

*Frag nicht, was die Welt braucht, sondern was dein Herz zum Singen bringt, und bemühe dich dann darum, denn die Welt braucht Menschen mit singendem Herzen.*

Philip Thatcher

Es sieht ganz danach aus, als wären wir uns über das Leben und über seinen wahren Sinn unklarer denn je.

Was wäre, wenn der Sinn des Lebens einfach darin bestünde, es zu leben? Was, wenn wir alle nicht mehr tun müßten, als bewußt in Kontakt zu treten mit jener Höheren Macht, die man gemeinhin Gott nennt, und nach Gutdünken das Richtige zu tun, während wir inständig um Unterweisung und Beistand bitten?

Wir vergeuden so viel Zeit damit herauszufinden, was wir nach Meinung der anderen tun *sollten*, was sie unserer Meinung nach uns zu tun *vorschreiben*, oder was wir *unserer* Meinung nach tun *sollten* – wobei wir uns jedesmal von neuem ärgern. In diesem ganzen Durcheinander bleibt uns kaum Zeit, um zu erkennen, was eigentlich unser Herz »zum Singen bringt«.

**Ein singendes Herz könnte der Welt von großem Nutzen sein.**

## 28. September

### Lösungen

*Die Sorge hängt einer kleinen Sache einen großen Schatten an.* Schwedisches Sprichwort

Kleine Sachen sehen für uns auf den ersten Blick fast nie klein aus. Sorgenvolle Menschen fassen jedes unerwartete Ereignis schon gleich zu Beginn als Bedrohung auf, die dann immer größer wird, je länger sie darüber nachdenken.

Ah, damit ist das Stichwort gefallen! Wäre es etwa möglich, *nicht* darüber nachzudenken?

Ich kenne eine Frau, die im Laufe der Jahre zu einer heiter-gelassenen Einstellung gefunden hat, eben indem sie lernte, sich von Problemen nicht mehr absorbieren zu lassen. Wenn eine scheinbar schlimme Sache sie unversehens »packt«, akzeptiert sie erst einmal ihren üblichen Schock und beginnt, diesen »geistig abzutasten«. Dann gestattet sie ihm, sich unbemerkt »zu setzen«, und beachtet ihn nicht weiter, bis er seine »Sprengkraft« verloren hat. Sobald das der Fall ist, taucht meistens auch schon die Lösung auf. Nur selten entspricht sie dem, was die Frau aufgrund ihres ersten Eindrucks getan hätte.

**Die besten Lösungen werden entdeckt, nicht künstlich hergestellt.**

## Unschickliches Benehmen

*Das Wesen des Witzes besteht darin, anstößig zu sein.*
William Somerset Maugham

Wann waren Sie das letzte Mal ungezogen – nicht bösartig, nein, einfach nur vorwitzig? Gewiß, ein guter Mensch zu sein zahlt sich aus, aber die meisten von uns haben vor lauter Sorgen ganz vergessen, wie man auch einmal etwas Unanständiges sagt oder tut. Oft sind wir uns selbst und anderen gegenüber sehr hart. Wir haben einen Punkt erreicht, wo wir fast alles schrecklich ernst nehmen – besonders die eigene Person mit ihren Problemen.

Doch Gott sei Dank tragen wir tief im Innern noch einen schwachen Funken Frechheit, der nur darauf wartet, das Feuer zu entfachen. Er will, daß wir aus uns herausgehen, wenigstens für einen Augenblick ungezwungen, ja keck sind.

Wir können zum Beispiel barfuß durchs Gras gehen – nur ein bißchen natürlich; oder herzhaft lachen, wenn jemand eine lustige Geschichte in einem Restaurant erzählt; oder uns auf den Bordstein setzen, sobald wir müde sind. Oder wir sagen klipp und klar, was wir denken. Der Phantasie sind keine Grenzen gesetzt.

**Witz ist nie gemein, oft aber anstößig.**

## 30. September

### Sich aufputschen

*Die Sorge hat bei mir den gleichen Effekt wie Alkohol oder Zucker.*
Sheila

Ich frage mich, ob uns je zu Bewußtsein kam, wieviel Kraft wir täglich aufwenden, um uns aufzuputschen. Diese Hochstimmung beschert uns vielerlei Reize. Oberflächlich betrachtet fühlen wir uns großartig – doch wenn wir etwas tiefer blicken, stellt sich heraus, daß wir über die Ohren im Schlamassel sitzen.

Wenn uns das Leben als solches belastet und Sorgen bereitet, sind wir innerlich oft völlig ausgebrannt. Wir wissen nicht, ob wir überhaupt noch leben, ob wir je wieder Glück und Erfüllung erfahren werden. Wir brauchen etwas, das uns in einen Rausch versetzt! Ein Aufputschmittel!

Die Euphorie geht mit kräftigen Adrenalinstößen einher. Wir merken, wie neue Kräfte in uns aufsteigen, wie der Körper sich zu regen beginnt. Diese innere Spannung setzen wir gerne mit Vitalität gleich. Wir sind high!

So wie nach dem Verzehr von Süßigkeiten die Energie bald nachläßt, folgt auf die Hochstimmung leider immer der Katzenjammer. Sorgen können auf uns ganz ähnliche Wirkungen haben wie Zucker oder Alkohol. Die daraus resultierende Hochstimmung ist nur von kurzer Dauer – und sie laugt uns aus.

**Jeder Rausch endet in der Ernüchterung.**

## ZUR UNTERHALTUNG GOTTES

*Meine vielen Sorgen bringen Gott zum Lachen.* Allison

Wir können uns wohl kaum vorstellen, Gott als Unterhaltung zu dienen. Aber wenn das hier auf Erden unser Ziel ist, dann sind wir drauf und dran, es auch zu erreichen.

Oft bieten uns besonders jene Personen, die wir kennen und besonders mögen, die willkommenste und angenehmste Unterhaltung. Es ist irgendwie sympathisch, ja geradezu rührend, einen lieben Menschen dabei zu beobachten, wie er immer wieder die gleichen Fehler macht.

Wenn wir über andere keine Urteile fällen – was uns bei Familienmitgliedern und engen Freunden normalerweise leichter fällt –, können wir genügend Geduld und Abstand haben, ihr Verhalten zu registrieren, sie dafür zu lieben und abzuwarten, bis sie von selbst zur nötigen Einsicht gelangen. Unterdessen lachen wir das eine oder andere Mal still in uns hinein.

Und wenn wir die eigenen Fehler und Schwächen für genauso amüsant halten, sind wir Gott für einen Augenblick vielleicht sehr nah.

**Es gibt Schlimmeres im Leben, als Gott zu belustigen.**

## 2. Oktober

### HAST

*Warum ist das Leben derart hektisch? Warum sind die Dinge so unerhört wichtig, daß man sie nicht mehr genießen, sondern nur noch atemlos und ängstlich auf ihr Verschwinden warten kann?*

Anne Morrow Lindbergh

So oft wünschen wir uns, endlich einmal zur Ruhe zu kommen. Kennen Sie das wunderbare Musical von Anthony Newley, *Stop the World – I Want to Get Off* (Halt die Welt an – ich will aussteigen)? Ich mochte es sehr ..., besonders auch seinen Titel.

Immer wieder haben wir den Eindruck, daß das Leben im Eiltempo dahinrast und wir kaum noch mit ihm Schritt halten können. Wir hetzen durch diese »unerhört wichtigen« Augenblicke, als ob wir schmutzige Wäsche aufheben würden, und wundern uns dann, warum uns manchmal alles so langweilig und uninteressant erscheint. Leider ermuntern uns viele Menschen noch dazu, schneller zu machen – alles andere widerspräche ihren Erwartungen.

Nun, so ist es wohl unsere Aufgabe, hier etwas zu ändern. Da niemand sonst uns gestattet, einen langsameren Gang zu wählen, müssen wir selbst zurückschalten.

**Nicht das Leben ist hektisch, *wir* sind es.**

## Schwierige Lektionen

*Wenn ... du schon kein gutes Beispiel bist, mußt du einfach eine schlimme Warnung sein.* Catherine Aird

Wir dürfen eines nicht vergessen: Unabhängig von unserem jeweiligen Verhalten haben wir immer die Möglichkeit, für jemand anders ein wichtiger Lehrmeister zu sein.

In seiner großartigen psychologischen Abhandlung *Cat's Cradle* (Katzenwiege) spricht der Romancier Kurt Vonnegut davon, daß wir alle als »karass«, als »Gruppe verwandter Seelen«, durchs Leben gehen. Innerhalb dieser Gruppe gibt es viele Menschen, die dem einzelnen ganz unterschiedliche Dinge beibringen. Gewöhnlich versammelt man sich um einen oder mehrere zentrale Lehrmeister, vom Autor »wampeters« genannt. Dann begegnen wir einigen Lehrmeistern, die für uns persönlich besonders wichtig sind. Diese »wrang-wrangs« geben uns entscheidende Lektionen, die Leid, Mühsal und Enttäuschung mit sich bringen. Das heißt, wir brauchen diese »wrang-wrangs«, weil uns die notwendigen Einsichten ohne sie gar nicht zuteil würden.

**Wer weiß? Vielleicht bin ich für jemand anders ein »wrang-wrang« – oder doch zumindest ein tüchtiger Lehrer.**

# 4. Oktober

## HALLUZINIERTE UNWIRKLICHKEIT

*Ich merke, welch ein Halluzinogen die Sorge ist. Diese Woche ist die Wirklichkeit ganz anders, als ich sie mir letzte Woche mit meiner krankhaften Phantasie ausgemalt habe. Die Probleme, um die ich besorgt war, existieren gar nicht. Dafür gibt es andere Probleme, an die ich nicht dachte. Jedenfalls ist mir jetzt klar, daß ich aufgrund meiner Sorgen in einer falschen Wirklichkeit lebte.*

Pete

Welchen Raum nehmen diese »falschen Wirklichkeiten« in unserem Leben ein? Es beginnt mit der Vorstellung, was sein könnte, und diese Vorstellung entwickeln wir dann weiter. Wir malen uns alles mögliche aus, korrigieren diese Bilder wieder, formen sie um. Nach einer Weile hat das Gedankengebäude, das wir in unserem Kopf aufgebaut haben, nichts oder kaum noch etwas mit der Wirklichkeit zu tun, in der wir leben.

Solange wir uns mit realen Erfahrungen auseinandersetzen, können wir sie meistens auch bewältigen. Doch Luftschlösser sind nur schwer zu unterhalten und unmöglich zu bewohnen, da sie auf einer verzerrten Realität gründen. Einbildungen können sich tatsächlich in Halluzinationen verwandeln. Und wenn wir halluzinieren, haben wir jeglichen Kontakt zur äußeren Welt verloren.

**Die Realität ist oft weniger beängstigend als unsere Halluzinationen.**

## DIE DINGE IM RICHTIGEN VERHÄLTNIS SEHEN

*Sobald ich mir wegen einer Sache große Sorgen mache, halte ich inne und frage mich: »Inwieweit beeinflußt sie die Entwicklung der Menschheit in den nächsten zehntausend Jahren?« Plötzlich sehe ich dann wieder viel klarer.*
Anne Wilson Schaef

Die Fähigkeit, eine Situation klar zu beurteilen, gehört zu jenen Gaben, die uns schnell abhanden kommen. Tatsächlich verlieren wir die Übersicht gerade durch dramatische Ereignisse, Angst, Aufregung, Sorge, Gefühlswallungen – durch all das also, was starke Adrenalinstöße verursacht.

Wir alle möchten den anderen Menschen (und auch uns selbst) von Nutzen sein. Wir wollen im rechten Augenblick kluge Ratschläge erteilen. (Natürlich ist der *Wunsch*, besonders klug zu sein, ein weiterer Grund dafür, daß es uns manchmal an Weitblick mangelt.) Und verständlicherweise haben wir das Bedürfnis, genau zu erfahren, auf welche brenzlige Situation wir uns einlassen sollen.

Doch alle diese wunderbaren Eigenschaften zahlen sich erst dann aus, wenn wir uns Zeit geben, etwas Abstand zu gewinnen und jenen vernünftigen Standpunkt einzunehmen, der uns inmitten schwieriger Umstände Halt gewährt.

**Nur allzuleicht betrachten wir die Dinge aus einer falschen Perspektive, aber diese läßt sich zum Glück schnell wieder korrigieren.**

# 6. Oktober

## Einfachheit

*HEILGEBET DER UREINWOHNER*

*Spuck sie aus, all diese wertlosen Sorgen.*
*Ströme in mich ein,*
*Durchdringe mich ganz,*
*Du Guter Geist der Luft.*

Eine indianische Stammesälteste

Viele Ureinwohner besitzen eine wunderbare Eigenschaft: Sie bringen die Dinge auf den Punkt. Sie halten sich nicht mit Analysen oder Interpretationen auf und versuchen auch nicht, alles »zu verstehen«. Wenn sie sprechen, nehmen sie kein Blatt vor den Mund. Diese Direktheit ist doch sehr erfrischend.

Wir brauchen unsere Zeit wirklich nicht mit Sorgen zu vergeuden. Niemand zwingt uns, sie zu genau untersuchen, die einschlägigen Bücher von Experten zu lesen oder bis zu den letzten Gründen vorzudringen (selbst wenn wir uns alle diese Informationen vielleicht wünschen). Wir können die Sorgen ganz einfach »ausspucken« und uns darauf konzentrieren, den »Guten Geist der Luft« in Körper und Seele einströmen zu lassen.

**Im Zen-Buddhismus etwa besinnt man sich auf den einfachen Akt des Atmens, und dann geschieht alles wie von selbst.**

## Selbstachtung

*In einer Krise kommt es nur auf eines an, nämlich wie du mit ihr umgehst.* Johnnie Cochran

Die Beziehung zu unserem Schöpfer (oder Gott) und die Beziehung zu uns selbst gehören mit zum Kostbarsten, das wir besitzen. Beide sind Grundtatsachen unseres Lebens; trotzdem kann es sein, daß wir sie lange Zeit vernachlässigen oder gar ignorieren.

Das Leben beschert uns Krisen, damit wir herausfinden, wo wir genau stehen. In solchen Situationen legen wir vielleicht ein Verhalten an den Tag, das wir weder bei uns noch bei anderen gutheißen, und fühlen uns dennoch im Recht. Wann immer wir in die Rolle des Opfers gedrängt werden, erscheint es uns durchaus legitim, in die des Täters zu schlüpfen. Wenn jemand uns »drankriegen« will, drehen wir den Spieß einfach um und finden das durchaus »in Ordnung«.

Was für ein Verlust an Selbstachtung! Aber sobald die Dinge sich klären, bleiben wir allein zurück. Dann müssen wir mit uns selbst klarkommen. Hoffentlich haben wir so gehandelt, daß die Beziehung zu unserem Schöpfer *und* die Beziehung zur eigenen Person weiterhin intakt ist.

**Wenn ich mich mag und mir vertraue, scheint alles andere sich von selbst zu regeln.**

## 8. Oktober

### Unser Körper

*Iß niemals mehr, als du heben kannst.* Miss Piggy

Viele Sorgen kreisen um unseren Körper und unser Gewicht. Wir sind entweder zu dick oder zu dünn, zu groß oder zu klein, zu füllig oder zu flach. Nie sind wir genau »richtig«.

Es ist zu einem nationalen Zeitvertreib geworden, sich auf den eigenen Körper in fast zwanghafter Weise zu fixieren, und diese Obsession wird durch bestimmte Industriezweige und Werbeslogans noch weiter verstärkt.

Aber haben wir je bewußt wahrgenommen, welch ein Wunderwerk unser Körper ist, ganz gleich, wie er aussieht? Er beherbergt uns, trägt uns überallhin. Er besitzt Gefühle, die uns Informationen übermitteln und bewirken, daß wir lebendig bleiben. Er speichert gute und schlechte Erinnerungen, die wach werden, wenn wir für sie bereit sind. Er beschert uns sexuelle und sinnliche Vergnügen, zu denen beispielsweise auch das Essen zählt.

Sobald wir auf unseren Körper hören, teilt er uns mit, was wir brauchen und was uns guttut. Allerdings bedarf es vielleicht gewisser »Hörhilfen«, um mit ihm wirklich kommunizieren zu können.

**Die Sorge ist wie Wachs, das mein inneres Ohr verstopft.**

## Reagieren

*Selbst wenn ich bete, besteht meine erste Reaktion darin, besorgt zu sein.* Connie

Eine der wichtigsten Lektionen, die das Leben uns gibt, lautet: Nichts überstürzen! Kaum jemand unter uns ist fähig, auf überraschende Situationen stets überlegt zu reagieren. Wie lange wir doch brauchen, um zu begreifen, daß unser erster Impuls oft nur einen ursprünglichen »Überlebensreflex« des Körpers darstellt, obwohl es vielleicht gar nicht um Leben oder Tod geht.

Wenn wir diese Art von Automatismus unterbunden haben, neigen wir dazu, uns über das betreffende Problem den Kopf zu zerbrechen. Leider hat sich unser Denken immer wieder als genauso unzuverlässig erwiesen wie unsere instinktive Reaktion.

Wenn wir beiden Versuchungen widerstehen, ergibt sich die Möglichkeit für eine hilfreichere und wirksamere Antwort … Wir können mit all unseren Kenntnissen geduldig abwarten und in Ruhe *herausfinden*, welche Reaktion uns am meisten entspricht und am besten für uns ist.

**Wir dürfen nicht vergessen, daß wir genügend Zeit haben, uns selbst und anderen Menschen etwas Gutes zu tun.**

## 10. Oktober

### Glücklich sein

*Wenn du wirklich glücklich sein willst, kann niemand dich daran hindern.* Schwester Mary Tricky

Oft fürchten wir uns vor dem Risiko, glücklich zu sein. Ist es nicht seltsam, das Glück als ein Risiko zu sehen? Jedenfalls birgt es alle möglichen Gefahren.

Wir haben festgestellt, daß es Leute gibt, die glückliche Menschen mit Argwohn betrachten ... und ihnen einfach nicht trauen. Dann gibt es andere, die das Glück als solches abzulehnen scheinen und offenbar entschlossen sind, es immer wieder zu zerstören. Denn der Glückliche wirft doch ein schlechtes Licht auf diejenigen, die unglücklich sind, und setzt sie insgeheim unter Druck, ebenfalls glücklich sein zu müssen, nicht wahr? Zumindest beweist er, daß Glück möglich ist – und daß es demnach jedem winkt, oder?

Auch wir haben so unsere Bedenken ...: Das Glück wird uns verlassen ..., es ist nicht von Dauer ..., es macht uns verwundbar. Bis wir all diese Probleme geklärt haben, ist das Glück verschwunden.

Allerdings haben wir Menschen das Recht und auch die Fähigkeit, glücklich zu sein. Es geht sogar das Gerücht um, daß der Schöpfer genau darin unsere Bestimmung sah.

**Ich bin meines Glückes Schmied, ohne es erzwingen zu müssen. Denn ich bin *fähig* zum Glück.**

## SICH SELBST UNTERSCHÄTZEN

*Sich Sorgen zu machen hat etwa den gleichen Effekt wie Räder, die im Schnee durchdrehen – die Furche wird immer tiefer, aber man kommt nicht von der Stelle.*

Sue Whitaker

Hand aufs Herz: Manchmal *wollen* wir gar nicht weiterkommen. Im statischen Zustand fühlen wir uns irgendwie sicherer – jede ruckartige Vorwärtsbewegung würde uns zu Tode erschrecken. Schließlich könnten wir in unserer Lethargie keinesfalls vorhersagen, wohin der Weg führt.

Die Sorge trägt dazu bei, daß wir unser Leben wie ein ausgetretenes, doch bequemes Paar Schuhe behandeln. Gewiß, sie haben ihre Nachteile, aber zumindest kennen wir diese ganz genau.

Natürlich sind wir manchmal verunsichert, ja beklommen. Das Unbekannte erweckt immer gewisse Befürchtungen. Es ist also völlig normal, Angst zu haben. Empfinden Sie dieses Gefühl! Dringen Sie tiefer ein, untersuchen Sie seine Auswirkungen! Meistens lassen Sie es dadurch hinter sich. Aber solange Sie auf der Stelle treten wollen, bleiben Ihnen auch alle anderen Wege versperrt.

**Wenn wir uns selbst unterschätzen, beleidigen wir Gott.**

## 12. Oktober

EHRFURCHT

*Ich teile Einsteins Auffassung, daß jeder, der vor der Macht und der Herrlichkeit des Geistes jenseits des Universums nicht in leidenschaftlicher Ehrfurcht versinkt, »genausoviel taugt wie eine heruntergebrannte Kerze«.*
Madeleine L'Engle

Oft ist unser Leben derart angefüllt und hektisch, daß wir zu beschäftigt, zu ausgebrannt sind für Ehrfurcht und Staunen. Es geht uns so vieles durch den Kopf, daß das Schöne und Unerwartete darin keinen Platz mehr findet.

Ein Freund erzählte mir von seiner Begegnung mit einer Schlange, als er kürzlich im Wald spazierenging. Er hatte noch nie eine Schlange in freier Wildbahn gesehen und empfand eine tiefe Ehrfurcht, als sie vor ihm über den Weg glitt. Er beschrieb die schillernden Farben der Haut und die mühelose Bewegung des Körpers, der sich seinen Weg ins Gestrüpp bahnte. Andere fragten ihn, ob er Angst gehabt habe, und er antwortete: »Ich war so voller Ehrfurcht. Ich hatte gar keine Zeit, mich zu ängstigen.«

**Möge auch unser Leben so von Ehrfurcht erfüllt sein, daß wir keine Zeit haben, uns zu fürchten.**

## Gott beleidigen

*Wenn der Glaube uns von der Sorge befreit, dann ist die Sorge eine Beleidigung, die wir Gott ins Gesicht schleudern.* Robert Runcie, Erzbischof von Canterbury

Erst vor kurzem ist mir klargeworden, daß ich Gott regelmäßig, ja täglich beleidige. Wann immer ich glaube, den Ansprüchen nicht zu genügen, wann immer ich den Wunsch habe, anders zu sein, oder denke, die mir von Gott zugedachte Aufgabe nicht bewältigen zu können, kränke ich ihn.

Wenn ich die Menschen nicht so akzeptiere, wie sie sind, und ihre Eigenheiten, ihre »seltsamen« Ansichten, ihre »falschen« Vorgehensweisen verurteile, schmähe ich Gott und das unergründliche Kunstwerk seiner Schöpfung.

Wenn ich bezweifle, daß mein Leben und das der geliebten Wesen auf immer sicher in der sanften Hand Gottes liegt, mache ich ihn schlecht.

Ich muß nur meinen Teil beitragen, das heißt, so klarsichtig sein und eine so enge Beziehung zu mir selbst und zu meinem Schöpfer haben, wie es eben geht, und den Rest ihm überlassen.

Dem universellen Prozeß zu vertrauen ist natürlich oft leichter gesagt als getan. Doch ich sollte Gott wirklich nicht beleidigen.

**Wenn ich merke, in welcher Weise ich Gott herabsetze, habe ich die Möglichkeit, mich weiterzuentwickeln und zu ändern.**

## 14. Oktober

### Unsere Geschichte

*Ein Volk ohne Geschichte ist wie der Wind über dem Büffelgras.* Redensart der Lakota-Indianer

Heute sollten wir einmal die täglichen Sorgen und Kümmernisse vergessen und uns bewußtmachen, daß wir nicht voll entwickelt dem Haupt des Zeus entstiegen sind. Wir, die Verfechter einer rational aufgeklärten Weltsicht, haben die Ureinwohner oft dafür kritisiert, daß sie ihre Vorfahren verehrten, und dieses Gebaren mit zynischem Unterton als »Ahnenkult« bezeichnet.

Trotzdem wissen wir im Grunde sehr wohl, daß wir ohne unsere Vorfahren nicht hier wären. Dieser Sachverhalt läßt sich ganz einfach aus der Biologie ableiten. Und auch wenn wir unsere Eltern oder Großeltern nicht mögen, verdanken wir ihnen doch unsere Existenz.

Biologische Tatsachen kann man leicht akzeptieren; doch daneben gibt es noch eine Reihe anderer, fast unmerklicher Eigenschaften, die unsere Ahnen auf uns übertragen haben und die unsere Persönlichkeit genauso beeinflussen wie unser Verhalten.

**Niemand von uns ist »selbstgemacht«. Wir haben eine Geschichte, ein Erbe. Wenn wir über dessen Bedeutung nachdenken, bereichern wir damit unser eigenes Leben.**

## Flucht vor der Intimität

*Durch Besorgtsein nutze ich meine Zeit bestens. Es verhindert den vertraulichen Umgang mit den Menschen, die ich liebe. Außerdem hält es mich davon ab, »zuviel« zu schlafen. Es ist sogar ein hervorragendes Mittel, um »die Zeit totzuschlagen«. Die Sorge ist wie eine alte Freundin.*

Beth

Was heißt das eigentlich: der Intimität entfliehen? Warum neigen wir dazu?

Schon oft haben wir uns raffinierte Methoden ausgedacht, um vor uns selber zu fliehen. Wir haben »Nettigkeit« vorgetäuscht, um nicht mit dem konfrontiert zu werden, was uns innerlich berührt. Wir haben unsere Gefühle und Einsichten verdrängt. Wir haben Angst zuzugeben, »daß ich im Moment nicht reden möchte« oder »daß ich dich diesmal nicht mitnehmen kann«, obwohl wir uns nach dem Alleinsein sehnen. Wir gehen uns selbst aus dem Weg und haben dadurch auch keinen engen Kontakt mit anderen.

Die Sorge gleicht einer Droge, die uns vom eigenen Ich genauso isoliert wie von den Mitmenschen. Das heißt: Wir benutzen Sorgen, Arbeit und viele weitere »Lieblingsbeschäftigungen«, um uns immer mehr zu verkriechen.

Die Flucht vor der Intimität führt dazu, daß uns das Leben abhanden kommt.

**Der heutige Tag mag sich besonders dazu eignen, einmal innezuhalten und zu überlegen, auf welche Weise wir der Intimität ausweichen.**

## 16. Oktober

### Kann man das Leben managen?

*Das Leben ist so angelegt, daß man es nicht »managen« kann.*
Anne Wilson Schaef

Die meisten von uns haben panische Angst, daß ihr Leben sich als »unkontrollierbar« erweisen könnte. Dabei stellen wir uns vor, bewegungsunfähig in einem Krankenhausbett zu liegen und an Schläuche angeschlossen zu sein, die aus allen möglichen Apparaten herauskommen. Ein so schrecklicher Zustand läßt sich nicht in Worte fassen, er ist gleichbedeutend mit Verzweiflung und Untergang.

Aber was geschähe, wenn das Leben tatsächlich so angelegt wäre, daß wir es nicht »managen« können? Was, wenn die Ereignisse so arrangiert wären, daß sie sich fast immer unserem Einfluß entziehen – und wenn unsere wichtigste Lektion eben nicht darin bestünde, sie zu steuern, sondern darin, zu erkennen, daß sie nicht steuerbar sind?

Zu glauben, man könne sein Leben ganz und gar in den Griff bekommen, ist wohl eine der größten menschlichen Torheiten. Da haben uns die Eltern und Lehrer etwas Falsches beigebracht. Das Leben beruht offenbar auf dem Grundsatz, daß es nicht »verwaltet« werden kann – aber daß wir die Möglichkeit haben, an seinen unberechenbaren Prozessen teilzunehmen. So einfach ist das.

**Indem ich bestimmte Fähigkeiten entwickeln wollte, um das Leben zu kontrollieren, habe ich es vielleicht ganz aus den Augen verloren.**

## GEBET

*»Sich Sorgen machen«, sagt man viel häufiger als »beten«, zumindest in der Geschäftswelt; dennoch schwingt in beiden Fällen die Hoffnung mit, daß eine schwierige Situation gut ausgehe.* Betsy Martin

In der Geschäftswelt und in unseren persönlichen Angelegenheiten bemühen wir uns darum, glückliche Lösungen für unangenehme Probleme zu finden. Wir eignen uns Fähigkeiten an, um für Notzeiten gerüstet zu sein. Wir planen und rechnen, wir wollen verstehen und nehmen verschiedene Blickwinkel ein, wir antizipieren und kontrollieren und manipulieren, wir schließen Kompromisse, nehmen es mit der Wahrheit nicht so genau – und sind trotzdem oft besorgt.

Haben Sie je daran gedacht, zu beten? Gewiß, einige von uns haben im Laufe der Jahre eine große Abneigung entwickelt gegen das Gebet. Wir hören dieses Wort und stellen uns einen frömmlerischen alten Knacker vor, der uns immer schon zuwider war, der seine Litaneien an einen Gott richtet, zu dem wir seit langem keinen Kontakt mehr haben. Wir verziehen das Gesicht und zischen nur: »Ja ja, schon gut!«

Doch das Gebet kann auch aus einem sehr einfachen und wahren Satz bestehen: »Ich weiß nicht, was ich jetzt tun soll. Hilf mir!« Ende der Mitteilung.

**Manchmal funktionieren die alten Methoden, wenn wir ihnen mit einer neuen Einstellung begegnen.**

# 18. Oktober

## Familiengeschichte

*Ich habe nicht das Gefühl, meine Sorgen frei wählen zu können. Sie sind Teil meiner familiären Vergangenheit, die sich in diesen Sorgen manifestiert.* Betty

Die Sorge wird von der einen Generation an die nächste weitergegeben. Sie beruht auf einer bestimmten Einstellung, die von den Eltern auf die Kinder übergeht und oft genauso tief in uns verwurzelt ist wie die Gene.

Doch die gute Nachricht lautet: Man kann sich – anders als im Falle der Gene – von den so übernommenen Sorgen befreien. Wir brauchen nicht alles, was wir von den Eltern gelernt haben, ein ganzes Leben lang mit uns herumzutragen. Wir können jene Gewohnheiten ablegen, die uns lästig sind.

Zunächst einmal müssen wir einsehen, daß die Sorge ein Problem für uns ist. Man sollte diesen ersten Schritt nicht unterschätzen!

Dann müssen wir uns darüber klarwerden, ob wir wirklich *bereit* sind, die Sorgen loszulassen. Wenn nicht, können wir an dieser Stelle haltmachen und uns einige weitere Jahre mit ihnen herumplagen.

Wenn wir jedoch die nötige Bereitschaft aufbringen, können wir die Sorge unserer Höheren Macht anvertrauen. Das heißt, wir verzichten darauf, sie durch *Willenskraft* zu beseitigen. Das hat nämlich meistens keinen Sinn.

Diese »Übergabe« zeigt an, daß wir die Sorge ganz einfach loslassen, ohne Recht darauf, sie irgendwann wieder zurückzufordern.

**Ich brauche meine Familiengeschichte nicht zu wiederholen; deshalb aber muß ich *gewillt* sein, sie hinter mir zu lassen.**

## LERNPROZESSE

– *Keine Krise heraufbeschwören;*
– *Keine Krise verhindern, wenn sie dem natürlichen Lauf der Dinge entspricht.*

Aus dem Programm von Al-Anon (Anonyme Gruppe, deren Mitglieder mit dem Alkoholismus eines geliebten Menschen zu kämpfen haben)

Diese zwei Lernschritte von Al-Anon sind Balsam für die Seele eines sorgenvollen Menschen.

Haben wir uns eigentlich je klargemacht, wie oft unsere Sorge schon eine Krise auslöste? Auf den ersten Blick glauben wir vielleicht, sie trage dazu bei, eine solch brenzlige Situation zu verhindern. Doch das Gegenteil ist der Fall: Gerade die Sorge stiftet immer größere Unruhe.

Wenn wir also nicht mehr oder weniger unbewußt Probleme verursachen, mischen wir uns dann durch unsere Sorge nicht in die Angelegenheiten von anderen ein, um irgendwie den »natürlichen Lauf der Dinge« zu verhindern?

Meinen wir irrtümlicherweise etwa, daß unsere Liebe einen Menschen vor sich selbst bewahren kann? Und beeinträchtigen wir dann nicht seinen Lernprozeß, den er aufgrund der einmal getroffenen Entscheidungen durchlaufen muß, um im Leben weiterzukommen?

**Vielleicht muß ich meine Art, Liebe auszudrücken, neu überdenken.**

## 20. Oktober

### Reisen

*Voller Zuversicht zu reisen ist besser, als anzukommen; der wahre Erfolg liegt in der Arbeit selbst.*
Robert Louis Stevenson

Das Reisen bietet vielerlei Anlässe für Sorgen, zumal dann, wenn wir glauben, sein Zweck bestehe allein darin, den Zielort zu erreichen.

Bei einer meiner Freundinnen wurde eine Krebserkrankung diagnostiziert. Voller Aufregung suchte sie zahlreiche Mediziner, Heiler und andere Leute auf, die ihr nützliche Informationen geben konnten. In einem stillen Augenblick fragte ich sie, was sie tun würde, wenn sie wüßte, daß sie nur noch etwa einen Monat zu leben hätte. Sie erwähnte einige Familienmitglieder und Freunde, mit denen sie gerne zusammen wäre, und sie sagte, sie würde gern lange Spaziergänge am Strand machen ... Dann fügte sie hinzu, daß sie jetzt die sechs Monate Chemotherapie möglichst schnell hinter sich bringen wolle, um dann all diese Dinge tun zu können und ihr Leben in der gewohnten Weise fortzusetzen.

Ich glaube, sie hat nicht ganz verstanden, worum es eigentlich ging.

**Es kommt nicht auf die Länge der Reise an, sondern darauf, mit welcher inneren Einstellung wir sie unternehmen.**

## Paradox

*Wir müssen an den freien Willen glauben. Wir haben keine andere Wahl.* Isaac Bashevis Singer

Isaac Bashevis Singer ist einer meiner Lieblingsschriftsteller. Er schreibt über Mythen und Sagen, Gespenster und Geister, Geschichte und Phantasie, und all das ist gespeist aus der reichen geistigen Tradition des Judentums. Seine Erzählungen sind oft spannend und unheimlich, vor allem aber vielschichtig, obwohl sie von außen betrachtet einfache Volksmärchen darstellen.

Warum also sagt er, daß wir keine andere Wahl haben, als an den freien Willen zu glauben? Weil er uns mit dem unauflöslichen Widerspruch des Paradoxen konfrontiert. Wie kann unser Wille frei sein, wenn wir keine Wahl haben; und wie kann es sein, daß wir keine Wahl haben, wenn unser Wille frei ist? ... So ist das Leben.

Oft finden wir den Zugang zum wahren Leben, indem wir seine Paradoxe bewußt erfahren. In der heutigen Welt dagegen werden unsere Wahlmöglichkeiten immer wieder auf ein bloßes »Entweder-Oder« reduziert, wobei der tiefere Sinn des Lebens verlorengeht.

**Wenn wir dem Paradox vertrauen, lassen wir das reduktionistische Denkschema hinter uns.**

## 22. Oktober

### Sex

*Ich will niemandes Gedanken oder Gefühle beeinflussen, sondern den Menschen nur helfen, sich von der Vorstellung zu befreien, die Sexualität seit etwas Böses – und nicht ein Geschenk Gottes.* Mary Calderone

Die Sexualität ist einer jener Bereiche, in denen Verwirrung herrscht und Angst regiert. Leider leben wir in einer Gesellschaft, die mit Sex genauso verschwommene wie zwanghafte Vorstellungen verbindet. Sie zwingt uns fast dazu, seinetwegen besorgt zu sein. Dabei stellen wir und auch die andern allzu hohe Anforderungen an uns selbst, ohne daß wir wüßten, was nun tatsächlich gut für uns ist.

Wir sollten hier ein bißchen Nachsicht mit uns haben. Unsere Konfusion resultiert weniger aus eigener Unfähigkeit, sondern vor allem aus dem Umfeld, in dem wir uns bewegen.

Ein bekannter hawaiischer Medizinmann tat folgenden Ausspruch: »Du solltest jeden Tag Sex haben mit einem redlichen Menschen.« Und ein glücklich verheiratetes Ehepaar mit einem sehr intensiven Sexualleben sagt: »Sex ist wie Zähneputzen. Ein wunderbarer Bestandteil des Lebens.«

**In diesem Zusammenhang sind drei Dinge wichtig: Wir sollten nur dann Sex haben, wenn wir wirklich wollen; wenn die andere Person wirklich will; wenn die Beziehung nicht durch Probleme belastet ist. Ansonsten hat sich zeitweilige Enthaltsamkeit als ein probates Mittel erwiesen.**

## Vergnügen

*Das oberste Gebot besteht darin, sich zu vergnügen.*
S. J. Perelman

Wie oft sagen wir in aller Aufrichtigkeit: »Ich bin glücklich«? Oder wissen wir wenigstens, was uns wirklich Vergnügen bereitet? Vor einigen Jahren faßte ich den Entschluß, mich nur mit solchen Menschen zu umgeben, die sich über meine Gegenwart freuen. Diese Entscheidung bedeutet nicht, daß ich verschlossen oder unfreundlich bin, sondern daß ich erkenne, wie kostbar mir meine Zeit ist. Wenn ich sie also mit anderen Menschen verbringen kann, dann sollen es jene sein, die an mir Freude haben und auch mir Freude machen. Obwohl dies dazu führt, daß ich mit einigen Leuten nicht mehr zusammentreffe, bleiben doch noch mehr als genügend Personen übrig, denen ich mich eng verbunden fühle.

Oft haben wir ganz vergessen, wodurch und mit wem wir uns Vergnügen bereiten können. Wir erwarten Unterhaltung und Nervenkitzel, ja, aber das reine Vergnügen ist uns irgendwie abhanden gekommen. Es spielt sich eher im stillen ab und erfordert ein gewisses Maß an Aktivität. Wenn wir uns zurücklehnen und alles nur passiv mitverfolgen, amüsieren wir uns nicht wirklich. Dazu müssen wir direkter Anteil nehmen.

**Erinnern Sie sich noch, wie Sie als Kind eine geschäftige Ameise beobachteten, die ihre wertvolle Fracht nach Hause transportieren wollte? Da waren Sie vergnügt.**

## 24. Oktober

### Alternativen

*Ich habe festgestellt, daß ich immer die Wahl habe, selbst wenn es nur um die innere Einstellung geht.*
Judith M. Knowltan

Keine Wahl zu haben oder wenigstens zu glauben, daß man keine Wahl hat, ist wohl mit der schrecklichste und lähmendste Zustand, in dem ein Mensch sich befinden kann. Das ist etwa so, als würden wir ein von uns selbst erbautes Gefängnis ohne Türen und Fenster betreten und uns fragen, wie wir dorthin gekommen sind. Die Mauern verwandeln sich leicht in eine Rutsche, auf der wir dann in die Opferrolle gleiten.

Allerdings ist das noch gefährlicher, als keine Wahl zu haben. Wenn wir uns als Opfer fühlen, geraten wir in immer tiefere Gänge unseres Gefängnisses. Wir sind wütend, schlagen um uns und lassen jeden anderen dafür büßen, daß uns etwas so Schlimmes »angetan« wurde. Wir wollen nicht einsehen, daß wir mehrere Alternativen hatten – und auch früher schon Entscheidungen trafen.

**Wenn mir bewußt ist, daß ich verschiedene Möglichkeiten habe und daß meine *Einstellung* mich vor bedrohlichen Gefängnissen bewahren kann, sehe ich das Leben vielleicht mit ganz anderen Augen.**

## Mana

*Ich kann nachts nicht schlafen, weil ich mir auch dann noch Sorgen mache und Pläne entwerfe. Das ist eben das Mana. Wenn man es hat, läßt es einem keine Ruhe mehr. Man muß die ganze Zeit über die Menschen nachdenken und für sie arbeiten.* Dame Whina Cooper

Dame Whina Cooper war eine lebhafte alte Frau, die vor einiger Zeit im Alter von 97 Jahren starb. Sie hatte ihr Volk geliebt und ihm gute Dienste erwiesen. Als neuseeländische Maori war sie sich über dessen Rechte und Bedürfnisse völlig im klaren; bis zu ihrem Tod setzte sie sich mit aller Kraft dafür ein. Wenn es etwas gab, das sie nie in Frage stellte, dann war es ihr persönliches »Mana«, ihre Kraft. Sie wußte, daß sie diese ureigene Energie besaß und wohin sie sie lenken mußte.

Jeder von uns hat »Mana«. Ob wir es merken oder nicht – wir sind mit einer besonderen Kraft gesegnet, und unsere Lebensaufgabe besteht vor allem auch darin, diese zu erkennen und so einzusetzen, daß sie uns selbst und anderen Menschen zugute kommt.

Wenn wir unser Mana mißachten oder uns nicht zu ihm bekennen, beleidigen wir den Schöpfer. Um unsere Ignoranz zu rechtfertigen, bringen wir alle möglichen Entschuldigungen vor: »Ich bin ja nur ein gewöhnlicher Sterblicher.« »Ich möchte nicht eingebildet erscheinen.« »Ich bin dafür nicht gut genug« … und so weiter und so fort. In Wahrheit aber sind wir einzigartig, und je mehr wir uns entwickeln und eins werden mit uns selbst, desto deutlicher tritt unser Mana hervor, desto heller strahlt es.

**Ich besitze tief im Innern eine Kraft. Sie zu leugnen ist lächerlich. Sie zu benutzen, um andere zu beherrschen, ist unverzeihlich.**

## 26. Oktober

BESTANDSAUFNAHME

*Eine Forelle im Topf ist besser als ein Lachs im Meer.*
Irisches Sprichwort

Sorgenvollen Menschen fällt es furchtbar schwer, einmal innezuhalten und eine Bestandsaufnahme ihres Lebens zu machen. Wir neigen so sehr dazu, beim Negativen und *Möglichen* zu verweilen, daß es uns manchmal völlig undenkbar erscheint, das *Wirkliche* einer genauso ernsten wie schonungslosen Betrachtung zu unterziehen.

Aufgrund dieser negativen Haltung hat die Bestandsaufnahme von vornherein etwas »Deprimierendes«. Deshalb sollten wir uns klarmachen, daß sie im Grunde einfach darin besteht, das *ganze* Leben unter die Lupe zu nehmen, nicht nur einen Teil davon.

Der heutige Tage mag sich besonders gut für diese »innere Inventur« eignen. Gewiß, da wir sorgenvolle Menschen sind, wollen wir mit dem Schlechten beginnen. Nur zu! Schreiben Sie alles auf! Zum Beispiel die Angst davor, was passieren könnte, was Sie nicht im Griff haben, was Sie im Moment überfordert. Manchmal hilft es, die Dinge geschrieben vor sich zu sehen.

Dann ... nun, ich weiß, daß Ihnen das wahrscheinlich Kopfzerbrechen bereitet ... Versuchen Sie es trotzdem ... Notieren Sie, was in Ihrem Leben reibungslos läuft ... Das muß gar nichts Ausgefallenes sein ... etwa: Meine Verdauung funktioniert einwandfrei ... Ich mag meine Freunde ... Heute morgen begrüßte mich ein neuer Tag ... Ich habe den Wind gehört ... (Vielleicht brauchten wir beim *Positiven* ein bißchen Unterstützung!)

**Bei der inneren Inventur müssen wir besonders auf unsere Neigung zum Negativen achten.**

## SELBSTMISSHANDLUNG

*Ich nähere mich einem Problem meistens in der Weise, daß ich in Betracht ziehe, was schlimmstenfalls passiert, und wenn mir das klar ist, kann ich mir überlegen, wie ich damit fertig werde. Unerwartete Ereignisse bringen mich durcheinander, und ich kann auch nicht loslassen und dann noch auf den letzten Drücker etwas »hindrehen«. Insofern ist es gut für mich, Sorgen zu haben, weil ich dadurch die entsprechende Lösung finde (zum Beispiel, wo das Kind eine besondere Ausbildung bekommt oder ähnliches).* Nancy

Die Selbstmißhandlung hat viele Formen! Nur selten merken wir, wie sehr wir uns dadurch schaden, daß wir den Blick zwanghaft auf den ungünstigsten Ausgang einer Sache richten, obwohl wir keine oder nur wenige Informationen haben, die zu derlei Pessimismus Anlaß geben. Sich auf die schlimmste Möglichkeit zu fixieren ist ein klarer Fall von Selbstquälerei, die sich unter dem Deckmantel der »Voraussicht« verbirgt.

Vielleicht haben wir uns an diese Art von Mißhandlung derart gewöhnt, daß sie uns schon gar nicht mehr bewußt ist. Wir umschreiben sie mit anderen Begriffen wie zum Beispiel »Sorge«, »Fürsorge«, »Vorbereitung«, »Planung« – und richten uns dabei erbarmungslos zugrunde.

Wenn uns dieses Verhalten ganz normal erscheint, gehen wir leider oft dazu über, auch die anderen Menschen schlecht zu behandeln, ohne es überhaupt zu merken.

**Ein Mensch, der sich selbst mißhandelt, geht auch mit seinen Mitmenschen ruppig um.**

## 28. Oktober

### WAHRHEIT

*Die beste bewußtseinsverändernde Droge ist die Wahrheit.*
Lily Tomlin

Kaum einmal halten wir inne, um zu erkennen, welch tiefgreifenden Einfluß die Wahrheit auf uns hat. Wenn wir die Wahrheit sagen, passiert etwas in unserem Innern. Unser geistiger Zustand ändert sich, und unser Körper scheint irgendwie größer, aufrechter zu sein.

Indem wir uns zur Wahrheit bekennen, sehen wir uns selbst in klarerem Licht und geben den anderen die Möglichkeit, Einblick in unser Wesen zu gewinnen. Durch die Wahrheit werden unsere Kräfte erneuert, eben weil wir sie nicht dafür vergeuden, die Lüge aufrechtzuerhalten.

Die Wahrheit ist wie himmlischer Nektar, der unsere Seele erfrischt und dadurch unser Denken genauso verändert wie unsere Einstellung.

**Wir haben jeden Tag oft die Gelegenheit, es mit der Wahrheit einmal zu versuchen. Die Entscheidung liegt allein bei uns.**

## PROBLEME

*Man sollte den Problemen nicht von sich aus entgegenkommen.* Sprichwort

Es ist ja nicht so, daß wir nicht genug zu tun hätten!

Die meisten von uns sind ständig im Einsatz. Ja wir haben unser Leben so organisiert, daß es mehr als genug zu tun gibt. Irgendwie mögen wir das ..., dadurch fühlen wir uns als wertvolle Menschen. Aber liegt unser Wert tatsächlich in der Betriebsamkeit?

Wir können uns mit so vielen Dingen beschäftigen, warum um alles in der Welt sollten wir uns absichtlich Probleme einhandeln? Warum lassen wir sie nicht in aller Ruhe auf uns zukommen? Der Grund ist vielleicht – nur vielleicht! – folgender: Wenn wir nicht nach ihnen suchen, schlagen sie vielleicht eine andere Richtung ein – oder sie merken, daß der Weg zu uns zu steinig und voller Schlaglöcher ist und die Mühe nicht lohnt ... oder sie sind von vornherein gar nicht für uns vorgesehen.

In der Zwischenzeit können wir ein langes Bad nehmen, unsere Füße mit Bimsstein abreiben, einen Spaziergang machen, am Auto herumbasteln oder einfach nur still dasitzen und in die Gegend schauen. Die Möglichkeiten sind endlos.

**Warum sollten wir uns Ärger einhandeln, wenn es so viele andere Tätigkeiten gibt, um die Zeit auszufüllen?**

## 30. Oktober

### EINSTELLUNGEN

*Es gibt weder Gut noch Böse. Nur das Denken macht es dazu.* William Shakespeare

Weshalb kann dieselbe Situation – nehmen wir einen so tragischen Fall wie den Tod eines Kindes – von zwei Menschen oder Familien völlig unterschiedlich aufgefaßt werden? Die eine Familie betrachtet den Tod des eigenen Kindes als schreckliches persönliches Unglück, für das es keine Worte gibt. Die Welt geht unter – und die Eltern haben ein Leben lang das Gefühl, Opfer zu sein.

Die andere Familie ist ebenfalls entsetzt über dieses Geschehnis und betrauert den Verlust; zugleich aber besinnt sie sich darauf, daß dieses Kind ein großes Geschenk für sie war und ihnen wichtige Lernerfahrungen, wunderbare Vergnügen und ungeahnte Möglichkeiten bescherte. Sie sehen das Leben als Abfolge von Geschenken und Lektionen – und den Tod als Teil des Lebens selbst. Ja, auch der Tod ist ein Geschenk.

Keine der beiden Familien tut etwas Falsches. Jede verarbeitet den Schicksalsschlag auf ihre Weise. Sie zeigen uns, was es heißt, das Leben mit all seinen Bedingungen zu akzeptieren.

**Mein Leben ist so, wie ich es gestalte.**

## Gott mit Sorgen überhäufen

*Als ich um Wasser für Dolly betete* [vgl. Meditation vom 9. Juni], *wurde mir klar, daß ich im Grunde Gott mit meinen Sorgen überhäufte; ich merkte, daß ich das auch schon vorher getan hatte, als eine Freundin von mir übermäßig lange in den Wehen lag. Ich lud meine Sorge um sie Gott auf.*
Connie

Wie oft »überhäufen« wir Gott mit Sorgen? Und was bedeutet das eigentlich?

Das wahre Gebet gründet auf dem Glauben, der wiederum im Vertrauen wurzelt, daß alles in der vorherbestimmten Weise vonstatten gehen werde.

Wenn wir dagegen Gott mit Sorgen überhäufen, glauben wir nicht daran, daß er in bezug auf die jeweilige Situation einige Informationen mehr besitzt als wir. Diese Sorgen gründen auf der Überzeugung, daß wir besser wissen als Gott, wie alles vonstatten gehen sollte. Wir hätten ihn gerne als *Assistenten*, der uns hilft, die gewünschten Ergebnisse zu erzielen.

Tatsächlich haben wir die Welt, zumal unsere eigene, ziemlich gut im Griff. Wir betrachten Gott als eine Art himmlischen Portier, der uns die Tür öffnet und die Taschen nur dann abnimmt, wenn es nötig ist. Ansonsten kommen wir durchaus auch allein zurecht, vielen Dank! (Trotzdem würden wir gerne sicherstellen, daß unser »Portier« rund um die Uhr zur Verfügung steht, daß er kräftig gebaut und wachsam ist – man kann ja nie wissen!)

**Paß auf, Gott – vielleicht brauchen wir dich irgendwann einmal.**

## 1. November

ERINNERUNG

*Trotzdem kannst du dir vorstellen, daß wir damals in der Jugend ziemlich viel Spaß dort hatten, denn wir waren jung genug, um uns nicht darum zu sorgen, welchen Platz wir in der Welt einnehmen oder was da draußen so alles passiert.* John Alan Edward Mulgan

Sind uns noch die Jahre gegenwärtig, als wir »jung genug waren, um uns nicht darum zu sorgen, welchen Platz wir in der Welt einnehmen oder was da draußen so alles passiert«? Das Gedächtnis ist eines der wirklich wunderbaren Geschenke, das uns Menschen zuteil wurde. Unser Körper speichert Erinnerungen, von denen nicht einmal unser Gehirn etwas weiß.

Ein zweifelhaftes Geschenk, sagen Sie vielleicht. Doch selbst die Erinnerung an traumatische, »schlimme« Erlebnisse gibt uns die Möglichkeit, diese dann zu verarbeiten, wenn wir über mehr Kraft, mehr Weitblick, mehr Einsicht und mehr Erfahrung verfügen. Das Gedächtnis erscheint uns als kostbarer Schatz, sobald wir erkennen, daß wir die Fähigkeit besitzen, uns mit allem auseinanderzusetzen, das uns bisher widerfuhr.

Außerdem erinnern wir uns natürlich auch an angenehme, »positive« Erlebnisse. Wenn es uns gelingt, jene Zeit lebendig werden zu lassen, als die äußeren Erfordernisse und Zwänge keine Rolle spielten, können wir heute ohne große Mühe zu dieser Lebensform zurückfinden.

**Die Erinnerung ist ein Wunder – und ein Segen für den Menschen. Ich habe die Möglichkeit, sie in vernünftiger Weise zu nutzen.**

## Vorschriften und Gesetze

*Um so richtig gemein zu sein, brauchst du das Gesetz nicht zu brechen, sondern es nur ganz genau zu befolgen.*
Anthony de Mello

Sorgenvolle Menschen sind ständig darauf bedacht, die Vorschriften und Gesetze einzuhalten. Zwar stimmen wir diesen »Anweisungen« nicht unbedingt zu, und oft behagen sie uns gar nicht – aber wir wollen keinen Ärger bekommen. Trotzdem bringt uns gerade dieses Verhalten manchmal in eine mißliche Lage, weil wir einerseits die Spielregeln beachten und uns andererseits alles mögliche erlauben in der Hoffnung, ungeschoren davonzukommen. Leider verschwinden dadurch nicht unsere Sorgen. Wir wissen, daß wir nicht gegen das Gesetz verstoßen, und das erleichtert uns ein wenig. Zugleich jedoch stellen wir fest, daß dessen buchstabengetreue Auslegung oft dazu führt, daß wir uns in unserer Haut nicht wohl fühlen. Ja im Grunde sind wir zutiefst beunruhigt. Wir meinen, etwas »verbrochen« zu haben, und schauen ständig hinter uns, als ob wir jeden Moment »geschnappt« würden. Der Verstand aber sagt uns: »Das ist ganz legal. Entspann dich!«

Wir müssen herausfinden, was uns wirklich wichtig ist. Lohnt sich diese ganze innere Aufregung, selbst wenn uns dann keine Strafe erwartet? Ich bezweifle es.

**Wenn ich das Gefühl habe, mich überall nur »durchzuschlängeln«, empfinde ich ein tiefes Unbehagen. Doch nichts ist wichtig genug, daß es lohnte, deshalb ein schlechtes Gefühl zu haben.**

## 3. November

### Den anderen zur Last fallen

*Zu wissen, daß man Zielscheibe für die Sorgen eines anderen Menschen ist, belastet einen oft schwer.*

Betsy Martin

Warum hat unser ernstes Bemühen, liebevoll und fürsorglich zu sein, oft nicht den gewünschten Effekt?

Wir lieben unsere Familie, unsere Kinder, unsere Freunde und wollen für sie wirklich nur das Beste. Wir sind davon überzeugt, genau zu wissen, was ihnen jeweils guttut – denn sie liegen uns ja so am Herzen, daß wir nur eines im Sinn haben: ihre Gesundheit und ihr Glück. All das ist uns völlig klar. Allerdings sind wir uns vielleicht nicht darüber im klaren, wie wir unsere Fürsorge am besten zum Ausdruck bringen.

Uns wurde beigebracht, daß die Sorge ein Zeichen von Liebe ist – daß wir also die Menschen ringsum lieblos behandeln, wenn wir uns um sie keine Sorgen machen. Unter diesen Umständen sollten wir einmal innehalten und die Lektionen untersuchen, die uns mit auf den Weg gegeben wurden.

Wenn wir einige der Botschaften aus einer nicht intakten Familie und einer zerrütteten Gesellschaft näher betrachten, stellt sich heraus, daß sie – man höre und staune – falsch sind. Welch überraschende Schlußfolgerung!

**Wir wollen doch den geliebten Menschen nicht zur Last fallen, oder?**

## Wörter

*Der Mensch lebt nicht von Wörtern allein, ungeachtet der Tatsache, daß er sie manchmal schlucken muß.*
Adlai Stevenson

Oft hat es den Anschein, als wären Wörter, Gedanken, Ideen und Konzepte unser »Lieblingsfutter«. Wir reden uns ein, sie seien etwas Reales. Dabei übersehen wir, daß alle Klugheiten nur Abstraktionen sind, die nicht mehr Realitätsgehalt besitzen, als wir ihnen beimessen.

Vielleicht sagt jemand zu uns: »Ich hasse dich«, und wir stehen da, schauen den anderen fassungslos an, zucken mit den Schultern, *erkennen* plötzlich, was für ein Dummkopf er ist, machen auf dem Absatz kehrt und gehen davon. Es kann aber auch sein, daß wir diese Worte erst einmal in uns aufnehmen, sie hin und her wenden, immer wieder über sie nachgrübeln, um sie irgendwann wieder »auszuspucken«, weil wir wissen, daß sie mit uns nicht das geringste zu tun haben. Daneben gibt es noch eine dritte Möglichkeit: Wir glauben dem anderen aufs Wort, und es tut uns wirklich leid, daß er eine so tiefe Abneigung gegen uns hegt. Schließlich ist auch folgende Reaktion denkbar: Wir nehmen uns diese Worte zu Herzen, richten sie gegen uns selbst, vergiften uns mit ihnen und gelangen zu der Überzeugung, daß wir ein schrecklicher Mensch sind. Es bleibt uns überlassen, was wir aus den Worten machen, die uns gesagt werden.

**Stöcke und Steine**
**Brechen mir die Beine –**
**Doch Worte**
**Können mir nichts anhaben**
**(Nur *ich* kann mich durch sie verletzen).**

## 5. November

### Schicksal

*Je genauer man sein Schicksal erkennt, desto mehr wird es zur Grundlage des eigenen Lebens.* Paulo Coelho

Was für ein altmodischer Begriff – Schicksal! Wir sind inzwischen fast zu weltklug, um ihn in unsere Überlegungen mit einzubeziehen. Und wir üben zuviel Kontrolle aus, um daran zu glauben, daß wir geführt werden, daß wir aus einem ganz bestimmten Grund hier sind.

Dennoch lesen wir gerne etwas über das Schicksal. Wir lieben Erzählungen und Romane, in denen sich der Held gegen sein Schicksal aufbäumt oder es zu ergründen versucht. Irgendwie sind wir erleichtert, wenn er kapituliert und sein Schicksal annimmt, wenn alles Weitere nach einem höheren Plan abzulaufen scheint.

Warum aber bestehen wir darauf, daß die Vorstellung von einer schicksalhaften Macht nur im Rahmen erfundener Geschichten und volkstümlicher Märchen Gültigkeit besitzt?

Sobald wir offen sind für das Stimmige in unserem Leben und sowohl die Hilfe als auch die Unterweisung akzeptieren, die uns jederzeit und überall erwartet, werden wir immer empfänglicher für die Winke des Schicksals. Dann ahnen wir den »wahren Grund unseres Daseins«.

**Was für mich richtig ist, ist für mich richtig. Was für die anderen richtig ist, ist für sie richtig. Ich muß nur bewußt wahrnehmen, was mit meiner inneren Welt korrespondiert, und es Schritt für Schritt in mein Leben integrieren.**

## Geld/Selbstbild

*Eine Million Sorgen begleichen nicht einen Pfennig Schulden.*
Sprichwort

Geld, Schulden, Hypotheken, Rechnungen, finanzielle Verpflichtungen – das sind in der Tat die Aspekte des täglichen Lebens, um die wir uns besonders oft Sorgen machen. Wir alle wollen verantwortungsbewußt handeln, gerade auch in Geldangelegenheiten, aber das ist nicht immer einfach.

Daß wir diese Verantwortung tragen, beweisen wir uns selbst, indem wir zum Beispiel ständig besorgt sind wegen unserer Finanzen. Und auch wenn wir an der finanziellen Situation nichts ändern können: Wir glauben unseren guten Willen dadurch zu demonstrieren, daß wir uns über eventuelle Schulden den Kopf zerbrechen.

Netter Versuch. Aber die Sorge hat noch keinen einzigen Pfennig abgeworfen! Vielmehr hält sie uns oft von dem ab, was wir am meisten erstreben – nämlich produktiv zu sein.

Haben wir uns je überlegt, daß die Sorge ums liebe Geld eher dazu dient, unser Selbstbild zu wahren – zumal vor anderen Leuten –, als offene Rechnungen zu begleichen? Auf jeden Fall kann es nicht schaden, die Dinge einmal aus diesem Blickwinkel zu betrachten.

**Wenn mein Selbstbild und alles, was ich zu seiner Rettung unternehme, meinen tatsächlichen Verhältnissen widerspricht, dann muß ich innehalten und herausfinden, was mir eigentlich wichtig ist.**

## 7. November

### Augenblicke

*Die Vergangenheit ist vorbei. Der kommende Monat und das künftige Jahr existieren nicht. Uns gehört nur der winzige Punkt der Gegenwart.* Mohmud Shabistari

Mein ganzer Reichtum besteht aus Augenblicken! Jeder von diesen beschert mir die kostbare Möglichkeit, das Leben als eine immer neue Schöpfung zu erfahren.

Unser Dasein setzt sich aus einzelnen Augenblicken zusammen. Wir erhalten sie alle vom Schöpfer und können sie so verbringen, wie wir es für richtig halten.

Wir kamen in diese Welt mit einem »Sparkonto« voller Augenblicke und besitzen demnach so viele, daß wir einige leichtfertig vertun, andere sinnlos vergeuden können und trotzdem noch unzählige vor uns haben.

Außerdem steht es uns frei, jeden Augenblick als einen Schatz zu sehen, der uns in großmütiger Weise geschenkt wurde und den wir dafür benutzen, innerlich zu wachsen und ein zunehmend wacheres Bewußtsein zu entwickeln. Wir können uns in jedem Augenblick deutlich machen, welch großes Geschenk er darstellt.

Merkwürdig, aber Augenblicke können weder gehortet noch aufgespart werden für dunklere Tage. Sie sind nicht lange haltbar und verderben, sobald wir versuchen, sie festzuhalten.

**Augenblicke sind wunderbare Geschenke. Augenblicke sind pulsierendes Leben.**

## Erzwungene Kreativität

*Ein Gedicht kann überarbeitet werden, sobald es existiert, aber seine Existenz kann nicht durch Sorge erzwungen werden.* Robert Frost

Kann überhaupt etwas »durch Sorge erzwungen werden«? Wohl kaum.

Robert Frost, der große amerikanische Lyriker, berührt hier einen ganz wesentlichen Aspekt der Kreativität. Wir wollen kreativ sein und glauben, die schöpferische Kraft nach Belieben einsetzen und kontrollieren zu können.

Doch die Kreativität läßt sich genausowenig erzwingen wie ein Sonnenaufgang. Manchmal scheinen wir zu vergessen, daß sie ein Geschenk des Lebens ist. Durch Sorge entsteht weder ein neues Gedicht noch ein neuer Tag. Beide sind ein Segen.

Unser Problem besteht im Grund darin, daß wir kein Vertrauen haben. Wir zweifeln daran, daß alles von selbst geschehen wird, wenn wir es einfach zulassen. Wir sind gewohnt, auf unsere Stärke zu bauen, nicht auf unser Vertrauen.

Indem wir die Dinge forcieren, werden sie oft völlig entstellt. Davon sind nicht nur unsere Gedichte betroffen, sondern auch wir selbst, unser Leben, unsere Familie.

**Die Kreativität hat ihren Ursprung jenseits unserer selbst.**

## 9. November

ENTSCHEIDUNGEN/FREIHEIT/MUT

*Die Entscheidung ist ein Risiko, das im Mut zur Freiheit gründet.* Paul Tillich

Allzu selten sehen wir uns als mutige Menschen. Mut besitzen unserer Meinung nach nur Helden und solche Personen, die mit uns und unserer Lebensweise nicht das geringste zu tun haben.

Eines der größten Werke von Paul Tillich trägt den Titel *The Courage to Be* (Der Mut zum Sein). Darin führt er aus, daß schon das bloße »Sein« ein hohes Maß an Mut erfordert. Um wahrhaft frei zu sein, muß man Entscheidungen treffen – und wir treffen jeden Tag unzählige davon. Wir beschließen (tatsächlich!), wann wir aufstehen und wann wir zu Bett gehen; was wir anziehen, was wir essen, was wir sagen und wie wir es sagen ... Wir halten uns vielleicht nicht gerade für entschlußfreudig, fassen aber täglich sehr viele Entschlüsse.

Der Mut, Entscheidungen zu treffen und mit ihnen zu leben, gibt uns die Freiheit zum Sein. Und es ist die Freiheit zum Sein, die uns den Mut gibt, frei zu sein.

Wenn wir uns weigern, Entscheidungen zu treffen, oder wollen, daß andere das für uns tun, um dann selbst automatisch zu Opfern zu werden, verlieren wir unseren »Mut zur Freiheit«.

**Meine Entscheidungen sind wahrscheinlich nicht immer richtig, doch wenn ich mich zu ihnen bekenne, bin ich frei.**

## GEWINNEN

*Gestern wagte ich zu kämpfen. Heute wage ich zu gewinnen.*
Bernadette Devlin

Alle Kräfte zu mobilisieren ist durchaus in Ordnung und wird allgemein auch akzeptiert. Wir bewundern Menschen, die sich besonders anstrengen und allerlei Widrigkeiten trotzen. Diese Kämpfernaturen stellen für uns keine Bedrohung dar. Ja wir mögen sie irgendwie. Wenn unser Leben reibungslos verläuft, fühlen wir uns ihnen sogar ein bißchen überlegen und bieten manchmal großzügig unsere Hilfe an.

Aber gewinnen ..., das ist noch einmal eine ganz andere Sache. Gewinner sind Freiwild. Viele Leute würden sie gerne »abschießen«, nur aus Spaß an der Freude. Sie kennen dieses Gefühl! Es ist, als hätte man das Herz eines Kriegers verspeist. Das gibt einem die Kraft, einen Gewinner aus dem Weg zu räumen ... Zumindest befürchten wir, daß andere den gleichen Gedanken haben, wenn wir als Gewinner dastehen.

Wir können uns über das Gewinnen viele Sorgen machen. Jedenfalls erfordern Siege großen Mut, zumal die im persönlichen Bereich, weil es hier nicht um das übliche Gewinn-und-Verlust-Schema geht. Das Risiko, das mit einem persönlichen Sieg verbunden ist, macht uns manchmal Angst ..., aber es lohnt sich.

**Ich bin mutig genug, um zu kämpfen. Aber wage ich es auch, Erfolg zu haben?**

## 11. November

### Den Sprung wagen

*Ich bin froh zu hören, daß Sie ein Buch über Sorgen schreiben. In letzter Zeit ist mir über meine Sorgen vieles klargeworden.* Sheila

Ein Buch über Sorgen zu schreiben kann einem viele Sorgen bereiten. Ist das Thema so umfassend, daß es einen ganzen Meditationsband ausfüllt? Interessieren sich die Menschen überhaupt dafür? Oder sind sie derart auf ihre Sorgen fixiert, daß sie sie gar nicht loslassen wollen? Werden sie ungehalten sein über die Andeutung, daß eine andere Einstellung zumindest denkbar ist? Was geschähe, wenn sich die dreizehn Millionen bedrückten Menschen in den Vereinigten Staaten auf einen Schlag von ihren Sorgen befreien würden?

Man sieht genau den springenden Punkt: Über ein Problem besorgt zu sein ist eine der »besten« Methoden, ihm auszuweichen. Beschließen wir dagegen, es in Angriff zu nehmen und zu lösen, kann die Sorge durchaus unsere Kreativität fördern. Jedenfalls wissen wir erst dann, ob uns neue Ideen kommen, wenn wir bereit sind, den Sprung zu wagen und gleichsam in Ideen einzutauchen.

Die Arbeit an einem Buch über Sorgen ähnelt in gewisser Weise der Tätigkeit der Spinne. Sie spinnt einen langen, hauchdünnen Faden und schwingt sich an ihm dann in die Luft, voller Vertrauen darauf, eine Stelle zu finden, wo sie das andere Ende festmachen und ihr Netz weiter weben kann. Das Schreiben gleicht diesem Sprung der Spinne. Ja das Leben selbst ist nichts als ein Sprung ins Ungewisse.

**Wenn wir bereit sind zu springen, landen wir vielleicht dort, wo wir etwas Neues aufbauen können.**

## Die eigenen Schwierigkeiten nicht so ernst nehmen

*He manga wai kia kore e whitikia.*
*Das ist in der Tat ein großer Fluß, der nicht überquert werden kann.* Redensart der Maori

Es ist wohl überflüssig zu sagen, daß jeder Mensch im Laufe seines Lebens mit kleineren und größeren Problemen konfrontiert wird. Entscheidend ist also nicht, daß wir sie haben, sondern wie wir mit ihnen umgehen. Wir alle müssen bestimmte Flüsse überqueren. Wir müssen uns mit der Frage beschäftigen, ob wir befördert werden oder nicht. Wir müssen uns mit dem Tod auseinandersetzen – mit dem der geliebten Menschen und schließlich auch mit unserem eigenen. Wir müssen uns über das Thema »Geld« Gedanken machen: Wofür geben wir es aus, und inwieweit verändert es uns? Die Liste der Dinge, mit denen wir tagtäglich zu tun haben, ist endlos. Sicherlich sind wir uns einig, daß das Leben darin besteht, sich intensiv mit ihm zu befassen.

Wir sollten einmal näher untersuchen, wie wir diesen Schwierigkeiten begegnen. Der Ausspruch der Maori deutet an, daß es die Möglichkeit gibt, sie leichter zu nehmen, bis sie dann tatsächlich verschwinden – oder sie immer mehr aufzubauschen, bis sie sich vervielfältigen. Wir haben die Wahl.

**Probleme lösen sich oft in Luft auf, wenn ich sie nicht ständig thematisiere.**

## 13. November

### Kummer

*Ah! Wenn du nur wüßtest, wie friedvoll ein Kummer ist, den man akzeptiert hat.* Jeanne de la Motte-Guyton

Warum sträuben wir uns so dagegen, unseren Kummer zu empfinden? In mancher Hinsicht erinnert gerade er uns an die tief innen verwurzelte Fähigkeit, Liebe zu geben und zu empfangen.

Einige von uns sind sich darüber nicht wirklich im klaren. Wir wuchsen vielleicht in einer ziemlich gefühlskalten Familie auf oder hatten einfach keine guten Vorbilder, um zu lernen, wie man Liebe zum Ausdruck bringt. Möglicherweise wurden wir durch andere verletzt, und so schrecken wir vor den Risiken der Liebe zurück. Oder wir sind mit allem, was wir tun, völlig unzufrieden und fühlen uns infolgedessen auch nicht fähig zur Liebe. Was immer der Grund sein mag – wir bezweifeln, daß wir einen Menschen wirklich lieben können. Aber selbst wenn wir glauben, diese Fähigkeit nicht entwickelt oder eingebüßt zu haben, so sind wir doch wahrscheinlich weiterhin imstande, seelischen Schmerz zu fühlen.

Sobald wir unseren Kummer akzeptieren und bewußt wahrnehmen, erlangen wir jenen inneren Frieden, der aus dem Wissen um unsere Liebesfähigkeit resultiert.

**Vielleicht erfahre ich gerade durch meine Trauer, daß ich zur Liebe fähig bin.**

## Die eigenen Gefühle empfinden

> *Bevor* Der Kirschgarten *herauskam, waren alle aufgeregt und besorgt, aber als dann die Sache definitiv zu einem guten Abschluß kam, waren alle beruhigt und ziemlich fröhlich.*
> Anton Tschechow

Oft machen wir uns schon im voraus Sorgen darüber, wie wir auf eine bestimmte Situation reagieren, obwohl wir überhaupt nicht wissen, was genau geschehen wird und wie unsere Reaktion dann ausfällt.

Einige von uns betrachten die Sorge als eine Art Vorbereitung oder Übung und hoffen, daß sie dadurch besser mit gewissen Ereignissen zurechtkommen, weil sie diese ja schon »einstudiert« haben... Mag sein!

Trotzdem wollen wir uns einmal die gegenteiligen Folgen klarmachen. Was ist, wenn uns die Sorge so auf jenes Gefühl »einschwört«, das wir erwarten, daß wir gar nicht mehr richtig offen sind für die unverhofften Gefühle, die wir empfinden *könnten*? Und was passiert, wenn sie uns der Fähigkeit beraubt, mit realen Schwierigkeiten fertig zu werden, und dazu noch einige positive Gefühle verhindert, die wir nie hätten antizipieren können? Hier lauern unzählige Gefahren.

**Kann gut sein, daß ich vor allem durch meine Sorgen behindert werde.**

# 15. November

## EINZIGARTIGKEIT

*Ich bin nicht exzentrisch, sondern einfach nur lebendiger als die meisten Menschen. Ich bin ein unbeliebter Zitteraal, der in einen Teich mit Goldfischen gesetzt wurde.*
Dame Edith Sitwell

Wir sind doch großartig! Eben nicht seltsam! Nicht exzentrisch! Wir sind einfach einzigartig in einer Welt, die fälschlicherweise glaubt, Konformität sei irgendwie besser.

Und wenn wir in unserem Zuhause das Alte mit dem Neuen kombinieren? Und wenn wir sowohl klassische Musik als auch Rockmusik mögen? Und wenn wir »unkonventionelle« Ideen haben? Was macht das schon? Ein aufgeschlossener Mensch würde sie eben als »avantgardistisch« bezeichnen.

Die besondere Art, wie wir uns kleiden, hat möglicherweise sogar einen gewissen »Touch«. Ein Zitteraal strahlt eben soviel Energie aus, daß die Goldfische Angst bekommen – aber dafür kann er ja nichts, oder?

Wenn wir unsere Einzigartigkeit schätzen, werden wir feststellen, daß auch andere es tun.

**Ich muß niemand anders sein als ich selbst. Das ist an sich schon genug.**

## Eine Bestandsaufnahme machen/Borgen

*Ein besorgter Mensch könnte sich eine Menge Ärger borgen, fast ohne Sicherheiten zu leisten.* Helen Nielsen

Sich etwas zu borgen ist ein interessanter Vorgang, mit oder ohne Sicherheiten. Wir tun es dann, wenn wir nicht genug haben oder mehr wollen, als wir haben.

Viel zu leicht neigen wir zu der Ansicht, daß es uns an etwas mangele oder daß wir nicht gut genug seien. Wir sollten uns lieber einmal überlegen, was wir schon besitzen und was wir wirklich brauchen, anstatt uns immer nur auf unsere Wünsche zu fixieren.

Jeder muß ab und zu eine Bestandsaufnahme machen. Unternehmen, die keine Inventur durchführen, sind nicht sehr effizient. Doch wenn wir Sorgen haben, bringen wir für diese Aufgabe kaum die nötigen Voraussetzungen mit. Denn in unserer Angst glauben wir, über Menschen, Situationen und Ereignisse bestimmen zu müssen, obwohl sie sich unserem Einfluß entziehen. Wir verlieren schließlich jeglichen Realitätssinn, »borgen« uns immer mehr Probleme, um das Unkontrollierbare zu kontrollieren, und fühlen uns dabei völlig ausgelaugt. Die Erschöpfung ist quasi unsere Sicherheit.

Gott sei Dank gibt es andere Alternativen! Wir können uns von diesem »Sorgenwahn« befreien und herausfinden, was uns nottut. Wir können erkennen, was wir im Griff haben und was nicht. Emotionale Schulden können wir uns jedenfalls nicht leisten.

**Wenn ich mir keinen Ärger »borge«, habe ich auch nicht so viele emotionale Schulden.**

# 17. November

## NIEMALS

*Verärgere den Ärger nicht so lange, bis der Ärger dich ärgert.*
Sprichwort

Bemühe dich nie um etwas, das du nicht zu tun brauchst.
Vertraue nie jemandem, auf den du dich nicht verlassen kannst.
Sei nie so, daß du dir selbst als Lügner vorkommst.
Versuche nie etwas zu kontrollieren, das unkontrollierbar ist.
Sorge dich nie übers Altern – weder bei dir noch bei anderen.
Versuche nie, über das Leben deiner geliebten Kinder zu verfügen.
Führe nie ein Leben, das von Angst erfüllt ist.
Beschönige nie, was einfach unschön ist.
Verheimliche nie, daß du etwas schlichtweg vergessen hast.
Handle nie so, als würdest du allein über dein Leben bestimmen.
Mach dir stets bewußt, daß du an allem Anteil nehmen sollst und daß dir wirklich große Unterstützung zuteil wird.

**Vergiß nie, daß du viel Vergnügen haben kannst. Dafür brauchst du keinen Krach zu schlagen. Laß es einfach auf dich zukommen.**

## Geistiger Friede

*Eine Kruste in Ruhe zu essen ist besser, als voll Sorge ein Festmahl zu verspeisen.* Äsop

Eine Frage müssen wir sorgenvollen Menschen uns ganz besonders stellen: Gestatten wir uns selbst ein wenig Ruhe? Sind wir bereit, auf den Adrenalinstoß zu verzichten und in unser Leben einige Minuten lang Frieden einkehren zu lassen?

Ein ganz normaler Tag bietet uns viele Möglichkeiten dazu. Das Aufwachen morgens kann ein friedlicher, stiller Augenblick sein. Vielleicht meditieren wir über den Sonnenaufgang und identifizieren uns mit ihm.

Der Sonnenaufgang ist, entgegen landläufiger Meinung, kein blitzartiges Ereignis, sondern ein stetiger Prozeß, mit dem der Tag allmählich beginnt. Sobald die Nacht genauso anmutig wie langsam ihren schützenden Schattenumhang hebt, kommt der schwache, korallenrote Streifen zum Vorschein, umglänzt von Millionen von Sternen, die der warmen, wiederkehrenden Sonne weichen. Die Nacht bewegt sich behutsam weiter, um einem anderen Teil des Planeten Ruhe zu spenden, während der Vogelgesang die Farben des heraufziehenden Morgens anlockt.

Die Friedlichkeit der frühen Dämmerung ist dazu da, daß wir sie willkommen heißen.

**Ich bin von friedlicher Stimmung umgeben, wenn ich sie bewußt wahrnehme.**

## 19. November

### UNSCHULD

*Es dauert lange, bis man jung wird.* Pablo Picasso

George Bernard Shaw bemerkte einmal, den Jungen sei die Jugend gleichgültig, und daran anschließend kann man sagen, daß wahre Unschuld eine Tugend ist, die wir uns erst aneignen müssen. Sie im täglichen Leben zu praktizieren ist nicht so einfach, wie es scheint.

Oft verwechseln wir Unschuld mit Arglosigkeit. Wir wünschen uns die Offenheit und Vorfreude der Unschuld, sind dann aber allzu vertrauensselig und geraten dadurch immer wieder in Schwierigkeiten. Sobald wir dann merken, daß diese aus unserer Einfältigkeit resultieren, entscheiden wir uns für eine strenge, unnachgiebige Haltung. In unseren Augen gibt es nur *eine* Alternative: entweder einfältig oder verschlossen zu sein. Kein Wunder, daß wir so lange brauchen, die Unschuld wiederzufinden.

Erst durch langjährige Erfahrungen sind wir in der Lage, zwischen Unschuld und Arglosigkeit genau zu unterscheiden. Wahre Unschuld ist stets mit Weisheit gepaart. Nur wenn wir genügend Einsicht besitzen, um Menschen und Dinge so zu sehen, wie sie sind, können wir uns die Verletzlichkeit erlauben, die der Unschuld eignet.

**Unschuld und Weisheit zusammen sind unübertrefflich.**

*Für alle von uns – Männer wie Frauen – besteht das Hauptproblem nicht darin, etwas zu lernen, sondern vieles wieder zu verlernen.* Gloria Steinem

Wir haben schon sehr viel Zeit damit verbracht, Informationen aufzunehmen, die entweder nutzlos oder schädlich waren. Nur selten wurde uns beigebracht, wie man das Leben meistert, wie man sich hegt und pflegt, wie man mit den anderen umgeht, wie man die eigenen Gefühle bewußt wahrnimmt und herausfindet, was man braucht und ersehnt.

Wir haben so oft gelernt, empfindungslos und fern von uns selbst zu sein, daß Geist und Seele uns jetzt wie Fremde erscheinen.

Welch ein Wunder, daß wir nach all den Jahren, in denen wir unser Bewußtsein ausschalteten, unsere tiefsten Regungen unterdrückten und jemand anders sein wollten, immer noch ein Innenleben haben! Um zu uns selbst zu finden, müssen wir nur eines tun: gewisse Lektionen abstreifen wie Hüllen.

**Wenn ich mir wie ein Fremder in einem fremden Land vorkomme, dann entspricht das wohl auch meinem gegenwärtigen Zustand. Aber ich darf nicht vergessen, daß *ich* derjenige bin, der all das empfindet!**

## 21. November

### Schaukelstühle

*Die Sorge gleicht einem Schaukelstuhl: Sie beschäftigt dich irgendwie, aber du kommst nicht von der Stelle.*
Evan Esar

Wissen Sie, ich mag Schaukelstühle! Dieses gleichmäßige Vor und Zurück hat etwas Beruhigendes und Tröstliches ... Man rührt sich nicht vom Fleck ..., muß nichts machen ..., nur vor und zurück schwingen.

Es ist fast wie auf der Schaukel. Erinnern Sie sich noch, wie Sie in der Kindheit ganz versessen darauf waren, den Wind im Haar zu spüren, wenn die Schaukel nach oben schnellte und wieder heruntersauste, und welch positiven Effekt das auf Ihre Stimmung hatte? Wie Sie sich am Griff festhielten, die Beine ausstreckten, sich zurücklehnten, den Kopf hängen ließen, während das Haar nur so flatterte? Das war aufregend, nicht wahr, und zugleich sehr friedvoll. Mit geschlossenen Augen schwebten Sie zwischen Himmel und Erde, und diese luftige Bewegung bewirkte im Innern ein Gefühl von Klarheit, von Freiheit. Sie kamen nirgends an, waren aber trotzdem unterwegs.

Vielleicht liegt hierin auch der Zauber von Schaukelstühlen. Sie bewegen sich nicht fort und schicken uns dennoch auf die Reise.

**Vielleicht würden wir uns weniger Sorgen machen, wenn es auf der Welt mehr Schaukelstühle gäbe.**

## Unerschütterlicher Glaube

*Das Gebet, das den Sünder zu einem besseren Menschen macht und den Kranken heilt, bekundet den unerschütterlichen Glauben, daß für Gott nichts unmöglich ist.*
Mary Baker Eddy

Was Mary Baker Eddy da sagt, klingt ziemlich altmodisch, nicht wahr? Jedenfalls war sie eine große Heilerin, eine vom Glauben erfüllte Frau.

Sind wir in dieser Zeit noch wirklich davon überzeugt, daß »für Gott nichts unmöglich ist«? Die meisten von uns hoffen, in gewisser Weise gläubig und auch spirituell zu sein. Politiker und andere führende Persönlichkeiten reden uns immer wieder ins Gewissen, daß wir ein Volk religiöser, geistig orientierter Menschen seien, das »auf Gott baut«. Aber glauben wir tatsächlich daran, daß Gott uns hilft, dünner zu werden? Daß er (auf *seine* Weise natürlich!) unsere Probleme am Arbeitsplatz löst? Daß ein plötzlicher Tod möglicherweise dem Lauf der Dinge entspricht? Haben wir einen unerschütterlichen Glauben?

Ein »partieller« Glaube erscheint heute als angemessener: In fast allen Angelegenheiten vertrauen wir entweder auf Wissenschaft und Technologie oder auf uns selbst; daneben »halten wir uns Gott warm«, man kann ja nie wissen …

Ich habe Menschen kennengelernt, die einen so unerschütterlichen Glauben besitzen, daß es mich immer wieder erstaunt. Zu ihnen gehörte auch ein alter indianischer Medizinmann und Häuptling. Er war ein Phänomen – und eine Herausforderung.

**Wir alle können einen unerschütterlichen Glauben haben.**

## 23. November

### Sofortige Befriedigung

*Die sofortige Befriedigung kostet zuviel Zeit.*
Carrie Fisher

Jetzt! Ich will es auf der Stelle! Fast food … Schnellreparaturen … Sofortlösungen …, völliger Durchblick …, auf Anhieb … Warum geht es denn nicht schneller? … Ich habe keine Zeit zu warten.

Wir scheinen zu vergessen, daß das Leben ein Prozeß ist. Das Geschehen rings läuft so schnell ab, daß wir befürchten, hoffnungslos zurückzufallen, wenn wir nicht alles SOFORT bekommen.

Unter diesen Umständen lautet die Parole: Langsamer machen, loslassen, wieder an den Blumen riechen! Wir können die Dinge wahrscheinlich nicht weiter beschleunigen, verschleißen uns aber völlig, wenn wir es trotzdem versuchen. Wir dürfen nicht vergessen, daß alles seine Zeit braucht. Auch wir entwickeln uns nur allmählich weiter. Und ob wir es glauben oder nicht: Unser Leben entfaltet sich genau im richtigen Rhythmus, und wir müssen nichts anderes tun, als daran Anteil nehmen. Wir sollten lernen, in Ruhe abzuwarten, dann leben wir wahrscheinlich länger.

**Bei sofortiger Befriedigung bleibt für intensive Erfahrungen keine Zeit mehr. Für Maschinen mag das großartig sein; wir Menschen aber bleiben dadurch unbefriedigt.**

## Stress

*Wenn ich im Streß bin, mache ich mir mehr Sorgen.* Mia

Ist es nicht verblüffend, wie sehr wir uns unter Druck setzen, wenn wir bereits unter Druck stehen? Der Streß führt dazu, daß wir den Überblick verlieren, immer unruhiger und ängstlicher werden. In solchen Phasen werden wir von Sorgen geradezu überschwemmt, und wir reagieren, als ob uns das Wasser bis zum Hals stünde. Der Überlebenskampf kostet uns so viel Kraft, daß wir ganz vergessen, was uns retten könnte. Es ist, als hätte sich unser Blickwinkel um 180° gedreht: Wir betrachten das Schlechte als etwas Gutes, und was uns guttut, bemerken wir nicht einmal. Diese extreme Anspannung kann uns alle völlig verrückt machen. Dann sind wir nur zu einem fähig, nämlich noch mehr Druck zu erzeugen. Wir brauchen dringend Hilfe!

Manchmal hilft es schon, die Umgebung zu wechseln und dort spazierenzugehen, wo wir uns wohl fühlen. Während wir wandern, können wir uns weiterhin den Kopf zerbrechen; die Natur beschert uns viele neue Einsichten, ohne daß wir es überhaupt merken. Oder wir wenden uns gezielt einem bestimmten Menschen zu und leisten ihm Beistand. Eine gute Tat bringt einen oft auf andere Gedanken.

**Wenn ich mir noch mehr Streß zumute, behandle ich mich nicht gerade freundlich.**

## 25. November

### Probleme heraufbeschwören

*Gib acht, mein Lieber,*
*unter jedem Stein ist ein Skorpion …* Praxilla

Vielleicht ist tatsächlich unter jedem Stein ein Skorpion, aber … ich muß ja nicht herumgehen und unter jedem Stein nachschauen, oder?

Eines fällt uns Menschen ganz besonders schwer: zuzugeben, wie oft wir uns selbst Probleme bereiten. Das soll keineswegs heißen, daß wir immer von Katastrophen verschont blieben. Sie ereignen sich durchaus. Und dann können wir einiges lernen in bezug auf unsere Persönlichkeit und unser Leben, vorausgesetzt, wir achten darauf, inwieweit wir zu diesem Vorfall beigetragen haben. Andere mögen daran auch nicht ganz unschuldig sein, und das sollten wir vielleicht ebenfalls in Betracht ziehen. Aber letzten Endes sind wir die einzigen, die gewisse Änderungen herbeiführen können.

Noch schwerer fällt es uns allerdings, zu erkennen, inwiefern wir Probleme regelrecht *heraufbeschwören*, wenn wir bereits vor Problemen stehen. Wir sträuben uns gegen die Einsicht, daß wir noch die kleinste Verwirrung vergrößern, noch die unwichtigste Sache dramatisieren.

**Das Aufregende an der ganzen Sache ist folgendes: Wenn wir merken, daß wir selbst unsere Probleme verursachen, können wir dergleichen auch unterbinden.**

## Ein geschrumpfter Gott

*Wenn ich anfange, mir Sorgen zu machen über Gott, weiß ich, daß ich die letzte Stufe, die eines »himmlisch Besorgten«, erreicht habe.* Anonym

Wir »himmlisch Besorgten« haben vor allem deshalb kein richtiges Vertrauen zu Gott, weil er in unserer Vorstellung immer kleiner und unbedeutender wurde.

Als Kinder empfanden wir eine tiefe Ehrfurcht vor göttlichen Wesen, die über die unendliche Schöpfung geboten. Voller Staunen fühlten wir, daß darin alles miteinander verbunden war und daß auch wir uns in dieses gewaltige Beziehungsgeflecht einfügten. Der Gott unserer Kindheit konnte jede Sache in den Griff bekommen, und so vertrauten wir uns seiner Obhut an.

Als wir dann älter und klüger waren, übernahm unser Verstand das Kommando. Durch das Bedürfnis, zu hinterfragen und zu verstehen, ließen wir unseren Schöpfer so zusammenschrumpfen, daß er in Größe und Gestalt unserem Papa oder unserer Mama glich. Und viele Jahre später waren wir überrascht darüber, wie sehr Gott uns selbst ähnelte. Kein Wunder also, daß es uns schwerfällt, auf diesen geschrumpften Gott zu bauen.

**Wenn Gott inzwischen auf das Maß meines beschränkten Vorstellungsvermögens herabgesunken ist und ziemlich viel Ähnlichkeit mit mir hat, fühle ich mich unsicher.**

## 27. November

### Den Schöpfer beleidigen

*Der durchschnittliche, gesunde, ordentliche Erwachsene steht morgens um halb acht auf und fühlt sich einfach schrecklich.* Jean Kerr

Durchschnitt zu sein hat etwas Tröstliches. Zumindest fallen wir in der Menge nicht auf, und es besteht auch keine Gefahr, daß man uns *beachtet.* Welch ein Horror, wahrgenommen zu werden oder gar im Mittelpunkt zu stehen! Wir haben gesehen, was mit solchen Leuten passiert. Sie werden niedergemacht, bis sie kleiner sind als alle anderen.

Wer sich hervortut, bekommt Schwierigkeiten. Dann wird man von vielen abgelehnt oder gar als Zielscheibe für irgendwelche Feindseligkeiten benutzt. Aufsehen zu erregen kann einem wirklich Angst einjagen.

Doch wenn unsere Mittelmäßigkeit dazu führt, daß wir uns immer mehr anpassen und uns jeden Morgen »einfach schrecklich« fühlen, dann ist sie wohl auch nicht der Weisheit letzter Schluß. Was für ein Dilemma!

Wir könnten – in bescheidenem Umfang – das Wagnis eingehen, wir selbst zu sein und das zu tun, was uns richtig erscheint. Vielleicht wachen wir dann morgens mit einem besseren Gefühl auf.

**Wenn ich meinen Freiraum beschränke, beleidige ich den Schöpfer.**

## Sich gegenseitig zur Raserei bringen

*Sorgenvolle Menschen können einander genauso zerfleischen wie Blaufische in einem »Freßwahn«. Letztes Jahr beobachtete ich auf einer Reise nach Boston diese Fische im Charles River bei so einem »Freßwahn«. Sie waren derart gierig, daß sie sich gegenseitig große Fleischstücke herausrissen und sich dabei tödlich verwundeten. Sie bemerkten gar nicht die Sportfischer, die sie mit ihren Angeln zu Hunderten aus dem Wasser zogen.* Sharon

Oft sieht es ganz danach aus, als wären auch wir diesem »Freßwahn« verfallen. Wir regen uns so auf, geraten derart außer Kontrolle, daß wir nach allem und jedem schnappen, auch wenn es sich dabei um einen Freund oder um ein Familienmitglied handelt. Ja wir verzehren sogar uns selbst.

Einer meiner Freunde litt einmal an einer schweren Krankheit. Sie hatte zur Folge, daß er sich sofort in hektische Aktivität stürzte. Leider reagierten die Familienangehörigen und Freunde zum großen Teil genauso. Leute, die er jahrelang nicht gesehen hatte, eilten herbei und waren fieberhaft damit beschäftigt, sich und ihn mit Informationen zu füttern. Ärzte an zahlreichen Krankenhäusern des Landes wurden in Alarmbereitschaft versetzt. Der Mann bekam so viele Informationen, daß er überhaupt nicht mehr wußte, für welche Behandlung er sich entscheiden sollte. Seine Freunde waren nur darauf bedacht, die »richtige« Antwort parat zu haben, anstatt herauszufinden, was er tatsächlich brauchte.

**Sobald wir dem psychologischen »Freßwahn« verfallen, kommen wir uns selbst oft völlig abhanden.**

## 29. November

### Hoffnung

*Man kann das Leid nur überwinden, indem man es genauso ernst und langsam, demütig und gläubig durchmißt wie die Israeliten das Meer. Dann werden seine Wellen des Schmerzes sich teilen und uns eine Mauer zur Rechten und zur Linken sein, bis dann die Bucht vor unseren Augen enger wird und wir wohlbehalten das gegenüberliegende Ufer erreichen.*

Dinah Maria Mulock

Die Hoffnung ist jener Funke im Gedächtnis, der uns daran erinnert, daß wir die früheren, wie auch immer gearteten Probleme überwunden haben. Die Sache ging vielleicht nicht genau so aus, wie wir es wünschten oder erwarteten, aber … wir haben es geschafft.

Die Hoffnung ist jene großartige Fähigkeit, die uns innewohnt, damit wir unsere Einstellung ändern. Anstatt einer unüberwindlichen Wasserbarriere sehen wir zwei schützende Wassermauern, die uns einen sicheren Durchgang garantieren.

Die Hoffnung ist jene kaum merkliche Aufbruchsstimmung im Innern, die uns empfänglich macht für neue Möglichkeiten, die sich nicht zufriedengibt mit dem Starrsinn vorgetäuschten Wissens.

**Die Hoffnung ist gleichsam ein Tor. Ob wir es durchschreiten, ist allein unsere Entscheidung.**

## Sich sorgen

*Leute, die sich zu den »Besorgten« zählen, sagen uns, daß sie etwa achtzig bis fünfundneunzig Prozent des Tages mit Sorgen verbringen. Vielleicht sind sie davon wirklich überzeugt, aber wir schätzen den Anteil geringer ein. Definitionsgemäß gelten Menschen, die mehr als fünfzig Prozent der Zeit ihren Sorgen widmen, als »Besorgte«.*

Thomas Pruzinsky

Ach du lieber Himmel! Streiten wir uns etwa über ein paar Prozente mehr oder weniger? Welch schlagendes Beispiel dafür, daß man oft den Wald vor lauter Bäumen nicht sieht.

Wenn also besorgte Menschen meinen, achtzig bis fünfundneunzig Prozent des Tages mit Sorgen zu verbringen (vorausgesetzt, dieser »Wert« bezieht sich auf die Zeit des Wachseins, ungeachtet der Personen, die auch noch im Schlaf besorgt sind!), und wenn die Experten schon ab fünfzig Prozent von einem »klinischen Fall« sprechen, dann haben wir hier ein Problem! In diesem Land ist die Sorge wohl die am weitesten verbreitete legale Droge. Ja es wäre fast »unamerikanisch«, sich keine Sorgen zu machen.

Man denke nur an diese verborgene menschliche Arbeitskraft, an die potentielle Energie, die in kinetische Energie umgewandelt werden könnte! Wir wären imstande, unsere großen Städte mit »Sorgenenergie« zu versorgen. Es ist wirklich verblüffend, was wir alles tun, um irgendwie dazuzugehören!

Doch wenn wir unsere Bereitschaft, soviel Zeit mit Sorgen auszufüllen, aus dieser Perspektive betrachten, wollen wir sie vielleicht noch einmal überdenken.

**Machen Sie einen Spaziergang. Gehen Sie schwimmen. Pflücken oder kaufen Sie Blumen. Reduzieren Sie den oben genannten Prozentsatz.**

## 1. Dezember

### Wünsche

*Es sei dir jeder Wunsch gewährt.*

Alter chinesischer Fluch

Erinnern wir uns, wie oft wir schon wollten, es möge alles immer so bleiben, wie es gerade war? Wir glaubten unsere Wünsche genau zu kennen, und damit hatte es sich auch schon. Gott sei Dank können wir nicht in dieser Weise über das Leben bestimmen.

Es fehlt uns einfach an Weitblick, um zu erkennen, was zu unterschiedlichen Zeiten und in jeweils anderen Entwicklungsphasen wichtig für uns ist. Was uns letzten Monat noch »richtig« erschien, mag sich im darauffolgenden Monat als echter Horror entpuppen.

Wenn der Dezember anbricht, hegen wir oft gewisse Wünsche: Wir malen uns aus, was wir gerne hätten und was andere Menschen unserer Meinung nach haben sollten. Die wunderbare Adventszeit und die Weihnachtsfeiertage rücken näher und bescheren uns vielleicht einige romantische Vorstellungen und Illusionen, die durchaus bedenklich sind. Denn wenn wir nicht aufpassen, bilden sie den Nährboden für künftige Sorgen.

Es ist wohl angebracht, den Realitätssinn zu überprüfen und jenes alte Sprichwort erneut in Betracht zu ziehen: »Überleg dir genau, um was du bittest, denn möglicherweise wird es dir auch zuteil!«

**Jeden Wunsch erfüllt zu bekommen wäre in der Tat ein Fluch.**

## Entscheidungen

*Wer eine Entscheidung trifft, taucht eigentlich in einen reißenden Strom ein und wird an Orte gespült, die er sich im Augenblick der Entscheidung nie hätte vorstellen können.*
Paul Coelho

Das ganze Leben dreht sich um Entscheidungen – darum, ob wir sie treffen oder ihnen ausweichen, ob wir so tun, als würden wir sie treffen, ob wir leugnen, sie getroffen zu haben, ob wir verdrängen, daß wir sie nicht treffen wollen, ob wir uns wünschen, daß andere sie für uns treffen, um diese Menschen dann zur Rechenschaft ziehen zu können, oder ob wir behaupten, andere hätten sie bereits für uns getroffen (auch wenn das gar nicht stimmt!), damit wir immer einen Schuldigen haben. Wir verbringen viel Zeit damit, wichtigen Entscheidungen aus dem Weg zu gehen.

Außerdem wollen wir uns natürlich *richtig* entscheiden. Wir sagen uns, daß es so etwas wie eine ideale Lösung gibt und daß wir sie finden werden. Aber diese zwanghafte Suche kann uns vielerlei Sorgen bereiten.

Entscheidungen zu treffen ist eines jener wichtigen »Betätigungsfelder«, auf denen wir zu Erwachsenen heranreifen. Unsere persönliche Entwicklung hängt auch davon ab, daß wir bereitwillig das Risiko eingehen, Entscheidungen zu treffen und deren Folgen zu akzeptieren.

Letztlich mag es weniger darauf ankommen, welche Entscheidungen wir treffen, als darauf, entschlossen und verantwortungsbewußt zu handeln.

**Entscheidungen ins Auge zu fassen, zu fällen und dann die Verantwortung für sie zu übernehmen ist der Schlüssel zur Reife.**

## 3. Dezember

### Ältere Menschen

*Wenn sich ein ehrwürdiges Leben dem Alter zuneigt, dann verweist es nicht auf das Ende, sondern auf die ersten Tage der Unsterblichkeit.* Madame de Staël

Manchmal fühlen wir uns entwurzelt. Es ist, als schwebten wir an einem unsichtbaren, nirgendwo befestigten Seil durch den Raum. Kein Wunder, daß uns dieser Zustand angst macht.

Viele von uns haben jenen Halt verloren, der gerade auch aus dem Kontakt mit älteren Menschen resultiert. Oft haben wir den Eindruck, daß sie sich politisch falsch verhalten und technisch nicht auf dem laufenden sind. Wir können uns beim besten Willen nicht vorstellen, was sie uns zu bieten haben.

Doch die Ureinwohner auf der ganzen Welt wissen, daß das Gefühl, verwurzelt zu sein, und die Fähigkeit, sich sinnvoll in Raum und Zeit einzufügen, in besonderem Maße von unserer Beziehung zu älteren Menschen abhängen.

Durch sie erkennen wir die Verbindung zwischen Abstammung und Unsterblichkeit und haben die Möglichkeit, die Zeit in der umgekehrten Richtung zu durchqueren und zu erfahren, was sie von älteren Menschen lernten. So teilen wir mit ihnen das Erbe des Gedächtnisses.

**Wir brauchen die Älteren.**

## ISOLATION/ZEIT DES ALLEINSEINS

*Wenn ich mir Sorgen mache, igle ich mich ein und sondere mich von den anderen ab.* Betty

Wir müssen lernen, zwischen Isolation und Alleinsein genau zu unterscheiden.

Für das Alleinsein entscheiden wir uns. Das heißt, wir erübrigen Zeit, um uns neu zu orientieren, uns selbst nah zu sein, auf die Gefühle zu achten und jener »sanften, leisen Stimme im Innern« zu lauschen, sobald unser geistiges Wesen sich bemerkbar machen will. Wir können nur dann eine Beziehung zu ihm herstellen, wenn wir allein sind. Sogar schwerwiegende, unangenehme Probleme können wir dank der friedlichen und gelassenen Stimmung, die der Abgeschiedenheit eignet, besser bewältigen.

Die Isolation ist etwas ganz anderes. Wenn wir uns isolieren, sind wir mit uns nicht im reinen. Wir haben uns gleichsam verlassen. Diesen Zustand suchen wir uns nicht aus. Er drängt sich uns auf, und so irren die Gedanken verloren durch einen Wald, in dem Angst herrscht. Wenn wir uns völlig abkapseln, können die anderen uns nicht erreichen. Ja wir selbst finden keinen Zugang mehr zu uns.

**Wenn ich mich isoliere, *brauche* ich Unterstützung. Wenn ich allein bin, *habe* ich Unterstützung.**

## 5. Dezember

UNTÄTIGKEIT/AKTIVITÄT

*Das Geheimnis des Fortschreitens liegt darin, einen ersten Schritt zu machen.* Sally Berger

Bedrückte Menschen zeichnen sich oft dadurch aus, daß sie träge sind und ständig zaudern. Nach langen Jahren der inneren Unruhe und der Angst neigen wir dazu, das Besorgtsein als eine Art Beschäftigung zu betrachten. Wir schwanken zwischen Nichtstun und plötzlichem Tätigkeitsdrang und reden uns ein, wir seien aktiv.

Nach solchen hektischen Phasen klappen wir innerlich zusammen und sind fast froh um den Stillstand, der mit der Sorge einhergeht. Zweifellos besteht zwischen beiden Extremen eine Wechselwirkung, die letztlich dazu führt, daß unsere Probleme immer ungelöst bleiben, obwohl wir glauben, alle Hebel in Bewegung gesetzt zu haben.

Wir müssen unterscheiden zwischen Trägheit und Verzögerung einerseits und jenen Augenblicken ruhigen Wartens andererseits, da wir aktiv etwas zur Lösung des jeweiligen Problems beitragen. Außerdem müssen wir trennen zwischen hektischer Betriebsamkeit und überlegtem Handeln.

Sobald wir uns diese Unterschiede klargemacht haben, sind wir auf dem Weg der Heilung.

**Nicht jede Bewegung ist nach vorn gerichtet.**

## Den eigenen Rhythmus respektieren

*Sie würde ihre Einsamkeit gegen nichts mehr eintauschen – und nie wieder gezwungen sein, dem Rhythmus der anderen zu folgen.* Tillie Olsen

Haben wir je darüber nachgedacht, ob unsere Unruhe und Angst nicht darauf zurückzuführen sind, daß wir uns zwingen, dem Rhythmus der anderen zu folgen – zumal dann, wenn wir selbst ganz aus dem Takt gekommen sind?

Ist doch lächerlich! sagen Sie vielleicht. Wer wäre schon so ichbezogen, sich nur nach dem eigenen Rhythmus zu bewegen! Was geschähe, wenn das jeder tun würde? Nichts würde erledigt werden, und wir hätten die totale Anarchie!

Wäre dem wirklich so? Wenn wir unseren Rhythmus nicht achten, kommt er uns abhanden, und so ersetzen wir ihn durch ein vages Gefühl von Unzufriedenheit und Unbehagen, das immer ungreifbar bleibt. Dann sind wir plötzlich böse auf die anderen, weil wir den Eindruck haben, daß sie sich in unsere Angelegenheiten einmischen, besonders wenn *sie* sehr wohl den eigenen Rhythmus respektieren. Dann vergessen wir völlig, wie wir mit ihnen – und mit uns selbst – umgehen sollen.

**Daß wir unseren eigenen Rhythmus respektieren, ist für die Familienmitglieder und Freunde genauso wichtig wie für uns selbst.**

## 7. Dezember

### Emotionales Konto

*Die Sorge ist der Zins, den man für Probleme zahlt, bevor sie fällig sind.* William Ralph Inge

Ganz gleich, ob wir unsere geschäftlichen Angelegenheiten gut im Griff haben oder nicht – wir wissen, daß es töricht wäre, Zinsen zu zahlen für einen Geldbetrag, den wir noch gar nicht erhalten haben. Auf diese Weise könnten wir uns finanziell ruinieren!

Warum also sind wir bereit, »emotionale Zinsen« zu zahlen, bevor sie fällig sind? Wenn wir uns sorgen, machen wir uns an unser »emotionales Konto« und heben Reserven ab, obwohl sie im Grunde nicht gebraucht werden. Oft überrascht es uns, über wie viele »Mittel« wir frei verfügen können. Je mehr wir uns den Sorgen überlassen, desto rücksichtsloser plündern wir dieses innere Konto. Wir machen Ausgaben im voraus – für Dinge, die keinen Gewinn abwerfen. Dieses Verhalten ergibt doch keinen Sinn, oder?

Wenn wir unsere Rücklagen aufbrauchen, sind wir innerlich leer und können, wenn tatsächlich »Not am Mann« ist, auf nichts mehr zurückgreifen. Das kommt uns in physischer und emotionaler Hinsicht teuer zu stehen.

Es gibt aber auch andere Vorgehensweisen, nicht wahr?

**Gute Geschäftsführung bewirkt gute Gesundheit.**

## Humor/Verzweiflung

*Humor ist jener Sinn für das Absurde, der von der Verzweiflung herrührt, die sich selbst nicht ernst nehmen will.*
Arland Ussher

Wir gewinnen an innerer Stärke, wenn wir allmählich erkennen, wie absurd wir manchmal sind in unseren scheinbar verzweifeltsten Augenblicken! Sobald wir lernen, uns selbst von außen zu sehen, und merken, wie ernst wir uns da nehmen, ahnen wir vielleicht auch, wie *liebenswert* wir eigentlich sind.

Leider geben wir uns dazu kaum Gelegenheit. Zwar nehmen wir diese Eigenschaften bei anderen wahr, aber wenn es darum geht, sie auch bei uns selbst zu schätzen, leiden wir sozusagen unter Weitsichtigkeit.

Indem wir uns mit ein wenig Humor betrachten, werfen wir auch einen Blick auf unser liebevolles Wesen. Wir spähen gleichsam durch einen winzigen Durchgang, der sich auf eine riesige Höhle in unserem Innern eröffnet. Dort leuchten wunderbare Formationen auf, entstanden durch jene tropfende Absonderung der Zeit, die unsere Vorstellungskraft bei weitem übersteigt. Wahrscheinlich hätten wir nie gedacht, so vielschichtig, so wunderbar zu sein – eben weil unser ernster Blick manches übersieht.

**Wenn sich meine Verzweiflung nicht gar so ernst nimmt, kann ich mich selbst besser kennenlernen.**

## 9. Dezember

### Anteilnahme

*Das Großartige an diesem Job – an der Arbeit überhaupt – ist, daß er mir bedeutend weniger Zeit läßt, wegen anderer Dinge besorgt zu sein.* Pete

Was wäre, wenn besorgte Menschen nicht genug Zeit hätten, sich Sorgen zu machen? Was, wenn sich uns jeden Tag die Möglichkeit böte, so konzentriert unseren Arbeiten und sonstigen Tätigkeiten nachzugehen, daß für Sorgen kein Platz mehr ist? Eine interessante Perspektive, nicht wahr?

Wenn die Tage damit ausgefüllt sind, daß wir uns intensiv mit der eigenen Person und mit den geliebten Menschen auseinandersetzen, können wir uns kaum noch unseren Sorgen widmen.

Vielleicht sind diese eine Art Luxus, der mit der Freizeit kam, mit kürzerer Arbeitszeit und mit dem Sinnverlust im allgemeinen. Durch unsere Erziehung und unsere Ausbildung wurden wir jedenfalls nicht darauf vorbereitet, Zeit für uns selbst einzuplanen und sie dann vernünftig zu nutzen.

Wir haben zwar gelernt, uns ständig zu beschäftigen – aber wissen wir auch, wie man sinnvoll arbeitet? Wir besitzen zwar die Fähigkeit, produktiv zu sein – aber können wir an unserem Leben wirklich Anteil nehmen? Spiritualität ist letzten Endes gleichbedeutend mit innerer Beteiligung.

**Es braucht Zeit und Übung, um herauszufinden, wie man mit sich umgeht, wenn man zu oft mit sich konfrontiert ist.**

## Glaube

*Der Glaube ist Begeisterung und Leidenschaft; er ist ein Zustand geistiger Größe, an dem wir festhalten müssen wie an einem Schatz, anstatt ihn durch häßliche Streitereien leichtfertig zu vertun.* George Sand

Im Grunde wissen wir nur sehr wenig über den Glauben. Oft entgeht uns, daß er nichts Abstraktes ist, sondern eine konkrete Erfahrung. Wann immer wir ihn auf einen bloßen Begriff oder eine Vorstellung reduzieren, verschwindet er hinter spitzfindigen Argumenten. Wann immer wir ihn verallgemeinern oder in eine Form pressen, die jedem behagt, zerstören wir ihn.

Der Glaube ist etwas Persönliches. Durch ihn können wir unsere Einzigartigkeit und all jene Gaben, die der Schöpfer uns verlieh, auf ganz unterschiedliche Weise zum Ausdruck bringen. Er verliert sich in unseren Gedanken, aber er nimmt Gestalt an in unseren Handlungen. Es ist kaum möglich, über ihn *zu sprechen*, man muß ihn *praktizieren.*

Der Glaube ist jener Prozeß im Innern, der uns zu uns selbst führt – in Bereiche jenseits des Verstehens.

**Der Glaube ist gelebtes Geheimnis.**

## 11. Dezember

### Das Unsichtbare

*Als wir auf den Abflug warteten, sagte mir Dolly, sie habe das Geld für die Fahrt und für das Wasser im Auto liegengelassen. Ich erwiderte, es bereite mir Unbehagen, daß das Geld sichtbar im Auto liegt, und hoffte, daß niemand auf die Idee käme, es aufzubrechen und das Geld zu stehlen.*

*Dann sagte ich: »Aber ich brauche mir keine Sorgen zu machen, ich bin ja versichert.«*

*In diesem Augenblick fragte ich mich, wieviel von meiner Zeit, meiner Kraft, meinem Elan und meinem Geld dafür draufgehen, Vertrauen und Sicherheit »zu kaufen«, damit ich unbesorgt sein kann.* Connie

Wir leben in einer Gesellschaft, in der ganze Wirtschaftszweige darauf spezialisiert sind, uns Vertrauen und Sicherheit »zu verkaufen«. Bereitwillig zahlen wir hohe Geldsummen, um uns keine Sorgen mehr machen zu müssen.

Die Sorge ist inzwischen derart institutionalisiert, daß sie als ein fester Bestandteil des täglichen Lebens erscheint. Zweifellos charakterisiert sie eine Gesellschaft, die auf einem allgegenwärtigen Materialismus gründet und nur dem Sichtbaren und Greifbaren einen Wert beimißt.

Deshalb sollten wir einmal innehalten und überlegen, was uns wirklich wichtig ist ...: das Sonnenlicht im Haar eines geliebten Menschen ..., der Glanz in den Augen eines aufgeregten Kindes ..., der Geist in unserem Innern, der uns mit allem Lebendigen verbindet.

**Wenn wir mit dem »Unsichtbaren« harmonieren, nehmen wir das »Sichtbare« anders auf.**

## Hass/Ressentiments

*Der Haß ist wie Säure. Er kann das Gefäß, in dem er aufbewahrt wird, genauso zerstören wie den Gegenstand, auf den er gegossen wird.* Ann Landers

Über den Haß machen wir uns nicht allzu viele Gedanken. Wir vertreten die allgemeine Ansicht, daß wir nicht hassen sollten, und damit lassen wir es meistens auch bewenden.

»Haß« ist ein so starker Ausdruck, daß wir uns leicht einreden können, das entsprechende Gefühl nicht zu kennen. Doch viele von uns erlauben sich, es in »schwächerer« Form zum Ausdruck zu bringen: Wir kritteln herum, sind wütend, hegen Ressentiments. Trotzdem sind die Auswirkungen leider genauso schlimm.

Wenn wir an unserem aufgestauten Ärger festhalten, geben wir Gefühlen nach, die uns innerlich zerfressen. Und nicht nur das: Sie zerstören allmählich auch unsere zwischenmenschlichen Beziehungen und treiben uns immer mehr in die Isolation.

Da wir durch unseren Körper existieren, können wir es uns wirklich nicht leisten, Säure in ihm aufzubewahren.

**Wenn ich erkenne, wie sehr ich mir durch meine heimlichen Ressentiments schade, habe ich auch die Möglichkeit, sie loszulassen.**

# 13. Dezember

## Geduld

*Geduld ist der Schlüssel zum Paradies.*
Türkisches Sprichwort

Vielbeschäftigte Menschen ..., wichtige Menschen ..., sie haben keine Geduld mit der Geduld. Diese ist etwas für alte Leute oder für solche, die weder Verpflichtungen haben noch wichtige Aufgaben erledigen müssen. Die Geduld ist ein Luxus, den sich die meisten von uns kaum leisten können. Gut!

Aber haben wir je daran gedacht, wie viele Male wir jeden Tag die Möglichkeit haben, Geduld zu zeigen? (Wahrscheinlich nicht – eben aufgrund unserer Ungeduld!) Wenn wir an der Ampel stehen... oder darauf warten, daß das Wasser kocht ..., wenn die Kinder morgens herumtrödeln ..., wenn wir uns darauf vorbereiten, ein Geschäft zum erfolgreichen Abschluß zu bringen ..., wenn die Jahreszeiten wechseln ...

Wie oft sind wir versucht, Gelegenheiten auszulassen, durch die wir gleichsam ins warme Bad der Geduld gleiten könnten, und geben uns lieber quälenden Sorgen hin!

Für viele von uns ist die Geduld kein natürliches Bedürfnis. Wir müssen sie neu erlernen.

**Geduld ist jene Ausdauer, die uns Kraft gibt, wenn alle Stricke reißen.**

## Wörter

*He tao rakaw, e taea te karo; he tao ki, e kore e taea te karo.*
*Einen Holzspeer kann man abwehren, nicht aber die spitze Bemerkung.* Sprichwort der Maori

Manche Sorgen können wir zum Beispiel dadurch vermeiden, daß wir uns genau überlegen, was wir sagen. Einige von uns waren so lange schweigsam, daß die Wörter, wenn wir denn einmal den Mund aufmachen, genauso hervorsprudeln wie das Wasser eines angeschwollenen Gebirgsbachs im Frühjahr. Andere sind fast immer von einem aufmerksamen Publikum umgeben, so daß sie sich gerne reden hören und glauben, jede ihrer Äußerungen sei ein großes Geschenk, auf das alle Menschen einen Anspruch haben. Und wieder andere sind so voller aufgestauter Gefühle, daß die Wörter aus ihrem Mund herausschießen wie der Dampf aus einem Schnellkochtopf, obwohl diese nichts oder nur wenig mit den momentanen Lebensumständen zu tun haben.

Wir müssen zur Ruhe kommen und einsehen, welche Macht unsere Wörter besitzen. Schließlich hat es keinen Wert, etwas zu sagen, das uns später Sorgen macht oder das wir im Grunde gar nicht vertreten können.

**Unsere Bemerkungen sind viel öfter ein Spiegel unserer selbst, als wir es wahrhaben wollen.**

## 15. Dezember

### Krise/Freunde

*Gib mir, Gott, den Sinn fürs rechte Maß, damit ich den Unterschied erkenne zwischen einem Vorfall und einer Krise.*
Anonym

Zwischen einem Vorfall und einer Krise unterscheiden zu können mag eine der wichtigsten Fähigkeiten sein, die der Mensch zum Überleben braucht. Jedenfalls neigen sorgenvolle Menschen dazu, sich so lange mit gewissen Vorfällen zu beschäftigen, bis diese in Krisen ausarten.

Krisen haben ihre »Vorteile«, die wir möglicherweise vermissen, wenn wir heikle Situationen aufgrund unserer geschärften Wahrnehmung von vornherein vermeiden. Zum Beispiel wird uns weniger Aufmerksamkeit zuteil. Wenn wir nämlich auf Krisen fixiert sind, umgeben wir uns gerne mit Leuten, die die gleiche Neigung haben. Egal, wessen Krise es jeweils ist – wir alle widmen uns ihr und gießen noch mehr Öl ins Feuer. Aber wenn wir selbst irgendwann keine Krisen mehr »beisteuern«, fühlen sich die Freunde vielleicht von uns im Stich gelassen – oder sie langweilen sich einfach und gehen auf Abstand.

Außerdem fehlt wohl auch uns die Dramatik, der Adrenalinstoß, die Aufregung, falls wir unseren »Krisenquotienten« senken. Denn wir stellen fest, daß wir unser Leben mehr akzeptieren und eine gelassenere Einstellung entwickeln. Derlei ist für Krisensüchtige der Inbegriff der Langeweile.

Unter Umständen merken wir sogar, daß es uns Freude macht, den Wahlspruch »Einen Schritt nach dem anderen« in die Tat umzusetzen und abzuwarten, was passiert.

**Freunde, die unsere Krise brauchen oder sich selbst eine Krise »herzaubern«, haben im Grunde sowieso kaum Zeit für uns.**

## Selbstbetrug

*Sobald ich mir einzureden versuche, daß ich mir keine Sorgen mache, habe ich welche.* Anonym

Sind wir Menschen nicht reizend? Wir legen uns so oft selbst herein, daß wir zwischen unseren Tricks und der Realität kaum noch unterscheiden können.

Wenn wir uns einzureden versuchen, daß wir uns keine Sorgen machen, haben wir welche. Wenn wir uns überzeugen wollen, daß wir klarsichtig genug seien, um richtige Entscheidungen zu treffen, liegen wir wahrscheinlich verkehrt. Wenn wir immer wieder betonen, daß wir uns großartig fühlen, geht es uns wohl nicht so gut. Und wenn wir uns versichern, daß wir stark und mutig seien, können wir davon ausgehen, daß das nicht stimmt.

Haben wir uns je bewußtgemacht, wie respektlos es ist, sich selbst für dumm zu verkaufen? Für wen halten wir uns eigentlich? Für Narren?!

Wir müssen einsehen, daß wir nur dann weiterkommen, wenn wir uns mit den konkreten Umständen auseinandersetzen und die jeweiligen Probleme lösen – anstatt uns selbst etwas vorzugaukeln.

**Wenn ich mich selbst zum Narren halten will, sind zwei Narren im Spiel, die sich gegenseitig etwas vormachen.**

## 17. Dezember

Natur

*Ab und zu solltest du dir etwas genau ansehen, das nicht von Menschenhand gemacht ist – einen Berg, einen Stern, eine Flußbiegung. So wird dir Einsicht, Geduld und Trost zuteil – vor allem aber die Gewißheit, daß du nicht allein auf der Welt bist.* Sidney Lovett

Die Natur ist unsere größte Lehrmeisterin. Vor Jahren sagte mir ein alter indianischer Medizinmann: »Wenn du bereit bist, dann komm. Ich nehme dich mit in die Natur. Dort kannst du alles lernen, was du wissen mußt.«

Wir müssen Zeit erübrigen für jene Dinge, die nicht »von Menschenhand« sind. Ganz gleich, wer wir sind und wo wir leben: Die Natur ist uns in gewisser Weise immer nah. Wir haben vielleicht eine Pflanze im Wohnzimmer stehen oder sehen einen Ausschnitt des winterlichen Himmels oder betrachten einen einsamen Baum, der sich vom Horizont abhebt … Die Natur ist allgegenwärtig. Wir sind diejenigen, die sich ihr entziehen … Sie verläßt uns niemals.

**Die Natur erinnert mich an jenen Teil meiner selbst, der nie verlorengehen kann.**

## Realitätssinn

*All die wunderbaren Gefühle und Gesinnungen in der Welt sind weniger wert als eine einzige Tat.*
James Russell Lowell

Unsere Sorgen würden halbiert, wenn wir uns nur angewöhnen könnten, eher auf das zu achten, was die anderen tun, als auf das, was sie sagen. Selbst Menschen, die uns wohlgesonnen sind, wissen oft nicht genau, was ihnen wirklich am Herzen liegt. Sie wollen ja so handeln, wie sie es angekündigt haben, aber dann schaffen sie es doch nicht. Oder ihre Ideen und Ambitionen übersteigen ganz einfach ihre Fähigkeiten. Oder sie führen ein Leben, das ihnen nicht erlaubt, der Freund/die Freundin zu sein, die sie gerne wären.

Wir sollten allmählich wissen, daß wir über alle nötigen Informationen verfügen, um festzustellen, was in den geliebten Menschen vorgeht. Wir verlieren die Übersicht nur, wenn wir uns von ihrem Wunschdenken und ihrem Fehlverhalten abhängig machen. Aber sobald wir unsere Informationen benutzen und die anderen so akzeptieren, wie sie sind – selbst wenn uns ihre Art nicht »paßt« –, haben wir weniger Kummer.

**Achten und vertrauen Sie weniger auf Wörter als auf Taten.**

## 19. Dezember

### Humor

*Der Humor ist eine Bestätigung der Würde des Menschen, eine Manifestation seiner Überlegenheit gegenüber allem, was ihm widerfährt.* Romain Gary

Daß wir immer noch lachen können, ist ein Beweis unserer Stärke. Oft scheint es, als wären gerade diejenigen am humorvollsten, die am meisten leiden mußten. Das Leben hat sie irgendwie sanfter gemacht.

Haben wir je daran gedacht, daß der Humor eine Bestätigung unserer Würde ist? Und vertreten wir diese Ansicht auch, wenn wir einen Fauxpas begehen und jeder über uns lacht? Wenn nicht, nehmen wir wahrscheinlich das Leben und uns selbst allzu ernst.

Wenn jemand uns liebevoll neckt, weil wir uns wieder einmal den Schlips mit Soße bekleckert haben – betrachten wir das dann als Bestätigung unserer Würde? Wenn nicht, sind wir offenbar gerade dabei, in Ernsthaftigkeit zu erstarren.

Wenn die Lage angespannt ist, und jemand reißt einen Witz – empfinden wir das als Bestätigung unserer Würde? Wenn nicht, sind wir für die anderen wohl eher eine Belastung.

Der Humor ist Mehrdimensionalität, die für einen Augenblick in die Linearität von Zeit und Raum »gepreßt« wurde.

**Jene unter uns, die einen tierischen Ernst an den Tag legen, haben wahrscheinlich noch nicht »kapiert«, worauf es eigentlich ankommt.**

## Für Unruhe sorgen

*Die achte Todsünde besteht darin, Unruhe zu stiften.*
Sandra Coney

Wir vergeuden Zeit und Energie vor allem auch damit, daß wir versuchen, jegliche Unruhe zu vermeiden. Aber ein Leben ohne Probleme und Spannungen ist praktisch undenkbar. Kleine Kinder zum Beispiel sorgen für Unruhe, nicht wahr? Sie lärmen und toben und verlangen von uns nicht nur, daß wir ihre Bedürfnisse befriedigen, sondern daß wir unseren Lebensrhythmus ganz dem ihren anpassen. Ausgelassen wie sie sind, sorgen sie für Turbulenzen, die andere Eltern uns offenbar immer verschwiegen haben.

Auch das innere Wachstum verläuft nicht reibungslos. Wie verstimmt wir doch sind, wenn der Ehepartner oder ein anderes Familienmitglied sich weiterentwickelt und verändert, ohne uns darauf vorbereitet zu haben!

Wir befinden uns in einem ständigen Auf und Ab. Gerade wenn wir meinen, das oberste Ziel bestehe darin, alles in die gewünschte Ordnung zu bringen und diese dann beizubehalten ..., ändern sich Pläne ..., Menschen ..., Lebensumstände.

**Nur von Toten kann man erwarten, daß sie keine Unruhe mehr stiften – und selbst sie überraschen uns manchmal.**

## 21. Dezember

### Liebe

*Es ist eine bittere Wahrheit, daß die Sorge die Liebe abtötet.* Sue Whitaker

Die Liebe zählt zu unseren dauerhaftesten und zugleich kompliziertesten Gefühlen. In gewisser Hinsicht gleicht sie der Energie, insofern sie weder erzeugt noch zerstört, sondern nur umgewandelt werden kann.

Die Liebe bringt uns derart in Verwirrung, daß wir große Schwierigkeiten haben, sie einfach geschehen zu lassen. Die meisten von uns wünschen sich Liebe wie nichts sonst auf der Welt und sind dabei ständig auf der Suche nach intensiveren, positiveren, spontaneren Erfahrungen. Aber wie schmerzlich es doch ist, plötzlich zu erkennen, daß wir noch durch unser aufrichtigstes Bemühen – und gerade durch unser Besorgtsein – nicht nur unsere Liebe abtöten, sondern auch die zärtlichen Regungen in den Menschen, die wir zu lieben versuchen.

Wenn dann die Liebe stirbt, sind wir noch verzweifelter und wollen sie noch mehr kontrollieren, was oft um so größere Angst und trostlosere Einsamkeit zur Folge hat.

Sobald wir jedoch innerlich loslassen und uns vergegenwärtigen, daß die Liebe ein Energiestrom zwischen zwei Menschen ist – ein Geschenk, das man weder erzwingen noch manipulieren kann –, sind wir wohl auf dem richtigen Weg.

**Die Liebe ist ein Geschenk, das uns dann zuteil wird, wenn wir unsere Kontrollmechanismen aufgeben.**

## Erwartung

*'s hat keinen Wert, einen Tag kaputtzumachen, bevor er da ist.* Sarah Orne Jewett

Tage, die noch nicht da sind, sind noch nicht da. Klingt einfach, nicht wahr? Und ist es auch! Es gibt keine Möglichkeit, die Zukunft »herzuholen«. Aber wir sorgenvollen Menschen rechnen meistens mit dem Schlimmsten, und dadurch machen wir nicht nur den heutigen und morgigen Tag kaputt, sondern auch uns selbst.

Aber die Erwartungshaltung kann uns auch froh stimmen, ja in Begeisterung versetzen. Nichts eignet sich dafür besser als das kommende Weihnachtsfest. Wissen Sie noch, wie Sie als Kind die Nase an die dekorierten Schaufenster preßten, um all den Glitzer, all die Pracht zu bestaunen? Obwohl nun die Weihnachtssaison immer früher beginnt, können wir diese erregende Vorfreude doch weiterhin empfinden. Voller Leidenschaft können wir uns ausmalen, welche Geschenke wir vielleicht bekommen und wie wir die anderen bescheren werden. Wir können uns dem Zauber überlassen und dem Wunder des neuen Tages gelassen entgegensehen.

**Ich lege fest, worauf sich meine Erwartungen richten.**

## 23. Dezember

GEFÜHLE

*Wenn ich wüßte, was mir so angst macht, hätte ich keine Angst.*
Mignon MacLaughlin

Die Angst ist Teil der menschlichen Natur. Wir wissen manchmal nicht, *warum* wir ängstlich sind, wir haben einfach dieses Gefühl. Als vernunftbegabte Wesen wollen wir unbedingt begreifen, woher es kommt, denn fälschlicherweise nehmen wir an, daß wir damit nicht nur auf dessen Ursache, sondern auch auf das dazugehörige Problem stoßen. Dann, so glauben wir, können wir es lösen oder aber besorgt sein.

Wie sehr wir dadurch unsere wahre Natur verleugnen! Wenn wir Angst haben, haben wir Angst. Das kommt meistens nicht von ungefähr. Doch sobald wir sie wirklich *empfinden* – und eben nicht irgendwie abtun –, sind wir auf dem besten Wege, sie auf einer tieferen Ebene zu verarbeiten, als es mit Hilfe der Logik möglich wäre.

Wir können uns klarmachen, daß die Angst kein »Überfall« ist, sondern ein Geschenk, das unser Inneres erleuchtet, nicht nur unseren Intellekt.

**Gefühle sind keine persönlichen Feinde. Wie ich mit ihnen umgehe, bleibt mir überlassen.**

## Weihnachtszeit

*Du mußt es dir schnappen, solange du kannst, sonst ist es vielleicht schon weg.* Mann im Aufzug

Erinnern wir uns noch, wie wir uns früher etwas Schönes zum Anziehen kauften und dann im nächsten Monat oder sogar im nächsten Jahr das gleiche Kleidungsstück noch einmal kauften, weil wir es einfach so gern mochten?

Inzwischen haben wir uns an eine Konsumgesellschaft angepaßt, die den schnellen Verschleiß genauso einplant wie überstürzte Käufe und uns dazu auffordert, pausenlos nach allen möglichen Dingen zu greifen und sie dann hastig nach Hause zu schleppen. Und was wäre, wenn wir eine günstige Gelegenheit ausließen?

Gott sei Dank gibt uns die winterliche Jahreszeit die Möglichkeit, einen Gang zurückzuschalten und etwas langsamer zu machen. Wir können alte Schätze auspacken und sie zärtlich befühlen, verstaubte Schachteln oder abgenutztes Seidenpapier hervorholen und ausrufen: »Ich weiß noch genau, was da drin war!«

Vor uns sehen wir Geschirr, Silberbestecke und -platten, die lange in ihrer schützenden Hülle verborgen waren. Wir können uns die Zeit nehmen, um Erinnerungen aufzufrischen, und so sind wir zumindest für einige Tage befreit von dem Zwang, zuzugreifen und davonzueilen.

**Die Weihnachtszeit beschert uns die unterschiedlichsten Erinnerungen.**

## 25. Dezember

### Unterweisung

*Für jeden von uns gibt es Unterweisungen, und indem wir demütig lauschen, hören wir das rechte Wort.*
Ralph Waldo Emerson

Sind wir inzwischen zu »kultiviert«, um daran zu glauben, daß jeder Mensch von einer unsichtbaren Kraft geführt wird? Hoffentlich nicht.

Vielleicht mangelt es uns gar nicht an den nötigen Unterweisungen, sondern an der Bereitschaft, sie bewußt wahrzunehmen.

Wir hören auf Experten, die Selbsthilfebücher und sonstige Ratgeber verfassen, und suchen Buchgeschäfte und Fernsehkanäle ab nach jemandem, der mehr über uns weiß als wir selbst.

Wir vertiefen uns in wissenschaftliche Untersuchungen und glauben, daß wir eine Antwort finden, wenn wir nur genügend Arbeiten – zumal das entsprechende »Standardwerk« – gelesen haben. Wir wollen, daß irgend jemand uns sagt, was wir tun sollen, und uns damit von der Verantwortung für unser Leben befreit.

Es ist nichts daran auszusetzen, daß wir Informationen sammeln, selbst wenn wir hierbei etwas seltsame Wege einschlagen. Das eigentliche Problem taucht dann auf, wenn wir nicht die Zeit erübrigen, die inneren Unterweisungen zu empfangen und ihnen so lange »demütig zu lauschen«, wie es notwendig ist.

**Wenn ich auf meine innere Stimme achte, erhalte ich den entscheidenden »Rat«.**

## Zwischenräume

*Die Sorge markiert die Zeitspanne zwischen dem »Jetzt« und dem »Später«.* Richard Abell

Zwischenräume auszufüllen kann zu unserer Hauptbeschäftigung werden. Aber was treibt uns dazu, die Leere zu meiden?

Zen-Meister lehren uns, daß wir uns auf den eigenen Atem konzentrieren und ihn einfach deutlich wahrnehmen sollen. Dann erkennen wir, daß er nicht nur einströmt und ausströmt. Wenn wir uns ganz der Atmung überlassen und so in einen Zustand gesteigerten Bewußtseins gelangen, werden wir jener kurzen Zeitspanne gewahr, die zwischen den beiden Atembewegungen liegt.

Dank des autonom funktionierenden Nervensystems sind sich die meisten von uns kaum der Atmung bewußt, und so achten wir auch fast nie auf die Zwischenräume. Doch sobald wir ihnen Aufmerksamkeit schenken, wird uns klar, daß gerade in diesem »Dazwischen« viel passiert.

Indem wir dem Drang widerstehen, Leerstellen und Zwischenräume auszufüllen, erfahren wir, daß unsere wichtigsten Augenblicke oft in einem Grenzbereich angesiedelt sind.

**Es braucht Mut, Zwischenräume als solche zu erkennen und zu akzeptieren.**

## 27. Dezember

GEPLAUDER

*Der Klatsch ist weder üble Nachrede noch reine Boshaftigkeit, sondern ein kleiner Plausch über die menschliche Spezies – zwischen jenen, die sie lieben.*

Phyllis MacGinley

Die Plauderei kann etwas Wunderbares und Liebevolles sein. Es gibt kaum eine herzlichere Begegnung als die zwischen zwei alten Freunden, die sich »die letzten Neuigkeiten« erzählen. Und »ein kleiner Plausch über die menschliche Spezies« ist ein erprobtes und legitimes Mittel für Menschen, die gerade zu Freunden geworden sind und einander näher kennenlernen möchten.

Die ungezwungene Unterhaltung während der Ferien dient dazu, sich an die fremde Umgebung zu gewöhnen und auf dem laufenden zu bleiben. Es handelt sich hierbei sowohl um einen Meinungsaustausch als auch um eine Weitergabe wichtiger Informationen.

Sobald wir erkennen, daß es uns nichts angeht, was andere über uns sagen, können wir auch zu der Einsicht kommen, daß wir ihnen offenbar etwas bedeuten, wenn sie über uns tratschen. Zumindest verbringen sie ihre Zeit mit Dingen, die uns betreffen!

Wenn ich also feststelle, daß die Person, über die ich gerne plaudere, mir irgendwie wichtig sein muß, und einmal darauf achte, was sich hinter diesem Bedürfnis verbirgt ..., dann bin ich vielleicht doch sehr überrascht.

**Liebevolles »Ratschen« ist nie Zeitverschwendung.**

## EINFACHHEIT

*Tu das, was du kannst, mit den Mitteln, die du hast, an dem Ort, wo du bist.* Theodore Roosevelt

Das ist einfach, nicht wahr? Dieser Ausspruch faßt irgendwie alles zusammen.

Die Tatsache, daß sich das alte Jahr dem Ende zuneigt, veranlaßt einige von uns vielleicht, eine Liste der eigenen »Verfehlungen« zu erstellen. Gerade in dieser Zeit fixieren wir uns gerne auf die nicht erreichten Ziele, die unerfüllten Wünsche, die unerledigten Aufgaben.

Wo haben wir gelernt, so hart mit uns ins Gericht zu gehen? Allmählich hat der Perfektionswahn von uns Besitz ergriffen, die Sanftheit einer bejahenden Einstellung ist uns dagegen abhanden gekommen.

Wissen Sie, das Leben ist im Grunde ziemlich einfach. Wir können wirklich nur das tun, was wir können, mit den Mitteln, die wir haben, an dem Ort, wo wir sind. Mehr von uns zu verlangen wäre genauso unrealistisch wie töricht.

**Der Sinn für das Einfache kann mich vor mancher Dummheit bewahren.**

## 29. Dezember

### Den Weg nach Hause finden

> *Ja, ich habe gezweifelt. Ich bin von meinem Weg abgekommen. Ich habe mich verlaufen. Aber ich bin immer wieder zurückgekehrt. Was ich suche, ist jenseits der Logik: ein intuitives Erkennen, ein innerer, tief verwurzelter Sinn für die richtige Richtung. Offenbar finde ich jetzt den Weg nach Hause. Mein Glaube geriet ins Wanken, aber er hat mich schließlich gerettet.* Helen Hayes

Wir können auf ganz unterschiedliche Weise von unserem Weg abkommen. Unsere Integrität wird durch vielerlei Ereignisse in Frage gestellt. Ein Freund braucht Hilfe bei der Doktorarbeit, wir springen ein, schreiben sie zum Großteil selbst und lassen zu, daß er das Ganze als sein »Werk« ausgibt. Trotzdem fühlen wir uns nicht verletzt. Schließlich hat er sich als unehrlich erwiesen und seinem guten Ruf geschadet ... Aber waren *wir* wirklich ehrlich?

Oder wir sind böse auf jemanden, der sich uns gegenüber wie ein Idiot benimmt – und fühlen uns zugleich berechtigt, ihn ganz genauso zu behandeln.

Oder wir kommen später als angekündigt zu einer Verabredung, weil uns im Büro niemand daran erinnerte, bitten dann jedoch die Kollegen, für unser Zuspätkommen eine Entschuldigung zu erfinden.

**Wir kommen schnell vom rechten Weg ab, nicht wahr? Dennoch ist es tröstlich zu wissen, daß dieser Weg immer existiert.**

## Geistiger Friede

*Wir würden in Ruhe und Frieden leben, wenn wir uns nicht dauernd mit den Äußerungen und Handlungen der anderen beschäftigten.* Thomas von Kempen

Geistiger Friede wäre leicht zu erlangen, wenn wir uns von der Welt zurückzögen und das Leben eines Eremiten oder Mönchs führten. Im Alltag aber ist er »Mangelware«.

Vielleicht sollten wir heute einmal innehalten, eine Bestandsaufnahme machen und herausfinden, wie wir uns auf fast unmerkliche Weise der Ruhe berauben.

Beschwören wir eine Krise herauf, obwohl wir es nur mit ganz gewöhnlichen Ereignissen zu tun haben?

Erwarten wir von uns mehr, als man von irgendeinem Menschen erwarten kann, und bestrafen uns dann, wenn wir den hohen Ansprüchen nicht genügen?

Ist uns der Dienst am anderen weitaus weniger wichtig als das, was die Leute sagen und machen?

Legen wir deshalb nicht die notwendige Pause ein, weil wir glauben, absolut kein Recht dazu zu haben?

**Wir brauchen keinen Gefängniswärter – wir haben ja uns selbst!**

## 31. Dezember

### Wunder

*Sei realistisch. Erwarte ein Wunder.* Ian Growler

Dieser Ausspruch stammt von einem Australier, der schwer krebskrank war und dem man nur noch wenig Zeit gab. Die Ärzte hatten ihn schon vor vielen Jahren praktisch abgeschrieben.

Wir sind beeindruckt von unfaßbaren Begebenheiten, halten das Wunder aber meistens nur für eine Ausnahme, die die Regel bestätigt.

Wir unterteilen unser Denken in drei Kategorien: Optimismus, Pessimismus, Realismus – und setzen unbewußt die beiden letzteren gleich; keinesfalls wollen wir uns nachsagen lassen, ein hoffnungsloser Optimist (igitt!) zu sein.

Aber halt! Wie schnell wir doch vergessen, daß Wunder jeden Tag geschehen!

Ein Hurrikan ändert plötzlich die Richtung, zieht aufs Meer hinaus, so daß Land und Bevölkerung verschont bleiben. Ein Baby überlebt einen Autounfall, bei dem alle anderen Insassen getötet wurden.

Eine Blume blüht. Ein Vogel singt. Ein Fluß rauscht. Die Sonne geht auf – ein neuer Tag beginnt.

**Wunder ereignen sich jeden Tag. Sie sind Bestandteil des Lebens.**

# Die 12 Schritte der AA

1. Wir gaben zu, daß wir dem Alkohol gegenüber machtlos sind – und unser Leben nicht mehr meistern konnten.
2. Wir kamen zu dem Glauben, daß eine Macht, größer als wir selbst, uns unsere geistige Gesundheit wiedergeben kann.
3. Wir faßten den Entschluß, unseren Willen und unser Leben der Sorge Gottes – wie wir Ihn verstanden – anzuvertrauen.
4. Wir machten eine gründliche und furchtlose Inventur in unserem Inneren.
5. Wir gaben Gott, uns selbst und einem anderen Menschen gegenüber unverhüllt unsere Fehler zu.
6. Wir waren völlig bereit, all diese Charakterfehler von Gott beseitigen zu lassen.
7. Demütig baten wir Ihn, unsere Mängel von uns zu nehmen.
8. Wir machten eine Liste aller Personen, denen wir Schaden zugefügt hatten, und wurden willig, ihn bei allen wieder gutzumachen.
9. Wir machten bei diesen Menschen alles wieder gut – wo immer es möglich war –, es sei denn, wir hätten dadurch sie oder andere verletzt.
10. Wir setzten die Inventur bei uns fort, und wenn wir Unrecht hatten, gaben wir es sofort zu.
11. Wir suchten, durch Gebet und Besinnung die bewußte Verbindung zu Gott – wie wir Ihn verstanden – zu verbessern. Wir baten Ihn nur, uns seinen Willen für uns erkennen zu lassen, und um die Kraft, ihn auszuführen.
12. Nachdem wir durch diese Schritte ein spirituelles Erwachen erlebt hatten, versuchten wir, diese Botschaft an Alkoholiker weiterzugeben und unser tägliches Leben nach diesen Grundsätzen auszurichten.



Kontaktadresse:
Anonyme Alkoholiker
Gemeinsames Dienstbüro
Postfach 46 02 27
80910 München

# Danksagung

Einige Menschen waren mir eine große Hilfe, indem sie Zitate sammelten und übermittelten, und ich möchte sie an dieser Stelle erwähnen. Karen Martin und Betsy Martin trugen Zitate von Freunden zusammen. Pete Sidley, Connie Lee Anderson-Brown und Dolly Toombs brachten neue Zitate und Ideen mit ein. Das gleiche gilt für das internationale »Living in Process«-Network. Barbara Moulton von Harper San Francisco übersandte freundlicherweise ein von ihr herausgegebenes Buch, um mich zu inspirieren.

Im besonderen möchte ich Chuck Tesmer und Pete Sidley hervorheben, deren Liebe und Beistand – und Einfallsreichtum – mich immer begleiteten. Pete Sidley im Büro der Wilson Schaef Associates, Inc. übernahm die gewaltige Aufgabe, meinen auf gelben Notizblöcken geschriebenen Text in den Computer einzugeben, Zitate zu überprüfen, zu redigieren, sich mit dem Verlag in Verbindung zu setzen, die Abdruckrechte einzuholen und den gesamten Entstehungsprozeß dieses Buches zu überwachen.

Natürlich wäre die Liste der Danksagungen niemals vollständig, wenn ich nicht die uneingeschränkte Unterstützung meines Sohnes Roddy anerkennen würde, der ständig hinter mir schreit: »Jaaa, Mami!« (Was er übrigens auch in einem sehr feierlichen Augenblick tat, als ich vor einigen Jahren am Kenyon College die Ehrendoktorwürde erhielt.)

Jonathan Lazear, Wendy Lazear und alle Mitarbeiter der Lazear Agency haben meine Arbeit stets unterstützt. Außerdem danke ich meiner Lektorin, Cheryl Woodruff, und meinem neuen Verlag, Ballantine, der mir die Möglichkeit gibt, meine Vorstellungen auch weiterhin einem größeren Publikum zugänglich zu machen.

Ich bin sehr dankbar für die Menschen in meinem Leben. Und ich danke dem Schöpfer, der sich meiner bedient, wenn ich weise genug bin, ihn dabei nicht zu stören.

# Register

## A



## B



## C

## G



## H



## I

**K**



**L**

## M



## N



## O



## P

## R



## S

## T



## U



## V

**W**



**Z**